U0513680

宋元四川盐业地理与区域社会研究

裴一璞 著

杭州市社会科学院 编

南宋及南宋都城临安研究系列丛书

博士文库

浙江省哲学社会科学重点研究基地课题
课题编号：16JDGH075

四川省教育厅人文社科重点研究基地
—— 中国盐文化研究中心资助项目
课题编号：YHWZ17-01

《南宋及南宋都城临安研究系列丛书》
编辑委员会

主　　编　王国平

执 行 主 编　朱学路　何忠礼

执行副主编（以姓氏笔画为序）
　　　　　　孙　璐　张旭东　范立舟
　　　　　　周　膺　徐吉军

编撰办公室工作人员（以姓氏笔画为序）
　　　　　　尹晓宁　李　辉　魏　峰

序　言

徐规

　　靖康之变,北宋灭亡。建炎元年(1127)五月初一日,宋徽宗第九子、钦宗之弟赵构在应天府(河南商丘)即帝位,重建宋政权。不久,宋高宗在金兵的追击下一路南逃,最终在杭州站稳了脚跟,并将此地称为行在所,成为实际上的南宋都城。

　　南宋自立国起,到最终为元朝灭亡(1279),国祚长达一百五十三年之久。对于南宋社会,历来评价甚低,以为它国力至弱,君臣腐败,偏安一隅,一无作为。但是近代以来,一些具有远见卓识的史学家却有不同看法,如著名史学大师陈寅恪先生在二十世纪四十年代初指出:

　　　　华夏民族之文化,历数千载之演进,造极于赵宋之世。①

　　著名宋史专家邓广铭先生更认为:

　　　　宋代是我国封建社会发展的最高阶段,两宋期内的物质文明和精神文明所达到的高度,在中国整个封建社会历史时期之内,可以说是空

---

① 陈寅恪:《金明馆丛稿二编》,生活·读书·新知三联书店 2001 年出版。

前绝后的。①

很显然，对宋代的这种高度评价，无论是陈寅恪还是邓广铭先生，都没有将南宋社会排斥在外。我以为，一些人所以对南宋贬抑至深，在很大程度上是出于对患有"恐金病"的宋高宗和权相秦桧一伙倒行逆施的义愤，同时从南宋对金人和蒙元步步妥协，国土日朘月削，直至灭亡的历史中，似乎也看到了它的懦弱和不振。当然，缺乏对南宋史的深入研究，恐怕也是其中的一个原因。

众所周知，南宋历史悠久，国土虽只及北宋的五分之三，但人口少说也有五千万人左右，经济之繁荣，文化之辉煌，人才之众多，政权之稳定，是历史上任何一个偏安政权所不能比拟的。因此，对南宋社会的认识，不仅要看到它的统治集团，更要看到它的广大人民群众；不仅要看到它的军事力量，更要看到它的经济、文化和科学技术等各个方面，看到它的人心之所向。特别是由于南宋的建立，才使汉唐以来的中华文明在这里得到较好的传承和发展，不至于产生大的倒退。对于这一点，人们更加不应该忽视。

北宋灭亡以后，由于在淮河、秦岭以南存在着南宋政权，才出现了北方人口的大量南移，再一次给中国南方带来了充足的劳动力、先进的技术和丰富的生产经验，从而推动了南宋农业、手工业、商业和海外贸易的显著的进步。

与此同时，南宋又是中国古代文化最为光辉灿烂的时期。它具体表现为：

一是理学的形成和儒学各派的互争雄长。

南宋时候，程朱理学最终形成，出现了以朱熹为代表的主流派道学，以胡安国、胡宏、张栻为代表的湖湘学，以谯定、李焘、李石为代表的蜀学，以陆九渊为代表的心学。此外，浙东事功学派也在尖锐复杂的民族矛盾和阶级矛盾的形势下崛起，他们中有以陈傅良、叶适为代表的永嘉学派，以陈亮、唐

---

① 邓广铭：《关于宋史研究的几个问题》，载《社会科学战线》1986 年第 2 期。

仲友为代表的永康学派,以吕祖谦为代表的金华学派。理宗朝以前,各学派之间互争雄长,呈现出一派欣欣向荣的景象。

二是学校教育的大发展,推动了文化的普及。

南宋学校教育分中央官学、地方官学、书院和私塾村校,它们在南宋都获得了较大发展。如南宋嘉泰二年(1202),仅参加中央太学补试的士人就达三万七千余人,约为北宋熙宁初的二百五十倍。[1] 州县学在北宋虽多次获得倡导,但只有到南宋才真正得以普及。两宋共有书院三百九十七所,其中南宋占三百十所,[2]比北宋的三倍还多,著名的白鹿洞、象山、丽泽等书院,都是各派学者讲学的重要场所。为了适应科举的需要,私塾村校更是遍及城乡。学校教育的大发展,有力地推动了南宋文化的普及,不仅应举的读书人较北宋为多,就是一般识字的人,其比例之大也达到了有史以来的高峰。

三是史学的空前繁荣。

通观整个南宋,除了权相秦桧执政时期,总的说来,文禁不密,士大夫熟识政治和本朝故事,对国家和民族有很强的责任感,不少人希望借助于史学研究,总结历史上的经验和教训,以供统治集团作为参考。另一方面,南宋重视文治,读书应举的人比以前任何时候都多,对史书的需要量极大,许多人通过著书立说来宣扬自己的政治主张,许多人将刻书卖书作为谋生的手段。这样就推动了南宋史学的空前繁荣,流传下来的史学著作,尤其是本朝史,大大超过了北宋一代,南宋史家辈出,他们治史态度之严肃,考辨之详赡,一直为后人所称道。四川、两浙东路、江南西路和福建路都是重要的史学中心。四川以李焘、李心传、王称等人为代表。浙东以陈傅良、王应麟、黄震、胡三省等人为代表。江南西路以徐梦莘、洪皓、洪迈、吴曾等人为代表,福建路以郑樵、陈均、熊克、袁枢等人为代表。他们既为后世留下了宝贵的史料,也创立了新的史学体例,史书中反映的爱国思想也对后世史家产生了

---

① 徐松辑:《宋会要辑稿》崇儒一之三九,中华书局1987年影印本。

② 参见曹松叶《宋元明清书院概况》,载《中山大学语言历史研究所周刊》第十集,第111－115期,1929年12月至1930年出版。

重大影响。

四是公私藏书十分丰富。

南宋官方十分重视书籍的搜访整理,重建具有国家图书馆性质的秘书省,规模之宏大,藏书之丰富,远远超过以前各个朝代。私家藏书更是随着雕板印刷业的进步和重文精神的倡导而获得了空前发展。两宋时期,藏书数千卷且事迹可考的藏书家达到五百余人,生活于南宋的藏书家有近三百人,①又以浙江为最盛,其中最大的藏书家有郑樵、陆宰、叶梦得、晁公武、陈振孙、尤袤、周密等人,他们藏书的数量多达数万卷至十数万卷,有的甚至可与秘府、三馆等。

五是文学、艺术的繁荣。

南宋是中国古代文学、艺术繁荣昌盛的时代。词是两宋最具代表性的文学形式,据唐圭璋先生所辑《全宋词》统计,在所收作家籍贯和时代可考的八百七十三人中,北宋二百二十七人,占百分之二十六;南宋六百四十六人,占百分之七十四,李清照、辛弃疾、陆游、姜夔、刘克庄等都是南宋杰出词家。宋诗的地位虽不及唐代,但南宋诗就其数量和作者来说,却大大超过了北宋。由北方南移的诗人曾几、陈与义;有"中兴四大诗人"之称的陆游、杨万里、范成大、尤袤;有同为永嘉(浙江温州)人的徐照、徐玑、翁卷、赵师秀;有作为江湖派代表的戴复古、刘克庄;有南宋灭亡后作"遗民诗"的代表文天祥、谢翱、方凤、林景熙、汪元量、谢枋得等人。此外,南宋的绘画、书法、雕塑、音乐舞蹈以及戏曲等,都在中国文化史上占有一定的地位。

在日常生活中,南宋的民俗风情,宗教思想,乃至衣、食、住、行等方面,对今天的中国也有着深刻影响。

南宋亦是我国古代科学技术发展史上最为辉煌的时期,正如英国学者李约瑟所说:"对于科技史家来说,唐代不如宋代那样有意义,这两个朝代的气氛是不同的。唐代是人文主义的,而宋代较着重科学技术方面……每当

---

① 参见《中国藏书通史》第五编第三章《宋代士大夫的私家藏书》,宁波出版社 2001 年出版。

人们在中国的文献中查找一种具体的科技史料时，往往会发现它的焦点在宋代，不管在应用科学方面或纯粹科学方面都是如此。"①此话当然一点不假，不过如果将南宋与北宋相比较，李约瑟上面所说的话，恐怕用在南宋会更加恰当一些。

首先，中国四大发明中的三大发明，即指南针、火药和印刷术而言，在南宋都获得了比北宋更大的进步和更广泛的应用。别的暂且不说，仅就将指南针应用于航海上，并制成为罗盘针使用这一点来看，它就为中国由陆上国家向海洋国家的转变创造了技术上的条件，意义十分巨大。再如，对人类文明有重大贡献的活字印刷术虽然发明于北宋，但这项技术的成熟与正式运用却是在南宋。其次，在农业、数学、医药、纺织、制瓷、造船、冶金、造纸、酿酒、地学、水利、天文历法、军器制造等方面的技术水平都比过去有很大进步。可以这样说：在西方自然科学东传之前，南宋的科学技术在很大程度上代表了中国封建社会科学技术的最高水平。

南宋军事力量虽然弱小，但军民的斗争意志却异常强大。公元 1234 年，金朝为宋蒙联军灭亡以后，宋蒙战争随即展开。蒙古铁骑是当时世界上最为强大的军队，它通过短短的二十余年时间，就灭亡了西夏和金，在此前后又发动三次大规模的西征，横扫了中亚、西亚和俄罗斯等大片土地，前锋一直打到中欧的多瑙河流域。但面对如此劲敌，南宋竟顽强地抵抗了四十五年之久，这不能不说是世界战争史上的一个奇迹。从中涌现出了大量可歌可泣的英雄人物，反映了南宋军民不畏强暴的大无畏战斗精神，他们与前期的岳飞精神一样，成为中华民族宝贵的精神财富。

古人有言："以古为镜，可以知兴替。"近人有言："古为今用，推陈出新。"前者是说，认真研究历史，可为后人提供历史上的经验和教训，以少犯错误；后者是说，应该吸取历史上一切有益的东西，通过去粗取精、改造、发展，以造福人民，总之，认真研究历史，有利于加强精神文明的建设，也有利于将我国建设成为一个和谐的、幸福的社会。我觉得南宋可供我们借鉴反

---

① 《中国科学技术史·导论》中译本，科学出版社、上海古籍出版社 1990 年出版。

思和保护利用的东西实为不少。

以前,南宋史研究与北宋史研究相比,显得比较薄弱,但随着杭州市社会科学院主持的 50 卷《南宋史研究丛书》编撰出版工作的基本完成,这一情况发生了一些令人欣喜的改变。但历史研究没有穷尽,关于南宋和南宋都城临安的研究,尚有许多问题值得进一步探讨,也还有一些空白需要填补。近日,欣闻杭州市社会科学院南宋史研究中心拟进一步深化和扩大南宋史研究,同时出版"博士文库",加强对南宋史研究后备人才的培养,对杭州凤凰山皇城遗址综保工程,也正从学术上予以充分配合和参与,此外还正在点校和整理部分南宋史的重要典籍。组织编撰《南宋及南宋都城临安研究系列丛书》,对于开展以上一系列的研究,我认为很有意义。我相信,在汲取编撰《南宋史研究丛书》成功经验的基础上,新的系列丛书一定会进一步推动我国南宋史研究的深入开展,对杭州乃至全国的精神文明建设都有莫大的贡献,故乐为之序。

2010 年 11 月于杭州市道古桥寓所

目　录

绪　言

一、关于选题

在历史地理的研究中,资源历史地理已发展成为一种重要的视角选择。资源历史地理从内容上讲,它具有地理学、资源学与历史学多学科交叉研究的属性,通过对地区资源的研究,探讨其发展演变的规律。单纯从资源历史地理的定义看,它属于自然历史地理的范畴;而从它与地方社会发展的联系看,又属于社会历史地理的范畴。因此,对资源历史地理的研究,可有助于对历史地理范畴的创新与扩展。

本书选题的缘起,首先在于探讨资源与人类社会的互动关系。自然资源是人类社会赖以生存、发展的重要物质基础,资源的存在对人类社会的物质、文化形态以及行为方式都起着直接的引导作用。资源的开发、使用过程,都产生了与之相应的物质、精神文化,并随之影响了相应社会结构以及社会关系的互动方式。其次,资源在地方社会的存在也是引发社会各群体之间密切联系的重要诱因,通过资源的存在以及使用过程的发展,社会群体间以资源为核心所引发的各种社会关系也更趋于丰富和多样性。

在中国古代社会,食盐作为一种重要的资源,与国家、社会的联系极为密切。在宋元四川地区,因食盐具有特定性(井盐主产地)、重要性(生存必需)、稀缺性(少数民族区)等重要特点,成为社会各群体关注以及积极争取的重要对象。通过食盐这样一种重要的资源为观察视角,可以更好地发现以及洞悉社会各群体之间的关系互动;进而通过地方群体关系的处理发现社会秩序怎样达到一种动态平衡,即通过资源的博弈实现地方社会运转秩序的有序与稳定。故本书在将资源历史地理作为选题时,以宋元四川盐业为切入点,探讨食盐的分布变迁以及在国家、地方社会中的重要作用。

历史上四川地区的盐业主要以井盐开采为主,在盐井开凿之前主要利用地表自然溢出的盐泉熬制食盐。关于盐井的开凿时间,东晋《华阳国志》较早予以记载:"秦孝文王以李冰为蜀守,……(李冰)又识察水脉,穿广都盐井、诸陂池,蜀于是盛有养生之饶焉"[1];后世多纳此说,如光绪《井研志》:"蜀之盐井,肇自秦郡太守李冰察识水脉,穿广都盐井,为凿山开井之权。"[2]目前学界普遍据以认为战国秦孝王时期李冰开凿广都(今四川成都市双流区)盐井为四川井盐之始。

宋元是四川盐业发展的重要时期,蜀中卓筒井的问世又为食盐的开采提供了技术性的变革,使食盐的重要作用愈加彰显出来。因此本书以这一时期的盐业为切入点,作为研究资源历史地理的重要内容,但又并非单纯的盐业史研究,而是通过一种地方紧缺或重要的资源洞悉社会群体间的互动关系,及其推动地方变迁的动态过程。同时四川盐业作为研究历史社会地理的一个视角选择,亦体现了其研究任务及意义,因为历史社会地理是"研究地理因素对社会文化现象的影响,具体研究内容应包括历史时期的社区及社会现象"。[3]

其次,本书选题的确定也源于社会史相关研究视角的启发。通过对资源的解读,探讨其在国家社会中的重要作用,以及引发地方群体间的社会互动,已成为社会史研究的一种重要视角,并相继出现了一批研究成果。如张应强《木材之流动:清代清水江下游地区的市场、权力和社会》[4],通过清水

---

① [晋]常璩:《华阳国志》卷三《蜀志》,齐鲁书社,2010 年,第 31 页。
② [清]高承瀛、吴嘉谟等:光绪《井研志》卷六《食货二·盐法上》,台北学生书局据清光绪二十六年(1900)刻本影印本,1971 年,第 453 页。
③ 王振忠:《历史社会地理研究刍议》,《中国历史地理论丛》2005 年第 4 期。
④ 张应强:《木材之流动:清代清水江下游地区的市场、权力和社会》,生活·读书·新知三联书店,2006 年。

江流域区域背景及早期开发来探讨木材的市场制度及其演变,以及这种制度背景下的三江社会关系互动,分析木材与地方社会变迁的动态过程,探讨对村落社会生活与地权观念产生的影响;黄志繁《"贼""民"之间:12—18世纪赣南地域社会》①,认为在当时赣南的烟瘴之地,围绕盐业与山区开发等问题,形成当地土著、流民、土豪、盗贼等地方群体与国家关系的互动,这种互动推动了地域社会的变迁;王振忠《明清徽商与淮扬社会变迁》②,通过徽商对盐业的经营造成地方社会的影响,徽商在食盐贩运中的关系互动,来窥探食盐对淮扬社会的推动作用;赵世瑜《小历史与大历史:区域社会史的理念、方法与实践》③,通过介绍华北地区水资源的地区分配,探析其中错综复杂的关系,导致对地方社会的影响;黄国信《区与界:清代湘粤赣界邻地区食盐专卖研究》④,通过对湘粤赣地区食盐专卖政策的实施,分析食盐在当地社会中的重要作用以及推动地方变迁的过程;行龙、杨念群《区域社会史比较研究》⑤,对华北水资源与地方社会进行了探讨。这些著作的研究视角及方法对本书以宋元四川盐业资源来探讨地方社会具有重要的启示意义。

二、基本概念、范畴及研究思路

(一) 基本概念的界定

本书在研究之前需要明了几个相关的概念界定,以更好地理解资源历史地理的内容,主要界定什么是资源、资源历史地理、盐业与盐权四个概念。

资源:通常指可供满足人们物质生活需要和精神需要的自然要素和社会要素的总和。确切地说,资源的概念来源于经济科学,是作为生产实践的

①　黄志繁:《"贼""民"之间:12—18世纪赣南地域社会》,生活·读书·新知三联书店,2006年。
②　王振忠:《明清徽商与淮扬社会变迁》,生活·读书·新知三联书店,1996年。
③　赵世瑜:《小历史与大历史:区域社会史的理念、方法与实践》,生活·读书·新知三联书店,2006年。
④　黄国信:《区与界:清代湘粤赣界邻地区食盐专卖研究》,生活·读书·新知三联书店,2006年。
⑤　行龙、杨念群:《区域社会史比较研究》,社会科学文献出版社,2006年。

物质基础提出来的。目前资源学者习惯按其属性分为两大类:一类为自然资源,另一类为社会资源。自然资源是指人类可以利用的自然生成的物质与能量,它是人类生存的物质基础;社会资源的范围较广,主要指人类通过自身劳动,在开发利用自然资源的过程中,形成的社会物质与精神财富。①

资源历史地理:指研究历史时期各种资源的空间分布、制约因素、地域资源种类的构成与数量、质量等综合特征,并对各种资源进行综合评价,为区域资源开发与保护服务。从内容上讲,资源历史地理具有地理学、资源学与历史学多学科交叉研究的特性,通过对全域或地区资源的研究,探讨其演变发展的规律,并对资源与社会、环境之间的关系进行探讨,以便更好地为社会发展服务。②

盐业:指与食盐相关的生产、加工销售以及盐政管理等方面的内容。本书一方面涉及食盐的生产、开采、市场、销售分布及盐政等情况,主要内容为研究与盐业有关的历史地理,故在题目上采用了"盐业地理"的称谓;另一方面,又要通过食盐这种宋元四川的重要民生资源,用以探讨其所触发的社会各群体间的关系互动,因此相关章节又使用"食盐"称谓,用以彰显食盐这一重要资源的自身属性。

盐权:该称谓是借用物权的概念,并结合当下普遍使用的"水权"一词,由笔者自创的一个称谓。物权在概念上是指权利人依法对特定的物享有支配和排他的权利,包括所有权、用益物权和担保物权。③ 本书用"盐权"一词用来表达食盐资源拥有者对其占有、使用、支配、收益及排他的权益。在词语的意义上,"盐权"与"水权"并无二致,均表达对一种有价值的自然资源或民生资源具有的物权。在研究宋元四川盐区社会互动中,使用"盐权"一词,既能体现社会各群体对其占有、使用、支配、排他权;又能体现官方、盐商利用食盐获得的收益权(用益物权,即盐课、盐利);此外在盐民(小手工业者)或盐商的经营中还可用来作财产抵押进行借贷,体现出担保物权的价

---

① 李润田、李永文等:《中国资源地理》,科学出版社,2003 年,第 3 页。
② 《中国资源地理》,第 6 页。
③ 高富平:《物权法》,清华大学出版社,2007 年,第 3 页。

值。因此,在本书研究区域社会史的视角范畴内,该词的使用从内涵上讲要远比单纯使用"食盐"或"盐业"一词更加丰富和深刻。

(二) 基本范畴的界定

研究历史时期的资源地理,另要明确几个相关的范畴界定。本书以宋元四川为地域范围,首先需要对该期四川的地域范围加以界定。

宋代四川主要分为益(成都府)、梓(潼川府)、利、夔四路,元代则为四川等处行中书省,从地理范围看,宋元四川的面积要大于今日川、渝两地面积。宋元四川除包含今日川、渝两省、市外,还包括了陕、甘、滇、鄂等省份的一部分。本书在研究宋元四川时,为照顾其辖区整体的完整性,以及材料叙述的完整性,选择以当时的政区为范围标准,而不仅仅着眼于今日川、渝范围。

其次,在划分时期的选择上,本书以宋元为断代研究时期,一方面是缘于宋元是历史上四川井盐技术变革的重要时期,卓筒井的问世是蜀中井盐开采技术的一个重要创新与突破,甚而被许多科技史学者誉为"中国第五大发明"和"世界石油钻井之父"。① 卓筒井技术较汉代以来四川的大口浅井开采技术效率大大提高,它使得川盐产量的迅速增加,对社会各群体的互动起到更加积极的影响。川盐借产量的提升,在全国食盐市场中的地位也有所提升,宋元恰处这一变革的重要时期。另一方面缘于宋元盐业在我国盐业史上相较前朝地位加重,其重要性体现为盐税在国家财政收入中的比重进一步增强,以及"划界行盐"的食盐专卖体制进一步完善。② 此前学者多以唐宋并称,认为这是中古近世的开始,即所谓的"唐宋变革说"。本书选定宋元为衔接期,一是基于该期是四川卓筒井的发明、发展的重要时期;二是恰如陈寅恪先生所认为的宋元制度具备的良好继承性:"唐朝的制度与文化与以前的北方胡人政权有很大的渊源关系,唐与宋之间倒是存在很大的变化。元朝建立后,尽管有许多变化,但无论在中央和地方的行政体制,还是

---

① 程龙刚:《宋代四川卓筒井研究》,《四川理工学院学报》2009 年第 2 期。

② 吴海波、曾凡英:《中国盐业史学术研究一百年》,巴蜀书社,2010 年,第 21 页。

南方社会的层面,与宋有多方面的继承性,只是明朝统治者总是强调元朝的'异族'性质,强调它与唐、宋的制度联系。"①

另外,基于元代经济前期残破的现实,终其一朝经济水平是否堪与宋代相衔接,需要对宋元经济的继承性进行界定。目前学界主要有三种观点:一种持元代经济发展逆转低落说,即认为元朝统治下经济遭到严重破坏,出现逆转现象②;另一种持重大发展说,认为元代经济谈不上濒于毁灭,社会经济和科学文化是有重大发展和贡献的③;第三种持有破坏亦有发展说,认为蒙古征服造成的经济残破客观存在,但这种破坏并非一成不变,而是随时间先后有所不同,在未受到破坏的时期和地域,社会经济还是有所进步和发展的④。蒙古史学家韩儒林先生持第三种观点,认为元代社会经济发展的总趋势是前期由恢复到发展,中后期由发展到停滞衰弊⑤;尤其元代官营手工业空前发达(包括官营盐场),因其有充足的人力、物力,有以和雇、和买名义得来的廉价劳动力和原料,虽然生产效率不高,但也能生产出许多精美的产品⑥。元代四川井盐业的开采,主要由官府经营,由于政府实施规模经营,虽然全川范围内盐业产量较宋代有严重下滑,但在官营盐场内生产仍能承宋代之旧,甚而远销云南、贵州、浙江。此外,在卓筒井技术方面,元代井场继承了宋代技术。因此选定宋元为断代期的原因,主要是考虑了两者制度的继承、经济发展的继承以及技术的继承等方面的因素。

(三) 研究思路

本书以宋元四川盐业为核心,分析食盐作为当地一种重要的民生资源所触发的社会各群体间的互动关系,以及推动地方社会变迁的历史过程。从资源与区域社会关系的视角看,虽然本书的研究主题定位为历史资源地理,但分析范式则更接近历史社会地理或者区域社会史的研究。在研究四

---

① 《小历史与大历史:区域社会史的理念、方法与实践》,第42页。
② 李剑农:《宋元明经济史稿》,生活·读书·新知三联书店,1957年,第9页。
③ 李幹:《元代社会经济史稿·前言》,湖北人民出版社,1985年。
④ 杨志玖:《关于元朝统治下"经济的破坏"问题》,《史学月刊》1957年第6期。
⑤ 李治安、王晓欣:《元史学概说》,天津教育出版社,1989年,第121—122页。
⑥ 韩儒林:《元朝史》(上册),人民出版社,1986年,第406页。

川盐业资源的产地分布、市场交通、发展变迁、盐神信仰圈形成等方面遵从历史地理的研究方法；但重心因是考察盐权对当地社会群体触发的互动关系，因此在分析这一部分内容时，更多地采用历史社会地理或区域社会史的研究方法，尝试用多科学交叉的方式进行探讨。这既符合历史地理研究方法的创新，也有助于吸取其他学科的优势，推动历史地理研究范式的深化。

另外，本研究主题对盐业史的研究也提供了一个新的角度。如李晓龙、温春来曾撰文指出现在的盐史研究多注重经济史与典章制度的研究，越来越缺乏新意，今后的研究应当引入社会史视角，重视区域史的研究路径，践行历史人类学的方法。[①] 因此，本书在研究方法上，注意挖掘食盐背后所隐含的社会关系，这对以往盐业史单纯从制度、经济等直观揭示盐业表层现象的研究，也是一个重要的补充。

本书在结构的构思上，通过采用历史地理与区域社会史等专业方法相结合的方式进行。在结构叙述上，首先需要介绍宋元四川盐业的产地分布及相关状况，这是源于探讨宋元四川社会各群体围绕盐权的博弈，需要明确四川的食盐产地位置。在对其进行地理分布的统计时，可以直观感知盐区社会群体互动的发生区域。因此出于对宋元四川社会群体盐权博弈的地点考虑，需要对其食盐产地进行分析。这些食盐产地的存在及分布，也成为本书所探讨社会关系的重要前提。其次，本书要对宋元四川盐区市场及交通地理分布进行相关论述。盐区市场及交通的存在，是川盐得以流通的重要前提，通过食盐的流动触发了社会群体间更广泛的互动过程。市场与交通的存在为食盐运销提供了便利，产生了丰厚的盐利，造成社会各群体（如官方之间、官民之间、民众之间、"夷汉"之间）为争夺盐权而展开博弈；同时也强化了边疆与内地的联系，导致了族群之间的盐权博弈。盐区与交通的存在，也是宋元四川社会各群体能够得以产生互动的重要前提，使我们可以得知盐权博弈的发生分布在各盐区市场之内，并且随着交通网络的扩大而范

---

① 李晓龙、温春来：《中国盐史研究的理论视野和研究取向》，《史学理论研究》2013 年第 2 期。

围不断扩展。

本书对宋元四川社会群体的盐权博弈,主要通过官方之间,官民之间,豪民、平民之间,"夷汉"族群之间这四个角度进行阐述。在探讨其盐权博弈时,需要对这些社会群体存在的空间分布进行相关探讨,这同样是出于对博弈发生区间的考虑,以便更明确博弈的发生地是与当地盐产的存在密不可分的。而对于社会群体类型分布的划分,是为了彰显该期四川盐区社会不同地区博弈的丰富性与复杂性,以便突出宋元四川盐业在川盐发展史上的特点。

本书对宋元四川盐神信仰圈的地理探讨,是为了洞悉该期社会群体之间在意识形态上的盐权博弈。盐神信仰与食盐的崇拜密不可分,盐神的存在实际代表的正是社会各群体食盐利益的反馈。四川不同群体之间拥有不同的盐神崇拜,反映在社会关系上,代表的正是社会群体对盐权的需求表达。其中又以官民盐神信仰最为重要,因此本书通过官民不同的盐神信仰,以及在信仰塑造上产生的冲突与妥协,来探讨社会各群体在思想意识中针对盐权的博弈。此外,本书在探讨该期四川盐区社会群体的盐权博弈时,更多谈及的是行为层面上的内容,而在思想意识中的博弈则较难体现,恰可以通过盐神信仰的不同崇拜方式进行阐述与表达。

综上所述,本书对宋元四川盐业地理的论述,目的是为了通过食盐来探讨社会各群体之间的关系博弈。对盐业资源及社会群体、盐神信仰的地理考证,也是为了更直观解析盐权博弈的发生区域以及博弈类型而服务。通过对历史地理和区域社会史研究范式的综合运用,使宋元四川盐区的社会互动关系得以更加丰富地呈现,同时也有助于对资源与人类社会、资源与地方社会关系的解读。

三、国内外研究现状

宋元是我国四川盐业发展的重要时期,食盐作为一种重要的地方资源对当地社会政治、经济、文化、民族关系等方面都产生了重要影响。国内外以往涉及该时期四川盐业的研究,多是一种纯盐业史的研究,重在探讨食盐的产地分布、产量、用途、专卖政策、雇佣关系、开采技术、遗址考古等。同时因宋代史料较元代更加丰富,国内外的研究无一不是详宋代而略元代,在研究侧重上差距很大。现将国内外涉及宋元川盐的研究,按其主要成果介绍如下:

（一）国内研究现状

从目前国内主要论著看,研究内容极为丰富,涉及川盐的方方面面,且研究视角多有交叉。但综合来看,基本为盐业史的研究,主要偏重制度史与经济史研究,内容主要分为六大部分,分别为盐政史、盐业经济史、盐业科技史、盐文化史、盐业考古、盐业研究综述。

1. 盐政史

盐政史主要研究有关川盐的管理、运销制度,盐法、盐律、盐税及盐政变革等内容,以往的研究对这方面的关注较为重视,成果也比较丰富。著作主要有:林振翰《川盐纪要》①,主要论述四川盐政的历史,涉及先秦以来四川盐业的生产变迁、盐场沿革、盐务机构、食盐运销等问题。吴炜《四川盐政史》②,主要探讨先秦以来四川盐业的产地分布、产量变化、管理机构、税收征收、食盐缉私等方面。曾仰丰《中国盐政史》③,简略梳理了先秦以来包括川盐在内的中国盐业生产的变迁,内容主要涉及食盐的管理及税收。何维凝《中国盐政史》④与田秋野、周维良《中华盐业史》⑤,主要介绍历史时期中国盐业开采及政府盐官机构的设置,盐业政策的变迁以及税收等内容,其中川盐作为重要构成有详细论述。戴裔煊《宋代钞盐制度研究》⑥,主要介绍宋代全国盐业的政府运销措施,即钞盐制度的历史,其中涉及到川盐的产地、产量统计以及相关的专卖政策。张国旺《元代榷盐与社会》⑦,主要介绍

---

①　林振翰:《川盐纪要》,商务印书馆,1919 年。

②　吴炜:《四川盐政史》,四川盐政史编纂处 1932 年刻本。

③　曾仰丰:《中国盐政史》,商务印书馆,1937 年。

④　何维凝:《中国盐政史》,台北:何龙澧芬,1966 年。

⑤　田秋野、周维良:《中华盐业史》,台湾商务印书馆,1979 年。

⑥　戴裔煊:《宋代钞盐制度研究》,中华书局,1981 年。

⑦　张国旺:《元代榷盐与社会》,天津古籍出版社,2009 年。

元代全国包括川盐在内的食盐生产管理机构设置、灶户食盐生产以及走私等问题。梁庚尧《南宋榷盐：食盐产销与政府控制》①，主要介绍南宋政府对食盐产销的管理与控制措施，并以个案的形式重点探讨了四川盐区的食盐运销政策，分析当地食盐生产中存在的阶级关系。

论文主要有：贾大泉《井盐与宋代四川的政治和经济》②《井盐在宋代四川经济及政治中的地位和作用》③，主要探讨宋代川盐管理制度、盐税与经济开发、民族关系处理等问题，分析井盐在四川政治及经济上的地位与作用。许世融《井盐对宋代四川地区国防、财计、社会、经济等方面之影响》④《宋代川盐的生产管理运销及其对社会经济之影响》⑤，分析宋代川盐管理、运销政策对国防、财计、社会、经济方面的影响，包括增强国防、增加税收、繁荣商贸、改善民生以及处理民族关系的工具等。张学君《宋代四川盐业中的所有制转化》⑥《论宋代四川盐业与盐政》⑦，对宋代川盐生产中的官方食盐政策与措施进行了论述，探讨官井的性质，私井的出现及意义，分析四川盐业在发展中的所有制性质。宋良曦《川盐缉私略论》⑧，主要论述历史上四川私盐的产生、私盐贩的构成、贩卖途径以及官方的缉私政策。陈高华《元代的盐政及其社会影响》⑨，主要讨论元代盐户与食盐的生产运销，元政府采取的食盐销售措施，并分析这些措施产生的社会影响。李福德、赵伯蒂《从历代缉私看川盐缉私》⑩主要分析四川历代私盐贩卖的种类及政府相关

---

① 梁庚尧：《南宋榷盐：食盐产销与政府控制》，台湾大学出版中心，2010年。

② 贾大泉：《井盐与宋代四川的政治和经济》，《西南师范学院学报》1983年第3期。

③ 贾大泉：《井盐在宋代四川经济及政治中的地位和作用》，《盐业史研究》1986年（不分期）。

④ 许世融：《井盐对宋代四川地区国防、财计、社会、经济等方面之影响》，《中国历史学会史学集刊》1984年第26期。

⑤ 许世融：《宋代川盐的生产管理运销及其对社会经济之影响》，台北中国文化大学硕士学位论文，1991年。

⑥ 张学君：《宋代四川盐业中的所有制转化》，《中国社会经济史研究》1984年第4期。

⑦ 张学君：《论宋代四川盐业与盐政》，载自贡市盐业历史博物馆：《四川井盐史论丛》，四川省社会科学出版社，1985年。

⑧ 宋良曦：《川盐缉私略论》，《盐业史研究》1986年（不分期）。

⑨ 陈高华：《元代的盐政及其社会影响》，载陈高华：《元史研究论稿》，中华书局，1991年。

⑩ 李福德、赵伯蒂：《从历代缉私看川盐缉私》，《盐业史研究》1995年第2期。

缉私措施。梁庚尧《南宋四川的引盐法》①《南宋四川官盐与地方财经》②，对南宋时四川井盐行销政策进行论述，提出四川食盐的销售存在两种不同的方式，西川主要是官运官销，东川则是政府控制下的民间自销；并论述了南宋四川官盐对地方财政与经济的支撑。朱治国《北宋榷盐制度下国家与盐商关系探究》③，主要论述宋代含川盐在内的食盐经营背景、盐业的地位作用、盐法变迁、国家对盐商的控制与管理、盐商反政府干预的活动及榷盐制度下国家与盐商的关系等。程龙刚《宋元时期的四川盐业》④，介绍宋元四川盐政管理机构的设置、盐税的减免、川盐地位的下降，认为元代川盐在生产上同宋代相比无任何重大突破。

2. 盐业经济史

盐业经济史主要关注川盐的生产、分布、产量、销售、运输、消费、盐民构成、生产关系等内容，这方面的研究成果也较为丰富。著作主要有：贾大泉《宋代四川经济述论》⑤，主要介绍宋代四川经济发展状况，部分章节探讨川盐的开采技术、社会用途及在处理民族关系中的作用。李翰《元代社会经济史稿》⑥，对元代经济的恢复发展以及经济地位进行了相关论述与总结，在手工业章节中提及川盐在内的食盐生产，认为元代经营方式主要是官营，各地恢复发展的程度不同，存在较大差异。漆侠《宋代经济史》（上册）⑦，该书是第一部有关宋代经济整体性研究的专著，部分章节探讨宋代川盐在内的食盐生产状况，包括产地、产量变化，运输与销售，盐场内部的经营及匠工状况等。陈然、谢奇等《中国盐业史论丛》⑧，为论文集，部分文章涉及宋代四川盐业的发展变迁、销售用途以及相关的政府管理措施。郭正忠《宋代盐业经济史》⑨，该

①　梁庚尧：《南宋四川的引盐法》，《台湾大学历史学报》1996 年第 20 期。

②　梁庚尧：《南宋四川官盐与地方财经》，载第二届宋史学术研讨会秘书处：《第二届宋史学术讨论会论文集》，台北中国文化大学史学研究所，1995 年。

③　朱治国：《北宋榷盐制度下国家与盐商关系探究》，东北师范大学硕士学位论文，2006 年。

④　程龙刚：《宋元时期的四川盐业》，《盐文化研究论丛》第 2 辑，巴蜀书社，2007 年。

⑤　贾大泉：《宋代四川经济述论》，四川省社会科学院出版社，1985 年。

⑥　李翰：《元代社会经济史稿》，湖北人民出版社，1985 年。

⑦　漆侠：《宋代经济史》（上册），上海人民出版社，1987 年。

⑧　陈然、谢奇等：《中国盐业史论丛》，中国社会科学出版社，1987 年。

⑨　郭正忠：《宋代盐业经济史》，人民出版社，1990 年。

书是第一部以宋代盐业经济为专题研究的著作,主要内容包括宋代川盐在内的生产、产量、分布、盐业生产关系、生产体制、阶级结构、盐民等级与赋税、食盐的流通与销售等。宋良曦、钟长永《川盐史论》①、彭泽益等《中国盐业史国际学术讨论会论文集》②、宋良曦《盐史论集》③,三书均为论文集,部分文章介绍历史时期川盐生产、管理、运输、销售、生产关系等内容。林文勋《宋代四川商品经济史研究》④,介绍宋代四川商品经济尤其是商品交换的发展现状,涉及四川井盐的生产状况及产量估算。郭正忠《中国盐业史(古代编)》⑤,为"中国盐业史"系列丛书的组成部分,内容较多参考了作者前期著作《宋代盐业经济史》,涉及川盐部分基本相同。卢华语《古代重庆经济研究》⑥,对古代重庆的经济情况进行相关论述与评价,在手工业中提及古代重庆盐业的开发及管理情况。吉成名《宋代食盐产地研究》⑦《中国古代食盐产地分布和变迁研究》⑧,分别介绍宋代及古代包含川盐在内的全国食盐产地分布,且与今天的地名做了对比,两书在内容上有重合之处。任长幸《西夏盐业史论》⑨,主要研究西夏食盐生产、管理及贸易等,但部分章节也探讨宋代包括川盐在内的食盐生产及发展状况。

论文主要有:程光裕《宋代川盐之产销》⑩《宋代川盐之生产与统制》⑪,主要论述宋代四川食盐生产、销售与政府在当地实施的运销措施。吴天颖《论宋代四川制盐业中的生产关系》⑫、郭正忠《宋代四川井盐业中的资本主义萌芽》⑬,

---

① 宋良曦、钟长永:《川盐史论》,四川人民出版社,1990 年。

② 彭泽益等:《中国盐业史国际学术讨论会论文集》,四川人民出版社,1991 年。

③ 宋良曦:《盐史论集》,四川人民出版社,2008 年。

④ 林文勋:《宋代四川商品经济史研究》,云南大学出版社,1994 年。

⑤ 郭正忠:《中国盐业史(古代编)》,人民出版社,1997 年。

⑥ 卢华语:《古代重庆经济研究》,重庆出版社,2002 年。

⑦ 吉成名:《宋代食盐产地研究》,巴蜀书社,2009 年。

⑧ 吉成名:《中国古代食盐产地分布和变迁研究》,中国书籍出版社,2013 年。

⑨ 任长幸:《西夏盐业史论》,中国经济出版社,2016 年。

⑩ 程光裕:《宋代川盐之产销》,《学术季刊》1954 年第 4 期。

⑪ 程光裕:《宋代川盐之生产与统制》,《海疆学刊》1984 年第 1 期。

⑫ 吴天颖:《论宋代四川制盐业中的生产关系》,《文史哲》1964 年第 1 期。

⑬ 郭正忠:《宋代四川井盐业中的资本主义萌芽》,《社会科学研究》1981 年第 6 期。

主要分析宋代四川制盐业中的雇佣关系及其性质,后者认为当时四川已萌生出资本主义萌芽。郭正忠《北宋四川食盐危机考析》①《论两宋的周期性食盐"过剩"危机——十至十三世纪中国食盐业发展规律初探》②,主要分析两宋四川及全国盐业的生产与需求关系,认为在政府的干预影响下,社会的食盐需求周期性存在生产"过剩"与需求不足的矛盾。贾大泉《宋代四川井盐产量剖析》③、林文勋《北宋四川盐产量蠡测》④,对宋代四川井盐的产量及其变化进行了分析,认为针对北宋中期产量比初期减少的现象,只是反映了官营盐井减产和井课减少的事实,官、私井存在部分额外余盐和私盐未被官府掌握和和统计,另外盐政紊乱也导致了官方统计数额大为减少。陈世松《绍熙府与元代四川盐业的兴衰》⑤、程龙刚《元代四川盐业生产》⑥,主要介绍元代四川井盐生产的产地、产量、政府管理措施以及对地方社会的影响;在分析在元代四川盐业衰弊时,认为绍熙府(治今四川荣县)的盐业开发吸引大量外来人口,形成独特的商贸繁荣现象。高树林《元代盐户研究》⑦,对元代全国盐户的身份、地位及生产中的作用与生活状态进行了分析。张舜《宋代长江三峡地区经济开发的整体研究》⑧,介绍宋代三峡地区农业开发、人口增长、商业、手工业及交通航运业的发展,在手工业中介绍四川制盐业的发展。罗玲《论三峡盐业资源开发与政治、经济、文化的互动关系》⑨,主要介绍历史时期三峡盐业资源及盐场的地理环境及特点、盐业资源与技术开发之间的关系、盐业与当地生产与生活以及与历史文化兴衰的互动关

---

　① 郭正忠:《北宋四川食盐危机考析》,《中国史研究》1981 年第 1 期。
　② 郭正忠:《论两宋的周期性食盐"过剩"危机——十至十三世纪中国食盐业发展规律初探》,《中国社会经济史研究》1984 年第 1 期。
　③ 贾大泉:《宋代四川井盐产量剖析》,《西南师范学院学报》1982 年第 4 期。
　④ 林文勋:《北宋四川盐产量蠡测》,《盐业史研究》1992 年第 1 期。
　⑤ 陈世松:《绍熙府与元代四川盐业的兴衰》,《盐业史研究》1988 年第 2 期。
　⑥ 程龙刚:《元代四川盐业生产》,《盐业史研究》2000 年第 3 期。
　⑦ 高树林:《元代盐户研究》,《中国史研究》1996 年第 4 期。
　⑧ 张舜:《宋代长江三峡地区经济开发的整体研究》,华中师范大学硕士学位论文,2003 年。
　⑨ 罗玲:《论三峡盐业资源开发与政治、经济、文化的互动关系》,重庆师范大学硕士学位论文,2004 年。

系等。吉成名《论宋代井盐产地》①《元代食盐产地研究》②及刘霄泉《宋代盐业地理》③，从历史地理的角度考证宋元四川及全国食盐产地的分布及兴衰变迁。李杰《北宋夔州路地区的井盐业》④《北宋夔州路井盐研究》⑤，主要论述了北宋四川夔州路井盐分布、产量变化，食盐开采、井盐价格及销售、井盐的地位和作用。胡莉《元代井盐研究》⑥，对元代四川井盐产地分布、生产状况、销售贸易、运输及政府管理等进行了论述。

3. 盐业科技史

盐业科技史主要研究川盐开采技术及其社会意义，其中于宋元时期主要关注卓筒井技术的发明、影响以及相关井盐工具的使用等。著作主要有：张学君《明清四川井盐史稿》⑦，对明清四川井盐的开采技术及运销、用途等进行探讨，对宋元亦稍有涉及，指出川盐开采技术随社会的需求不同而有新的提高，并介绍了相关盐井工具的用途。彭久松、陈然《四川井盐史论丛》⑧，为论文集，其中部分文章介绍了宋代卓筒井的发明及其社会意义，对井盐开采中出现的问题也作了探讨。林元雄、宋良曦等《中国井盐科技史》⑨，刘德林、周志征、刘瑛《中国古代井盐及油气钻采工程技术史》⑩，从科技史角度对历史时期四川井盐的开采技术进行探讨，介绍井盐开采技术的革新、工具的用途、开采中的技术故障分析、开采技术对当地社会发展的影响等，重点介绍了宋代卓筒井的出现及意义。刘德林、周志征《中国古代井盐工具研究》⑪，对历史时期四川井盐工具的发明、发展进行阐述，对其制作工艺作了详尽介绍，并提出了具体的保护措施。吴天颖《井盐史探微》⑫，对历史时期四川井盐开采技术的发展

① 吉成名：《论宋代井盐产地》，《盐文化研究论丛》第3辑，巴蜀书社，2008年。
② 吉成名：《元代食盐产地研究》，《四川理工学院学报》2008年第3期。
③ 刘霄泉：《宋代盐业地理》，北京大学博士学位论文，2009年。
④ 李杰：《北宋夔州路地区的井盐业》，《重庆三峡学院学报》2009年第2期。
⑤ 李杰：《北宋夔州路井盐研究》，重庆师范大学硕士学位论文，2009年。
⑥ 胡莉：《元代井盐研究》，暨南大学硕士学位论文，2013年。
⑦ 张学君：《明清四川井盐史稿》，四川人民出版社，1984年。
⑧ 彭久松、陈然：《四川井盐史论丛》，四川省社会科学院出版社，1985年。
⑨ 林元雄、宋良曦等：《中国井盐科技史》，四川科学技术出版社，1987年。
⑩ 刘德林、周志征、刘瑛：《中国古代井盐及油气钻采工程技术史》，山西教育出版社，2010年。
⑪ 刘德林、周志征：《中国古代井盐工具研究》，山东科学技术出版社，1990年。
⑫ 吴天颖：《井盐史探微》，四川人民出版社，1992年。

变迁作了介绍,并对井盐的产地、产量、生产状况等作了概括。胡小鹏《中国手工业经济通史(宋元卷)》①,主要介绍宋元手工业经济发展的相关状况,部分章节阐述了四川食盐开采技术、产销、用途等问题。查有梁等《巴蜀科技史略》②,论述了历史时期四川科技发明、发展的历史,对四川古代井盐的开采技术进行了介绍,尤其对宋代卓筒井技术进行了详细描述。

论文主要有:杨宽《古代四川的井盐生产》③、白广美《中国古代井盐生产技术史的初步探讨》④,对古代四川盐井技术的产生与使用进行相关介绍,并分析不同时期盐井技术的发展状况。刘春源、杨义碧等《我国宋代井盐钻凿工艺的重要革新——四川卓筒井》⑤,对宋代四川井盐生产中具有重大技术革新意义的卓筒井进行论述,探讨了卓筒井的发明缘起及过程、意义。郭正忠《关于卓筒风波的考察——宋代井盐业资本主义萌芽的产生、发展和夭折》⑥《宋代井盐业资本主义萌芽的历史命运——关于"卓筒风波"的考察》⑦,认为宋代四川井盐生产中因卓筒井的发明导致食盐产量增加、雇工增多,促进了资本主义萌芽的产生、发展,后因宋元战争而夭折。罗曼《四川井盐的采卤井架》⑧,对历史上四川盐井开采的重要设施——井架(亦名天车)进行论述,主要包括井架的演变及结构分析。白广美《中国古代盐井考》⑨,对古代四川盐井技术的发展进行概括,并对盐井生产工具的使用进行了相关介绍。程龙刚《宋代四川卓筒井研究》⑩,主要探讨宋代四川卓筒

①　胡小鹏:《中国手工业经济通史(宋元卷)》,福建人民出版社,2004 年。
②　查有梁等:《巴蜀科技史略》,四川人民出版社,2010 年。
③　杨宽:《古代四川的井盐生产》,《科学大众》1955 年第 8 期。
④　白广美:《中国古代井盐生产技术史的初步探讨》,《清华大学学报》1962 年第 6 期。
⑤　刘春源、杨义碧等:《我国宋代井盐钻凿工艺的重要革新——四川卓筒井》,《文物》1977 年第 12 期。
⑥　郭正忠:《关于卓筒风波的考察——宋代井盐业资本主义萌芽的产生、发展和夭折》,载陈然等:《中国盐业史论丛》,中国社会科学出版社,1987 年。
⑦　郭正忠:《宋代井盐业资本主义萌芽的历史命运——关于"卓筒风波"的考察》,《社会科学研究》1985 年第 3 期。
⑧　罗曼:《四川井盐的采卤井架》,《井矿盐技术》1988 年第 1 期。
⑨　白广美:《中国古代盐井考》,《自然科学史研究》1995 年第 2 期。
⑩　程龙刚:《宋代四川卓筒井研究》,《四川理工学院学报》,2009 年第 2 期。

井出现的社会背景、发展、应用及社会意义等。

4. 盐文化史

盐文化史研究主要关注与川盐有关的诗词、民俗、传说、故事等文化载体的搜集整理，以及分析食盐信仰的社会现实意义等。著作主要有：柴继光《中国盐文化》①、张银河《中国盐文化史》②，对历史时期包括川盐在内的全国食盐生产中衍生的诗歌、传说、民俗、建筑、故事等文化载体进行归纳，分析这些文化现象与食盐之间的关系及意义。王仁湘、张征雁《中国滋味：盐与文明》③，对历史时期包括川盐在内的全国食盐有关的历史文化现象进行相关梳理，如历史上有关食盐的各种寓言、传说、小说、诗词歌赋等文化现象，意在彰显食盐文化的丰富多彩，并分析食盐与地区文明之间的关系。宋良曦《盐史论集》④，为论文集，部分文章介绍了四川历史时期盐业民俗现象及民俗建筑的出现，分析其仪式内容及意义，主要表现为凝聚认同、树立道德操守等。吴晓东、曾凡英等《文明的足迹：神奇的四川井盐民俗》⑤，主要介绍历史时期四川井盐技术文化、盐业会馆建筑、商会以及与盐工、井盐相关的故事、歌谣、戏剧等。

论文主要有：范成刚《盐源盐业灶户兴废史实》⑥，通过历史时期四川盐源地区的盐业兴衰，分析其相关盐神崇拜及灶户兴旺、衰退的历史。宋良曦《中国盐业的行业偶像与神祇》⑦，认为在不同的历史时期及盐区，食盐生产与经营者树立了众多的行业偶像和行业神，通过分析这些行业偶像与神祇的诞生、衍变，论证盐业神祇的功能意义与行业规范。林正秋《漫说盐的历史与祖师崇拜》⑧，指出食盐作为人类必备的调味品，在其发展过程中产生了许多

① 柴继光：《中国盐文化》，新华出版社，1991 年。
② 张银河：《中国盐文化史》，大象出版社，2009 年。
③ 王仁湘、张征雁：《中国滋味：盐与文明》，辽宁人民出版社，2007 年。
④ 宋良曦：《盐史论集》，四川人民出版社，2008 年。
⑤ 吴晓东、曾凡英等：《文明的足迹：神奇的四川井盐民俗》，巴蜀书社，2012 年。
⑥ 范成刚：《盐源盐业灶户兴废史实》，《盐业史研究》1988 年第 2 期。
⑦ 宋良曦：《中国盐业的行业偶像与神祇》，《盐业史研究》1998 年第 2 期。
⑧ 林正秋：《漫说盐的历史与祖师崇拜》，《上海调味品》2003 年第 1 期。

有关盐的信仰,以此形成了食盐祖师崇拜的习俗,提及四川井盐的信仰情况。刘卫国《渝东盐场的民俗节》①,对历史时期重庆东部地区因盐而兴的民俗节进行了介绍,涉及食盐开采中的相关传说、寓言故事,并分析了这些民俗在当地社会的影响。陈艳《巫溪大宁盐场的盐业信仰及其崇祀场所的演化》②,通过对历史时期重庆巫溪县大宁盐场的盐业发展及盐神信仰进行讨论,认为该盐场的历史可追溯至唐宋,其盐神信仰受到地方百姓及官方的重视,并介绍其不同时期的发展变化。于云红、王明德《盐业神祇谱系与盐神信仰》③,通过介绍历史时期全国不同盐区盐神构成的信仰谱系,分析造成这些不同盐神信仰的具体文化内涵。孙振涛《古代巴蜀陵井之盐神形象考》④,通过对历史时期四川陵井盐神形象的考证,分析其象征符号的意义。

5. 盐业考古

盐业考古主要关注古代四川地区盐业遗址的发掘及发现过程,并探讨遗址的出现与当地文明的关系等方面。著作主要有:李水城、罗泰《中国盐业考古——长江上游古代盐业与景观考古的初步研究》⑤,为论文集,部分文章对历史时期长江上游的盐业生产遗存进行了科学考察,对食盐在当地的兴起、变迁做了介绍,并对其生产状况和在当地社会经济中的作用进行了分析。任桂园《从远古走向现代——长江三峡地区盐业发展史研究》⑥,对历史时期三峡地区的盐业开采以及相关盐址遗存进行了考述与调查,并分析这些盐产地点的存在对当地政治、经济、文化等各方面都产生了积极影响,促进了地区文明的进步。赵逵《川盐古道:文化线路视野中的聚落与建筑》⑦、自贡市盐业历史博物馆《川盐文化圈研究:川盐古道与区域发展学术

---

① 刘卫国:《渝东盐场的民俗节》,《盐文化研究论丛》第1辑,巴蜀书社,2005年。
② 陈艳:《巫溪大宁盐场的盐业信仰及其崇祀场所的演化》,《长江文化论丛》第8辑,南京大学出版社,2012年。
③ 于云红、王明德:《盐业神祇谱系与盐神信仰》,《扬州大学学报》2015年第3期。
④ 孙振涛:《古代巴蜀陵井之盐神形象考》,《盐业史研究》2017年第4期。
⑤ 李水城、罗泰:《中国盐业考古——长江上游古代盐业与景观考古的初步研究》,科学出版社,2006年。
⑥ 任桂园:《从远古走向现代——长江三峡地区盐业发展史研究》,巴蜀书社,2006年。
⑦ 赵逵:《川盐古道:文化线路视野中的聚落与建筑》,东南大学出版社,2008年。

研讨会论文集》①，均以古代四川运盐古道为专题研究，通过对盐运古道的考察，分析其对当地城镇发展的影响以及对沿途居民聚落和建筑风格的影响。

论文主要有：钟长永、黄健《川东盐业与三峡库区的盐业遗址》②，通过对历史时期川东三峡盐业的重要遗址云阳、忠县、开县、奉节古盐址进行考察，指出现存盐业遗址是人类开采盐卤资源的重要遗存和历史见证物，应当进行抢救性保护。李小波《渝东地区古代盐业开发与城市起源》③《川东古代盐业开发的历史地理考察》④《重庆市彭水县郁山镇古代盐业考察报告》⑤，对古代川东地区盐业的生产遗址进行考察分析，认为食盐对当地城镇聚落的形成起到极为关键的重要作用，内容涉及川东古盐井的空间分布、盐业开发的地质基础、历代川东盐井开发、运销及路线、盐业对行政区划及城镇体系的影响等。程龙刚《长江三峡地区自然盐泉发现时期考》⑥《关于三峡地区盐业生产源起的思考》⑦，通过对古代三峡地区盐业遗址的考察，介绍其盐业兴起的原因，对盐泉发现的过程及其对当地社会的经济作用进行阐述。王瑞成《四川井盐业空间布局的历史演变》⑧，对历史时期四川井盐业开采中的分布点及其遗存进行相关考证，指出不同时期盐业地点分布的时空特点，分析造成这种变化的背景及启示意义。赵逵《川盐古道上的传统聚落与建筑研究》⑨，以川盐古道为总线索，解析历史上四川聚居形态构成的基本规律以及盐业古镇中传统民居的风貌特色与盐业会馆的形态特征。周志清、江章华《四川盐源县古代盐业与文化的考古调查》⑩，通过对历

① 自贡市盐业历史博物馆：《川盐文化圈研究：川盐古道与区域发展学术研讨会论文集》，文物出版社，2016 年。

② 钟长永、黄健：《川东盐业与三峡库区的盐业遗址》，《四川文物》1997 年第 2 期。

③ 李小波：《渝东地区古代盐业开发与城市起源》，《盐业史研究》2000 年第 3 期。

④ 李小波：《川东古代盐业开发的历史地理考察》，北京大学硕士学位论文，2000 年。

⑤ 李小波：《重庆市彭水县郁山镇古代盐业考察报告》，《盐业史研究》2001 年第 2 期。

⑥ 程龙刚：《长江三峡地区自然盐泉发现时期考》，《盐业史研究》2001 年第 2 期。

⑦ 程龙刚：《关于三峡地区盐业生产源起的思考》，《盐业史研究》2003 年第 4 期。

⑧ 王瑞成：《四川井盐业空间布局的历史演变》，《西南师范大学学报》2002 年第 4 期。

⑨ 赵逵：《川盐古道上的传统聚落与建筑研究》，华中科技大学博士学位论文，2007 年。

⑩ 周志清、江章华：《四川盐源县古代盐业与文化的考古调查》，《南方文物》2011 年第 1 期。

史时期四川盐源县的盐业生产遗址进行相关考古调查,认为古代盐源县的食盐产地分布遗存与今日产盐区基本一致。

6. 盐业研究综述

盐业研究综述主要总结对历史时期(含宋元)川盐研究的现状及动态,并对研究的成绩与不足之处进行相关评论。著作主要有:吴海波、曾凡英《中国盐业史学术研究一百年》①,系统总结了 20 世纪五六十年代以来国内外有关中国盐业研究的现状,认为时间上多集中在汉、宋、清、民国四个时期,空间上以川、淮盐以及台湾盐业为对象较多,选题角度上除少数为综合外,更多以专题研究为重点。宋良曦、林建宇、黄健、程龙刚《中国盐业史辞典》②,系统整理了历史时期涉及中国盐业史的各方面相关词汇的解释,对有关食盐研究的书籍、档案、报纸、契约等均有综合介绍。

论文主要有:卢华语《近年来古代重庆经济研究综述》③,从农副业生产、手工业、市场、商业、交通等方面对近十年来古代重庆经济的研究状况进行了综述,其中提及重庆盐业的研究现状。何亚莉《二十世纪中国古代盐业史研究综述》④,对 20 世纪以来中国盐业史的研究成果进行了总结,时间跨度自先秦至明清,涉及食盐的发现、开采、技术进步、盐政政策、市场交通、民族关系、盐户与国家关系、食盐用途等各个方面。陈伯桢《中国盐业考古的回顾与展望》⑤,对中国盐业考古的成果进行总结,内容涉及三峡地区与成都平原等地,并对中国未来盐业考古的检讨与展望进行了分析。李敏《20世纪 90 年代以来中国盐文化研究综述》⑥,通过对 20 世纪 90 年代以来盐文化学术成果进行梳理,探讨盐文化研究进程及内容,涉及盐文化研究的发展进程分析、盐文化研究的内容综述、盐文化研究的视角分析三方面。李晓龙、温春来《中国盐史研究的理论视野和研究取向》⑦,对盐业史以往研究中

---

① 吴海波、曾凡英:《中国盐业史学术研究一百年》,巴蜀书社,2010 年。
② 宋良曦等:《中国盐业史辞典》,上海辞书出版社,2010 年。
③ 卢华语:《近年来古代重庆经济研究综述》,《三峡学院学报》2001 年第 2 期。
④ 何亚莉:《二十世纪中国古代盐业史研究综述》,《盐业史研究》2004 年第 2 期。
⑤ 陈伯桢:《中国盐业考古的回顾与展望》,《南方文物》2008 年第 1 期。
⑥ 李敏:《20 世纪 90 年代以来中国盐文化研究综述》,《盐业史研究》2013 年第 2 期。
⑦ 《中国盐史研究的理论视野和研究取向》,《史学理论研究》2013 年第 2 期。

的偏重作了总结,认为以往的研究多侧重制度史、经济史,以后的研究应当主张视角的创新,尝试多学科结合的方法,具体来说,应当引入社会史视角,重视区域史研究路径,并践行历史人类学方法。

综合国内的研究成果看,对川盐的研究视角极为宽泛,涉及各个方面,但也存在一些缺陷与不足。如从时间、空间看,重复性研究成果较多,时间上唐宋、明清以及近现代较多,其他时间段较少(如元代);空间上以探讨川东三峡、川南为主,其他盐区研究较少。由于研究对象比较集中,重复性研究屡见不鲜,导致有新意、有突破的成果相对较少。① 就研究的具体问题而言,主要侧重制度史、经济史的研究,引入的研究方法不多,对有些问题仍然一知半解,含混不清。有些问题与事实不符,常被忽视。因此,对川盐的研究应当尝试"四新"的突破,即新问题、新观点、新材料、新方法。②

(二) 国外研究现状

国外针对川盐的研究关注不多,相关论著以日本学者较为集中,如佐伯富《元代的盐政》③,对元代包括川盐在内的全国盐政进行相关探讨,涉及盐业管理、行销措施、食盐缉私等方面;《中国盐政史研究》④,探讨中国盐政史的变革与发展,以及各时期盐政对社会的影响。河上光一《宋代盐业史的基础研究》⑤,内容涉及宋代四川井盐、河东土盐、山西解盐、东南六路海盐,主要研究食盐产地的分布、生产技术和产量,对产地变迁和盐场沿革进行概括介绍。另外,日本还有河原由郎、吉田寅等对宋代部分盐区的盐政、盐引、榷盐、私盐等问题进行过研究,发表过一些研究文章,但因年代较远,已难寻觅。⑥

其他国家有(法)皮埃尔·拉斯洛《盐:生命的食粮》⑦,主要讨论西欧及

---

① 《中国盐业史学术研究一百年》,第 55 页。
② 《中国盐业史学术研究一百年》,第 207 页。
③ (日)佐伯富:《元代的盐政》(日文版),《中国研究集刊》1985 年第 2 辑。
④ (日)佐伯富:《中国盐政史研究》(日文版),东京日本法律文化社,1987 年。
⑤ (日)河上光一:《宋代盐业史的基础研究》(日文版),东京日本吉川弘文馆,1992 年。
⑥ 《中国盐业史学术研究一百年》,第 31 页。
⑦ (法)皮埃尔·拉斯洛著,吴自选、胡方译:《盐:生命的食粮》,百花文艺出版社,2004 年。

北美的盐业考古及食盐开采、用途等方面,仅少量提及中国整体盐业的生产情况。马克·科尔兰斯基《盐》①,主要讨论国外盐业开采发展情况,但也对中国盐业进行了部分介绍,提及古代四川煮盐使用天然气的情况。李约瑟《中国科学技术史》②,在分册(第 5 卷第 14 分册)中探讨了中国古代食盐开采所用技术及革新过程,包括宋代川盐生产中发明的卓筒井技术,并进行了相关评述。

综合来看,国外对川盐的研究较为薄弱,主要集中在食盐产地、制盐技术及盐政管理等方面。从研究成果看,海外学者站在"旁观者"立场上,提出了不少中肯的见解,但不足之处也很明显,往往把盐业问题局限于静止状态中,使人不容易看到背后隐藏的各种社会问题,以及问题之间的互动关系及演变规律等。③

四、创新、难点与研究方法

通过宋元川盐的研究现状看,以往研究基本为盐业史研究,侧重对盐政、盐经济、盐文化、盐科技、考古、综述等的铺陈描述,而对食盐作为地区性的重要资源引发地方社会群体互动的探讨则明显不足。以往的研究对食盐制度与经济层面的论述相当丰富,涉及食盐的开采、生产、运销、用途、盐政等方方面面,但却对食盐与地方社会背后的关系互动、食盐作为地区资源背后隐藏的意义与内容明显关注不足。对此,李晓龙、温春来曾撰文探讨这一问题,不再赘述。④ 因此,本书在研究时力图避开前人已有成熟视角,注意研究方法的创新与综合使用。总体而言,本书的创新之处主要体现为以下三点:

一是对四川盐业史的研究视角与方法、内容的补充。视角上基于资源与区域社会关系的考虑,注重通过挖掘食盐背后隐含的社会关系以及触发

---

① (美)马克·科尔兰斯基著,夏业良、丁伶青译:《盐》,机械工业出版社,2005 年。
② (英)李约瑟《中国科学技术史》(英文版),剑桥大学出版社,2008 年。
③ 《中国盐业史学术研究一百年》,第 31 页。
④ 《中国盐史研究的理论视野和研究取向》,《史学理论研究》2013 年第 2 期。

社会各群体互动的过程,来解析食盐对地方社会的重要影响,尽量摆脱以往单纯以食盐为本体的研究。方法上除采用传统古代史的研究方法外,也注重社会史、民族学、历史人类学等专业方法的综合使用。在具体材料的使用上,以往的研究多重视对官修正史资料及文人笔记的记载,本书在此基础上同时采用大量的古今地方志、碑刻、当地传说等口述史资料,并借用食盐考古的最新成果,以便更全面地解读宋元四川盐区社会。在探讨四川社会群体关系的互动时,摆脱以往单纯的阶级分析,而注意以人群属性进行划分。如在讨论四川井盐社会关系时可划分为官方与官方、官方与民众、民众之间(含豪民、平民两种类型)、汉族与少数民族等多个群体。以往的研究多从阶级划分,描述的主要是农民、手工业者与地主阶级的关系,主要探讨剥削者与被剥削者之间的压榨与抗争,这样的分析只能看到社会群体之间的冲突与对抗,而看不到各方亦有相互依赖与缓和的方面,不利于全面了解社会群体的互动。本书通过以食盐为核心,探讨四川社会群体间围绕盐权展开的博弈关系,其中既有冲突也有缓和,更有助于分析四川盐业社会秩序的运作。在研究宋元四川盐业市场与交通方面,前人的研究多注重四川与周边地区运销关系,如解盐入川、川盐济楚、川盐济黔、川盐济滇等;而对四川内部的食盐运销道路与市场则缺少关注,如川西与川南、川西与川东、川东与川北之间的贸易往来。另外以往的研究多关注四川官盐(合法食盐)的交通与市场,而对私盐贩卖的市场与交通网络则缺少关注,这些内容都是本书需要补充的。在研究川盐文化上,以往的研究多关注相关诗歌、故事、传说、民俗、庙会、建筑等文化载体的搜集,而对盐文化现象背后所体现的社会内容依然挖掘不够,另对宋元时段的川盐文化更少有涉及。本书首先增加了前人关注较少的宋元四川食盐信仰圈的分布范围,其次分析当地食盐信仰背后折射的社会关系,是官民之间、族群之间围绕盐权博弈的内容呈现,同时盐神信仰也是国家进行内部整合、体现权力下达的重要工具,成为解构国家与社会关系的重要内容。

二是对历史地理研究视角的补充。以往的历史地理在涉及社会史时主要研究历史时期各种人群(社会集团)的区域分布,分析比较人文类型及其形成过程中人群的地理分布、人群的构成、发展及其与社会文化环境的关系、人群的特征和心理差别等。① 本书通过以地方资源为视角来探讨社会群体(人群、阶层、族群等)的关系互动,摆脱以往单纯的人群分布、构成、迁徙、聚居等内容的描述,是历史资源地理与历史社会地理的合一。同时采用了社会史等专业研究方法,对历史地理研究视角予以内容补充。

三是在研究时间、空间方面对前人的补充。本书时间上对前人关注较少的元代四川井盐进行探讨,分析元代四川各群体围绕盐权的关系互动,以及该期民族地区的食盐关系,汉族与少数民族的交流与互动,以往的研究多围绕产地、产量、销售、管理机构等方面论述,而对食盐背后反映的社会关系论述不多。在空间上,前期研究多以关注盐业产地为主,而对其发展变迁的动态情况关注不够,基本上以罗列某段时间的产地与产量的相关史料为主。而实际上宋元川盐研究在空间上仍有许多要阐述的的内容,如当地盐业的兴废变迁、盐井所在的地形地貌、盐井的技术使用、盐井的官私属性、盐井辐射的市场范围等,对此前人缺少深入探讨。本书在这些方面亦予以补充。宋元四川食盐不仅有井盐,还包括土盐、崖盐等品种,这些食盐主要分布在川北,而以往的研究多集中在川东与川南,因此对其空间布局与变迁的探讨也是本书的补充重点所在。

当然本书也存在一些不足之处,首先四川盐业的研究是前人关注较多的选题,虽然本书仅是以盐业为切入点探讨社会各群体之间的关系互动,然而对盐业的涉及仍然不能完全脱离此前的研究视角。这在很大程度上是缘于受史料所限,如在食盐产地介绍等章节仍然要与已有研究存在某些重合之处。虽然这些重合并不是本书研究重点所在,但仍旧不能回避。

其次在材料的运用上,四川盐业史的研究已具备较好的研究基础,前人研究成果较为丰富,而现有的宋元时期(尤其元代)的材料又较为缺少。因此本书在材料使用(主要是官修史书及文人笔记等)中除盐业考古能够有所突破外,很难再有新的发现,这就决定材料的使用仍需大部分沿袭前人。虽

---

① 王振忠:《社会史研究与历史社会地理》,《复旦学报》1997 年第 1 期。

然本书大量参引地方志、口述史、民间材料、考古材料,但仍然要以传统史料的引用为基础,这就决定了本书在材料的使用上很难有创新的提升。

再者本书以宋元四川盐业为视角探讨地方资源与社会关系,尝试对盐业史及历史地理研究视角的创新,但在前人研究成果极为丰富的背景下显得较为困难。因此在视角选择上更多地转向挖掘食盐背后隐含的社会关系。在进行内容挖掘和关系阐述的过程中,需要多学科的综合利用,因作者学识所限,有些内容展开不够或涉及不深等情况是难以避免的。另外本书在选题上界定为历史地理学,但研究中需要掌握好与古代史、社会史、民族学、历史人类学等专业方法之间的平衡,在突出历史地理色彩的基础上,达到对其他专业方法的综合利用。这需要极强的材料运用能力和写作平衡度的把握,对本书撰写也是一个严峻的考验。

综上所述,本书研究相对已有成果既有创新之处,也存在一些困难、不足与挑战。既需要对相关材料的穷尽,以期对前人已有成果有所弥补,更要求掌握对多学科及相关理论的综合利用,在此基础上提出自己的创新。另外在撰写过程中要克服材料的重复、学科的界定、视角的陈旧以及理论水平的不足,这些创新与不足之处都是本书需要深思熟虑并在撰写过程中恰当处理。

第一章 宋元四川食盐产地分布及相关状况

第一节 宋元四川食盐生产概况

一、四川食盐生产及变迁

四川盐业自战国开凿盐井后,历汉、唐两个兴旺期,至宋代迎来第三个发展高峰。元代川盐产量虽下降严重,然大井的局面得以维持,并有了恢复发展,川盐行销黔、滇、浙,扩大了市场。从技术层面讲,中国井盐开采技术共分四阶段,分别为"大口浅井采卤、卓筒井小口径深井、岩盐水溶开采、现代采卤工艺"。① 宋元处于由传统大口浅井向卓筒小井变革的重要时期,"卓筒井开凿深度已达200—500米,不仅生产浅表层淡卤,亦开始生产埋藏较深的黄卤"②,技术的革新提高了井盐产量,扩大了产地范围,因而宋元成为川盐发展史的重要时期。

宋代全国食盐的分类,"世所共知者有三,如出于海、出于井、出于池三者盐之尤多,世共知之",四川主要为井盐,所谓"剑南西川出于井"③。海盐、井盐、池盐作为"盐之尤著者大略三种",然"三种之外所出亦多",如永

① 林元雄、宋良曦等:《中国井盐科技史》,四川科学技术出版社,1987年,第27页。
② 《中国井盐科技史》,第100页。
③ [元]马端临:《文献通考》卷一六《征榷考三·盐铁》,中华书局,2011年,第471页。

康军"盐出于崖,此出于山者";又有"出于石、出于木,品类不一"。① 四川食盐主要分井盐与崖盐两类,"井盐,凿井取之,益、梓、利、夔四路食之;又次崖盐,生于土崖之间,阶、成、凤等州食之"。② 从食盐的形状区分,"盐之类有二:引池而成者,曰'颗盐',《周官》所谓盬盐也;鬻海、鬻井、鬻碱而成者,曰'末盐',《周官》所谓散盐也"。③ 四川井盐因其颗粒较细,呈粉末状,又可称为"末盐"。从川盐种类的地区分布看,土石(崖)盐主要分布于川西北,靠近吐蕃诸部落。井盐则分布于全川四路,"煮井则川峡四路,大为监,小为井,监则置官,井则募士民或役衙前煮之"。④ 此外,作为盐井的变体形式,四川又有盐泉井,不加开凿,盐泉从山溪间自涌而出。如大宁监"咸泉出于山窦间,有如垂瀑,民间分而引之";另有卤水杂硝之井,名"石脚井",需要提炼方能食用,不能直接煎煮,如"彭山之瑞应井,味近硝,得隆、荣卤饼杂煎之,然后成盐"。⑤ 另"眉之彭山、丹棱,嘉定之洪雅等县,皆有石脚井筒,其实硝也。在多悦者谓之'山门',在彭山者谓之'瑞应',此二井尤盛。然必得隆、荣诸井之卤对炼,而后可成盐";瑞应盐井开凿自南宋初,绍兴中因官盐价高,"瑞应乡民户,始有盗贩卤饼拌和硝石煎成小盐,低价以售者"。⑥

从宋代四川井盐的管理类型分,主要包括官掌大井及卓筒小井。大井一般为前朝延续使用或本朝新开的大口浅井,在井盐发展史上属初级阶段,采用大口浅井采卤技术。官井在四川井盐中属于规模较大或产量较高的盐井,一般由官府掌控,多设置盐监管理,"归当地路、府、州、县官直接掌管";此外不设监的官井"有时也由官府募人或役人主持"。⑦

私井又称小井、卓筒井,出现于宋仁宗时期,"自庆历、皇祐以来,蜀始创

① 《文献通考》卷一六《征榷考三·盐铁》,第471页。
② [宋]沈括:《梦溪笔谈》卷一一《官政一》,岳麓书社,2000年,第98页。
③ [元]脱脱等:《宋史》卷一八一《食货下三》,中华书局,1977年,第4413页。
④ [宋]章如愚:《群书考索》卷五七《财赋门·再考本朝盐》,文渊阁《四库全书》本。
⑤ [宋]李心传撰,徐规点校:《建炎以来朝野杂记》甲集卷一四《财赋一·蜀中官盐》,中华书局,2000年,第301页。
⑥ 《建炎以来朝野杂记》乙集卷一六《财赋·四川石脚井》,第786页。
⑦ 《中国手工业经济通史(宋元卷)》,第383页。

筒井,用圜刀凿山如碗大,深者数十丈,以巨竹去节,牝牡相衔为井,以隔横入淡水,则咸泉自上。又以竹之差小者出入井中,为桶无底,而窍其上,悬熟皮数寸出入水中,气自呼吸而启闭之。一筒致水数斗,凡筒井皆用机械,利之所在,人无不知"。① 卓筒井属四川井盐发展史的第二阶段,采用小口径深井技术,开凿深度已达 200—500 米,不仅生产浅表层淡卤,亦开始生产埋藏较深的黄卤。② 四川卓筒井出现后,主要由当地富户经营,定期上缴课税,"如数输课"。③

宋代官井"有隆州之仙井,邛州之蒲江,荣州之公井,大宁、富顺之井监,西和州之盐官,长宁军之淯井,皆大井也";卓筒井"若隆、荣等十七州,民间所煎则皆卓筒小井而已,其用力甚难"。④ 可知宋代四川官井最著名者为 7 州,卓筒井分布于蜀 17 州。而鲁子健认为宋代卓筒井分布于"夔路万、忠二州,梓州路泸、荣、戎三州,成都府路:陵、眉、嘉三州"⑤,共 8 州,是不准确的。

元代食盐亦有颗盐、末盐之分,"有因自凝结而取者,解池之颗盐也;有煮海而后成者,河间、山东、两淮、两浙、福建等处之末盐也"。⑥ 从出盐环境看,以四川井盐最为艰辛,"惟四川之盐出于井,深者数百尺,汲水煮之,视他处为最难"。⑦ 元代为管理盐井生产,专设拘榷课税所,"分拨灶户五千九百余隶之,从实办课",可见当时川盐生产仍旧维持一定规模,后因管理不善,"盐井废坏",四川军民"多食解盐"。⑧ 世祖至元二年(1265),元廷立兴元、四川盐运司"修理盐井",为保护四川井盐生产,"仍禁解盐不许过界"。⑨ 至元二十二年(1285),元廷设置四川茶盐运司,专事煮盐。⑩

---

① [宋]苏轼撰、刘文忠评注:《东坡志林》卷四《井河》,学苑出版社,2000 年,第 206 页。
② 《中国井盐科技史》,第 100 页。
③ 《宋史》卷一八三《食货下五》,第 4471 页。
④ 《建炎以来朝野杂记》甲集卷一四《财赋一·蜀中官盐》,第 301 页。
⑤ 鲁子健:《古井沧桑话川盐》,巴蜀书社,2010 年,第 29 页。
⑥ [明]宋濂等:《元史》卷九四《食货二》,中华书局,2005 年,第 2386 页。
⑦ 《元史》卷九四《食货二》,第 2386 页。
⑧ 《元史》卷九四《食货二》,第 2390 页。
⑨ 同上。
⑩ 《元史》卷九一《百官七》,第 2214 页。

宋代四川井盐在全国食盐市场内所占的地位,如理宗宝祐五年(1257),朱熠复曾言:"盐之为利博矣,以蜀、广、浙数路言之,皆不及淮盐额之半。"① 可知宋代川盐在全国的比重较小。因此李水城、罗泰等人认为川盐"始终无法与东部沿海地区相抗衡,在公元960年前后(太祖建隆间)还占不到全国总比例的4%",并引用傅汉思的观点,认为"这个比例是长期不变的,除1131—1162年(高宗绍兴间)占14%外"。② 元代川盐产量相较宋代已有大幅下滑,故在全国食盐市场的地位要更低。宋元四川井盐虽然在全国所占比重不高,但其生产对当地而言作用与意义不容低估,因为"井盐与海盐、池盐、岩盐均不相同,盖海盐可由沙滩所凝聚之盐质,触发先民淋卤煎制之灵感;而池盐与岩盐皆为自然之产品,或捞或采亦非难事;独井盐则系蕴藏于地下,设无超人智慧,何能由深邃之地层中知有此珍贵之资源,并须发明采取之办法,以获致此资源"。③ 因此对开采食盐艰难的四川而言,井盐的存在尤为重要,而其食盐产地的分布对当地民间社会的重要作用亦不容低估。

二、四川食盐产地数目统计

宋元四川井盐兴废不常,"煮井与煮海不同,海水汪洋,取之不尽用之无竭,盐井则视盐脉之盛衰,卤水之浓淡而为兴废",因此对盐井数目的统计"并无一定,只可以得一概数"。④ 通过对唐宋四川盐业产地的比较,胡小鹏认为"宋代川峡共有34个州、军、监产盐,比唐代多出14个"。⑤ 林元雄、宋良曦等人则认为唐代是古代井盐生产的兴盛时期,达到68个州县;宋代新增洪雅、丹棱、蓬池、邻山等11个地区,共计61个县,宋比唐要少7个州县。⑥ 贾大泉认为宋代四川井盐的分布:成都府路为陵井监、绵、邛、眉、简、嘉、雅、汉、嶲(羁縻州),共9州;潼川府路为梓、遂、梓、果、普、昌、泸、淯井监

① 《宋史》卷一八二《食货下四》,第4457页。
② 《中国盐业考古——长江上游古代盐业与景观考古的初步研究》,第17页。
③ 《中华盐业史》,第67页。
④ 《宋代钞盐制度研究》,第30页。
⑤ 《中国手工业经济通史(宋元卷)》,第400页。
⑥ 《中国井盐科技史》,第92 – 100页。

（长宁军）、富顺监、戎、荣、渠、合，共 13 州；利州路为阆、蓬 2 州；夔州路为
夔、忠、达、万、黔、开、云安军、涪、渝、大宁监，共 10 州。① 经过统计，认为可
查明的宋代四川产盐地为 34 州、军、监，比《续资治通鉴》所言建炎二年
（1128）"四川三十州"产盐尚多 4 州；比《新唐书·食货志》和《文献通考》所
记唐代 20 州产盐多了 14 个州、军。② 吉成名通过对宋代井盐产地的统计，
认为四川共有四路 34 州、府、军、监，同贾大泉的统计相同，但产盐州郡有所
不同，分别为成都府路邛、雅、威、隆、绵、眉、简、嘉、汉 9 州；潼川府路潼川、
遂宁 2 府，资、昌、叙、泸、合、荣、渠、果、普 9 州，长宁军、富顺监；利州路阆、
文 2 州；夔州路夔、万、开、达、涪 5 州，重庆、绍庆、咸淳 3 府，云安军、大宁
监。通过与唐代比较，认为宋代四川新出现的盐产地为汉州、射洪县、东关
县、南井监、曲水县、武龙县 5 地。③

　　对元代四川盐业产区的统计，吴炜认为四川产盐以"唐为盛，计产盐 64
县；次则宋，计产盐 52 县；又次则明，计产盐 27 县；元代因课税甚众，法禁亦
严，井多废闭，所存者仅产盐 15 县"。④ 张国旺认为四川茶盐运司共有盐场
12 个，下辖共 95 个盐井，恢复数目有限，所谓 95 井也只是元代中期数字。⑤
林元雄等人认为要多于这个数字，"元代多停闭，仅富顺、汉州、彭水等 16
个"。⑥ 而任桂园则持更保守的估计，认为元代盐业"全川井盐生产规模大为
萎缩，仅大宁、云安、绍庆三场，而唐宋所开井场大多废闭；元代中叶虽由地震
而致全川盐业兴旺一时，但终因朝廷添办余盐而使灶户不堪重荷，云安、大宁
尤甚"。⑦ 吉成名认为元代四川茶盐转运司所辖井盐共有 12 个盐场，官府所
控制的大井共有 95 口，但邛州、绍熙府等地私井尚不计算在内。⑧

①　贾大泉主编：《四川通史》（第四卷），四川人民出版社，2010 年，第 270 页。
②　同上。
③　《宋代食盐产地研究》，第 126–127 页。
④　《四川盐政史》卷二。
⑤　《元代榷盐与社会》，第 30 页。
⑥　《中国井盐科技史》，第 100 页。
⑦　《从远古走向现代——长江三峡地区盐业发展史研究》，第 173 页。
⑧　《元代食盐产地研究》，《四川理工学院学报》2008 年第 3 期。

从宋元现有材料看,宋初四川井盐产地为"益州路则益、绵、邛、眉、简、嘉、雅、汉八州;梓州路则梓、资、遂、合、戎、荣、果、普、昌、渠、泸十一州,富顺监;利州路则阆州;夔州路则夔、忠、达、万、黔、开、渝七州,云安军、大宁监"①,共计产盐州 30 个。宋初四川盐井数目及产量:"煮井者,益州路则陵井监及二十八井,岁煮一百十四万五千余斤。……绵州二十四万余斤;邛州九井,二百五十万斤;眉州一井,一万余斤;简州十九井,二十七万斤;嘉州十五井,五万九千余斤;雅州一井,一千六百余斤;汉州一井,五百余斤。梓州路则梓州一百四十八井,三百六十六万余斤;资州九十四井,六十四万二千余斤;遂州三十五井,四十一万六千余斤;果州四十三井,十四万六千余斤;普州三十八井,二十二万九千余斤;昌州八井,四万余斤;泸州淯井监及五井,七十八万三千余斤;富顺监十四井,一百一十七万三千余斤。利州路则阆州一百二十九井,六十一万余斤。夔州路则夔州永安监,十一万七千余斤;忠州五井,五十一万三千余斤;达州三井,十九万余斤;万州五井,二十万九千余斤;黔州四井,二十九万七千斤;开州一井,二十万四千斤;云安军云安监及一井,八十一万四千余斤;大宁监一井,一百九十五万余斤。"②宋廷对其管理"大为监,小为井,监则官掌,井则土民干鬻,如其数输课,听往旁境贩卖,唯不得出川峡",官方掌管的大井为"益州路一监九十八井,岁鬻八万四千五百二十二石;梓州路二监三百八十五井,十四万一千七百八十石;夔州路三监二十井,八万四千八百八十石;利州路一百二十九井,一万二千二百石"。③

仁宗时,官方统计为:"成都、梓、夔三路六监与宋初同,而成都增井三十九,岁课减五万六千五百九十七石;梓州路增井二十八,岁课减十一万一十九石;利州路井增十四,岁课减四百九十二石三斗有奇;夔州路井增十五,岁课减三千一百八十四石。"④

至神宗元丰间,官方统计有所下降,"成都路为井四十二,收二百四十八万

①　《群书考索后集》卷五七《财赋门·再考本朝盐》。
②　《文献通考》卷一五《征榷考二·盐铁矾》,第 435 – 436 页。
③　《宋史》卷一八三《食货下五》,第 4471 页。
④　同上书,第 4472 页。

九千三百六十二斤,利州路为井一百二十七,梓州路为井四百二十五,夔州路为监三为、井十四"。① 实际这次统计许多盐产地并未算入,导致盐井数目减少,如成都府路"嘉、简州井未具到";梓州路"泸、普州井未具到,并无祖额";夔州路"大宁监、涪州井未具到,并无祖额"。② 该期四川产地分布为成都府路"眉七井、绵一十二井、邛四井、雅一井、成都府一井、陵井监一十七井",除去嘉、简二州未统计外,共计产盐"三百四十八万九千三百六十二斤一十四两";利州路为"阆州一百二十七井";梓州路为"梓七十八井、遂五十八井、果三十八井、资六十三井、合四井、荣一百七十井、富顺监一十四井",除泸、普二州未统计,共计产盐"六百二十八万八千一百三十八斤二两";夔州路为"夔一监、忠五井、万二井、开一监、达一井、渝二井、黔四井、云安一监",除大宁监、涪州未统计,共计产盐"一百七十八万一千七百八十一斤一十四两"。③

哲宗时,川盐发展较为迅速,如成都府路维持在 160 余井的规模,这既包括官掌大井,也包括民间卓筒小井。如哲宗元祐四年(1089),"成都府路见管盐井一百六十余,立为定额,不问大井及卓筒,并不禁止。若遇咸泉枯竭,许于旧井侧近开卓取水,以补旧数"。④ 相较仁宗时期益州路 137 井的规模,增加了约 30 井。

南宋时,四川井盐迎来大发展时期,其规模远超北宋。高宗建炎二年(1128),四川产盐州达 30 州,岁产盐约 6400 余万斤。⑤ 该期川盐发展至入宋以来的最高峰。绍兴二年(1132),四川产盐州"凡四川二十州,四千九百余井,岁产盐约六千余万斤"。⑥ 然该年"成都、潼川、利州路十七州盐井……夔路十三州"⑦,可知 20 州的统计不确,此时四川依旧维持在建炎间

① [宋]王应麟:《玉海》卷一八一《盐铁·元丰盐额》,文渊阁《四库全书》本。

② [清]徐松:《宋会要辑稿》食货二三之一二,中华书局据 1935 年北平图书馆刊本影印本,1957 年。

③ 《宋会要辑稿》食货二三之一二。

④ 《宋会要辑稿》食货二四之二九。

⑤ [宋]李心传:《建炎以来系年要录》卷一七"建炎二年八月辛未"条,中华书局据商务印书馆《国学基本丛书》本影印本,1988 年,第 348 页。

⑥ 《建炎以来朝野杂记》甲集卷一四《财赋一·蜀盐》,第 299 页。

⑦ 《建炎以来系年要录》卷五八"绍兴二年九月甲申"条,第 1013 页。

的水平上。孝宗淳熙六年(1179),四川制置使胡元质、总领程价上言:"四路产盐三十州,见管盐井二千三百七十五井、四百五场"①,其水平与高宗时相比已有所下降。

元初,四川盐场共有12处,"俱盐井所出";有井"凡九十五眼",主要分布在"成都、夔府、重庆、叙南、嘉定、顺庆、广元、潼川、绍庆等路所管州县万山之间"。②从四川茶盐运司所置盐场看共有简盐场、隆盐场、绵盐场、潼川场、遂实场、顺庆场、保宁场、嘉定场、长宁场、绍庆场、云安场、大宁场。③由此可知四川井盐产地有简州、隆州(至元二十年并入仁寿县)、绵州、潼川府、遂宁府、顺庆府、保宁府、嘉定府、长宁军、绍庆府、云阳州、大宁州共12地。

元代川盐的产量因史料未过多提及,不如宋代之详尽,仅知"至元二十二年,四川岁煎盐一万四百五十一引;二十六年,一万七千一百五十二引;皇庆元年,以灶户艰辛,减煎余盐五千引;天历二年,办盐二万八千九百一十引,计钞八万六千七百三十锭"。④元统三年(1335),四川行省据盐茶转运使司申:"至顺四年,中书坐到添办余盐一万引外,又带办两浙运司五千引,与正额盐通行煎办,已后支用不阙,再行议拟。"⑤可知,从现有记载看,元代四川最高盐产量为顺帝至顺间,是在文宗天历二年28910引的基础上,又增加了15000引,共计43910引。按太宗二年(1230),"始行盐法,每盐一引重四百斤,其价银一十两"⑥计算,四川最高盐产量为17564000斤;相比较宋朝建炎时四川的最高盐额,"四川三十州,岁产盐约六千四百余万斤"⑦,元代只及1/4强。

以上史料及今人统计,对宋元四川盐产地状况进行了归纳,对研究该期四川盐业地理提供了重要数据参考,但也存在一些问题。首先,在盐产地的

---

① 《宋会要辑稿》食货二八之八。
② 《元史》卷六○《地理三》,第1434页。
③ 《元史》卷九一《百官七》,第2215页。
④ 《元史》卷九四《食货二》,第2390页。
⑤ 《元史》卷九七《食货五》,第2502页。
⑥ 《元史》卷九四《食货二》,第2386页。
⑦ 《建炎以来系年要录》卷一七"建炎二年八月辛未"条,第348页。

统计上依靠材料过于狭窄,仅仅立足于该期官修正史,而对宋元以后的地方志(主要为今人统计)记载关注过少;另外对碑刻等资料的关注不足,导致一些盐产地未被统计。其次,仅仅停留在盐产地的统计数目统计上(今人统计尤其如此),点到为止,而对产地的地理位置、开凿兴废、盐井的属性、盐产量、市场、盐课、开采技术及过程等丰富的内容没有过多关注。上述研究的缺陷,使得宋元四川盐产地的研究仅限于数目的统计比较,显得内容较为单薄,这也是下节在重新归纳产地时需要解决的问题。

第二节　宋代四川食盐产地及地理分布

宋代地方行政区划实行路、州(府、军、监)、县三级制。太祖乾德三年(965),宋军平蜀后"得州四十六,县二百四十,户五十三万四千二九"①,设置西川(治益州)、峡西(治兴元)两路②。真宗咸平四年,又"诏分川峡转运使为益、梓、利、夔四路"。③ 即将西川分为东、西二路,"东路(梓州路)治梓州,西路(成都府路)治成都";峡西分为利、夔两路,"利州路治兴元,夔州路治夔州",此为四川创设之始。④

从四川各路州、府、军、监的分布看,益州(成都府)路北宋辖成都府,眉、蜀、彭、绵、汉、嘉、邛、简、黎、雅、茂、威 12 州,永康、石泉 2 军,仙井监;南宋辖成都、崇庆、嘉定 3 府,眉、彭、绵、汉、邛、黎、雅、茂、简、威、隆 11 州,永康、石泉 2 军。⑤ 梓州(潼川府)路两宋辖潼川、遂宁 2 府,果、资、普、昌、叙、泸、合、荣、渠 9 州,长宁、怀安、广安 3 军,富顺监。⑥ 利州(东、西)路北宋辖兴

---

① [宋]李焘:《续资治通鉴长编》卷六"太祖乾德三年春正月"条,中华书局,2004 年,第 146 页。
② [清]顾祖禹:《读史方舆纪要》卷六六《四川一》,中华书局,2005 年,第 3099 页。
③ 《续资治通鉴长编》卷四八"真宗咸平四年春正月"条,第 1053 页。
④ 《读史方舆纪要》卷六六《四川一》,第 3099 页。
⑤ 《宋史》卷八九《地理五》,第 2210 页。另,仁宗嘉祐五年(1060),升益州为成都府,益州路改为成都府路。
⑥ 《宋史》卷八九《地理五》,第 2216 页。另,徽宗重和元年(1118),升梓州为潼川府,梓州路改为潼川府路。

元府,利、洋、阆、剑、文、兴、蓬、政、巴 9 州,剑门关;南宋辖兴元、隆庆、同庆 3
府,利、金、洋、阆、巴、沔、文、蓬、龙、阶、西和、凤 12 州,大安、天水 2 军。① 夔
州路北宋辖夔、黔、施、忠、万、开、达、涪、恭、珍 10 州,云安、梁山、南平 3 军,
大宁监;南宋辖重庆、咸淳、绍庆 3 府,夔、达、涪、万、开、施、播、思 8 州,云
安、梁山、南平 3 军,大宁监。② 下述宋代四川食盐产地分布即以此行政区
划为范围及标准。

一、益州(成都府)路食盐产地及地理分布

益州(成都府,治成都县,今四川成都市主城区):产盐地不详。从宋代
史料看,宋初益州即为食盐产地。仁宗庆历中,益、梓、夔路转运使王宗望曾
置榷盐司于成都,"尽榷其井于官,然后售之于民,利入颇增"。③ 神宗元丰
间,成都府有 1 盐井。④

邛州(治临邛县,今四川邛崃市):临邛县,西汉即"以盐置官",宣帝地节
三年(67)"穿临邛、蒲江盐井二十所,增置盐铁官"。⑤ 县内有火井,在县城西
南 8 里相台山侧,为著名的水气同产(天然气、卤水)井。汉代即发明以井火
煮盐,"盆盖井上,煮盐得盐"。⑥ 五代时湮塞,宋代重新利用,当地"井有二
水,取井火煮之,一斛水得五斗盐,家火煮之利无几"。⑦ 蒲江县(今四川蒲江
县),西汉即为当地最大盐产地,称"其近盐独蒲江居最,易称改邑不改井,盖
邑多迁徙而井故在也"。⑧ 该县盐井主要分布于蒲水河谷,"蒲水,县治南,发
源雅州名山县界,亦谓之'蒲江'。汉宣帝地节中,穿蒲江盐井,并置铁官"。⑨

---

① 《宋史》卷八九《地理五》,第 2221 页。另,高宗绍兴十四年(1144),利州路分为东、西二
路,其后分合不一,持续至宁宗嘉定中复为一路,今将其统作一路介绍。

② 《宋史》卷八九《地理五》,第 2226 页。

③ [清]丁宝桢:《四川盐法志》卷二〇《征榷一》,清光绪八年(1882)刻本。

④ 《宋会要辑稿》食货二三之一一。

⑤ 《华阳国志》卷三《蜀志》,第 31 页。

⑥ [晋]张华:《博物志》卷二《异产》,上海古籍出版社,2012 年,第 15 页。

⑦ [宋]祝穆:《方舆胜览》卷五六《邛州》,中华书局,2003 年,第 996 页。

⑧ 曾枣庄、刘琳:《全宋文》卷四六六五《李泰五·蒲井盐官厅壁记》,上海辞书出版社、安徽
教育出版社,2006 年,第 210 册,第 252 页。

⑨ 《读史方舆纪要》卷七一《四川六·邛州》,第 3361 页。

可见,蒲江县得名便缘于境内盐产地蒲江。县内井盐在宋初曾经湮塞,至太宗时重新得到开凿,"乃祥符中民王鸾所开,利入至厚"。① 蒲江县有金釜等8井,"见岁出课盐六万三千斤"。② 金釜井在县南八里金釜山,"下有盐井,亦以金釜为名",宋代于此置盐井监及盐井寨。③ 至徽宗宣和间,蒲江盐井下降至6井。如宣和七年(1125),赵开除成都路转运判官,"减蒲江六井元符至宣和所增盐额"。④ 火井县(今四川邛崃市火井镇),有静边井,在县西5里,"出盐"。⑤

邛州的盐井数目及产量,真宗景德间"合一郡之井才五,盐以斤数者二十七万七千七百耳",此后继续开采,"由祥符讫天禧,民益开浚湮塞,务竭地藏";至仁宗天圣末,盐井达到9口,"盐以斤数者二百五十万,井尚有逸也,盐则八倍于景德矣";庆历初产量"遽至三百万二千三百一十有五"。⑥ 此后盐产下降,英宗治平中,"邛井盐岁入二百五十万"。⑦ 在邛州盐产的份额中,以蒲江盐井所占份额最大,仁宗"自天圣、治平之数,皆合一郡而言之,不独蒲江,蒲江实占其数十分之七少赢";至神宗熙宁六年(1073),"井之籍于官九,盐以斤数者八十万五千四百";哲宗元符末,"其数亟增一十二万一千四百二十有二";钦宗靖康间"以一百三十八万二千三百七十为定"。⑧ 此外,邛州还是宋代卓筒井重要发明地,"自庆历、皇祐以来,蜀始创筒井,用圜刀凿山如碗大,深者数十丈,以巨竹去节,牝牡相衔为井,以隔横入淡水,则咸泉自上"。⑨ 卓筒井改变了蜀中井盐大口浅井的单一格局,使其进入小口深井时代。⑩

---

① 《方舆胜览》卷五六《邛州》,第 995 页。
② [宋]乐史:《太平寰宇记》卷七五《剑南西道四·邛州》,中华书局,2007 年,第 1526 页。
③ 《读史方舆纪要》卷七一《四川六·邛州》,第 3361 页。
④ 《宋史》卷三七四《赵开传》,第 11596 页。
⑤ 《太平寰宇记》卷七五《剑南西道四·邛州》,第 1526 页。
⑥ 《全宋文》卷四六六五《李焘五·蒲井盐官厅壁记》,第 21 册,第 252 页。
⑦ 《宋史》卷二六六《王举元传》,第 9188 页。
⑧ 《全宋文》卷四六六五《李焘五·蒲井盐官厅壁记》,第 210 册,第 253 页。
⑨ 《方舆胜览》卷五六《邛州》,第 995 页。
⑩ 《中国井盐科技史》,第 27 页。

眉州(治眉山县,今四川眉山市东坡区):眉山县、彭山县(今四川眉州市彭山区)、丹棱县(今四川丹棱县)产盐,仁宗时成为卓筒小井的重要分布地。如英宗治平中,邛州井盐曾为"为丹棱卓筒所侵,积不售,下令止之,盐登于旧"①,可知丹棱小井盐在挤占邛州食盐市场极有竞争力。三县盐井又名"石脚井","眉之彭山、丹棱……皆有石脚井筒,其实硝也",其中眉山县多悦镇盐井名"山门";彭山县名"瑞应","此二井尤盛,然必得隆、荣诸井之卤对炼,而后可成盐。"②高宗绍兴二十四年(1154),多悦、山门二井"月得小盐一万五千斤",但质量不高,"盐既苦恶不可食,率以抑售土居之人"。③

陵州(陵井监、仙井监、隆州,治仁寿县,今四川仁寿县):西魏置陵州,取陵井为名;宋神宗熙宁五年(1072)废为陵井监,徽宗政和三年(1113)改为仙井监,孝宗隆兴元年(1163)升为隆州。④ 宋代陵州被誉为"家有盐泉之井",员兴宗在《改建郡楼驿路记》曾盛赞"郡之盐利,冒于两蜀"。⑤

仁寿县有陵井,在监东300步,相传为东汉张道陵所开,宋代于此置陵井监。⑥ 陵井,又称仙井、狼毒井,为川西著名官掌大井,"纵广三十丈,深八十丈,益部盐井甚多,陵井最大",其生产"以大牛皮囊盛水,引出之,役作甚苦,以刑徒充役",有两灶28镬,"一旦夜收盐四硕"。⑦ 陵井的构造"上土下石,石之上凡二十余丈,以梗枏木四面琐叠,用障其土,土下即盐脉,自石而出"⑧,为水气同产井,"若以火坠井中,即雷吼沸涌,烟气上冲,溅泥漂石甚可畏也"⑨。五代后蜀陵井淤塞,太祖乾德三年(965)平蜀,陵州通判贾琰重开,旧井"一昼一夜汲水七十五函,每函煎盐四十斤,日获三千斤";至雍熙元年(984),"春、冬日收三千八百一十七斤,秋、夏日收三千四百四十七斤,盖

① 《宋史》卷二六六《王举元传》,第9188页。
② 《建炎以来朝野杂记》乙集卷一六《财赋·四川石脚井》,第786页。
③ 《建炎以来朝野杂记》乙集卷一六《财赋·四川石脚井》,第787页。
④ [宋]王象之:《舆地纪胜》卷一五〇《隆州》,四川大学出版社,2005年,第4467页。
⑤ 《舆地纪胜》卷一五〇《隆州》,第4471—4472页。
⑥ [宋]王存:《元丰九域志》卷七《成都府路》,中华书局,1984年,第320页。
⑦ 《方舆胜览》卷五三《隆州》,第956页。
⑧ [宋]释文莹:《玉壶清话》卷三《陵州盐井》,凤凰出版社,2009年,第27页。
⑨ 《舆地纪胜》卷一五〇《隆州》,第4481页。

水源之有长短也"。① 南宋初,"仙井岁产盐二百余万斤"。② 仁寿县官井另有聂甘井,"故盐井也";有 5 井宋代已废,分别为赖宾井、石羊井、赖因井、仁寿井、奴襄井。③ 籍县(今四川成都市双流区籍田街道办事处)有营井、蒲井 2 井④,"营井在县南二十五里。隋大业元年开,水淡遂废。国朝乾德三年重开,日收盐四十斤。蒲井,在县南四十里,唐武德初开,水淡遂废。至国朝太平兴国三年重开。日收盐三十八斤五两"⑤。井研县(今四川井研县)共有 21 盐井,5 井见在:研井,在州南 133 里,"乾德三年重开,日收盐四十九斤";陵井(与仁寿县陵井同名),在州南 109 里,"乾德三年重开,日收盐三十斤一十两";稜井在州南 100 里,"太平兴国三年重开,日收盐五十三斤八两";律井,在州南 90 里,"太平兴国三年重开,日收盐五十五斤";田井,在州南 151 里,"太平兴国三年重开,日收盐三十六斤"。⑥ 另有 16 井宋代已废,分别为獠母井、还井、赖伦井、石烈井、茫井、宋井、桶井、柳泉井、赖郎井、遮井、新井、董川井、潘令井、小罗井、依郎井、带井。⑦ 始建县(治今四川仁寿县南,真宗咸平四年废)有 7 井,宋初 1 井仍煮,为罗井泉,"乾德三年重开,日收盐三十五斤";另有 6 井废,分别为:塔泥井、石缝井、赖胡儒井、赤石井、赖子井、赖溲井。⑧ 贵平县(今四川仁寿县向家镇)有上平井,在州东北 93 里,"乾德三年重开,日收盐一百七十斤",该井"官有两灶二十八镇,一日一夜收盐四石,如霜雪也"。⑨

宋初陵州诸县盐井共计 10 井,"日收盐四千三百二十三斤"。⑩ 仁宗以后"岁产盐二百四十八万九千三百六十二斤",至宋末"则陵井监及二十八井岁煎盐一百十四万五千余斤"。⑪ 陵州盐井的数目,自仁宗庆历后,"许人

① 《方舆胜览》卷五三《隆州》,第 956 页。
② 《建炎以来朝野杂记》甲集卷一四《财赋一·蜀中官盐》,第 300 页。
③ 《太平寰宇记》卷八五《剑南东道四·陵州》,第 1692 页、第 1697 页。
④ 《舆地纪胜》卷一五〇《隆州》,第 4473 页。
⑤ 《太平寰宇记》卷八五《剑南东道四·陵州》,第 1696 – 1697 页。
⑥ 同上书,第 1697 页。
⑦ 同上书,第 1698 页。
⑧ 同上书,第 1698 页。
⑨ 同上书,第 1698 页、第 1694 页。
⑩ 同上书,第 1698 页。
⑪ 光绪《井研志》卷六《食货二·盐法上》,第 458—459 页。

开作卓筒之后,部下至今已及数百井",为伐薪煮盐,"公私采斫,以至山谷童秃,极望如赭"。① 井研县境内小井尤多,"盖自庆历以来,始因土人凿地植竹,为之卓筒井,以取咸泉,鬻炼盐色,后来其民尽能此法,为者甚众"。② 哲宗元祐间,井研等县已发展至"无虑百五十所"。③

永康军(治导江县,今四川都江堰市):境产崖盐。太宗端拱元年(988)七月,宋廷因"西川食盐不足,许商贩……永康军崖盐,勿收算"。④

汉州(治雒县,今四川广汉市):产盐地不详,宋初有 1 井,岁产盐 500余斤。⑤

简州(治阳安县,今四川简阳市):境多盐井,宋代被誉为"简之郡,产盐惟最"。⑥ 阳安县有牛鞞井,"在州郭内,西岸因牛鞞戍地因名";县北 14 里有阳明井。⑦ 平泉县(今四川简阳市平泉镇)有平泉井,"市民日汲于此者五百家,随所汲多寡为之增损,县因得名";平泉县北 20 里有上军井、下军井,"并盐井也,公私资以取给"。⑧ 从宋代简州"煮卤数十耳"⑨的记载看,后发展有盐井数十井。高宗绍兴间,简州盐井发展至鼎盛,"蜀中盐课最盛者,莫如简州"。⑩ 孝宗淳熙间,简州"富厚之家动煎数十井,……下等之家不过一二十井"⑪,可知当地亦为卓筒井的重要分布区。

黎州(治汉源县,今四川汉源县北):宋代为"蕃部蛮夷混杂之地"⑫,除置汉源县外,另管辖 54 个少数民族羁縻州⑬。黎州汉地虽不产盐,但

---

① [宋]文同:《丹渊集》卷三四《奏为乞免陵州井纳柴状》,《四部丛刊》本。
② 《丹渊集》卷三四《奏为乞差京朝官知井研事状》。
③ [宋]吕陶:《净德集》卷四《奉使回奏十事状》,文渊阁《四库全书》本。
④ 《宋史》卷一八三《食货下五》,第 4472 页。
⑤ 《文献通考》卷一五《征榷考二·盐铁矾》,第 436 页。
⑥ 《舆地纪胜》卷一四五《简州》,第 4297 页。
⑦ 同上书,第 4297 页。
⑧ 同上书,第 4300 页。
⑨ 同上书,第 4309 页。
⑩ 《建炎以来系年要录》卷五八"绍兴二年九月甲申"条,第 1013 页。
⑪ [宋]佚名:《增人名儒讲义皇宋中兴两朝圣政》卷五五《孝宗皇帝十五》,江苏古籍出版社据清嘉庆刻本影印本,1988 年,第 1276 页。
⑫ 《太平寰宇记》卷七七《剑南西道六·黎州》,第 1561 页。
⑬ 《宋史》卷八九《地理五》,第 2213 页。

下属羁縻州有产盐地。从当地市场看，"每汉人与蕃人博易，不使见钱，汉用紬、绢、茶布，蕃部用红椒、盐、马之类"①，可知所辖少数民族地区产盐。

雅州(治严道县，今四川雅安市雨城区)：境内盐井"在卢山者凡□(缺字)，在车禄者凡十有八"②，可知盐产地一在卢山县(今四川芦山县)，数目不详；一在车禄(位置不详)，有盐井18处。吉成名经过考证，认为车禄位今四川宝兴县盐井乡(2006年改名蜂桶寨乡)；另认为缺字为"九"，但未说明所凭何据。③宋代雅州无车禄县，但管辖44个少数民族羁縻州④，如按上述方位，则车禄显然位于羁縻州内。

威州(治保宁县，今四川汶川县西北)：保宁县产盐，唐贞观初为盐溪县，"以村有盐溪，县得采漉"⑤故名。保宁盐溪源出定廉山，流至盐溪村，宋代依旧"民得采漉"。⑥

绵州(治巴西县，今四川绵阳市涪城区)：盐泉县(今四川绵阳市仙游区玉河镇)有盐井，产盐历史悠久，汉代即"家有盐泉之井，取此为名"，宋代"以地有盐井，民得采漉，为四方价售之地"。⑦彰明县(治今四川江油市南)有盐井，仁宗天圣间，吴仅知彰明县，当地灶户曾上诉"盐井虽泉涸官犹捕系"。⑧

嘉州(嘉定府，治龙游县，今四川乐山市市中区)：宋初嘉州有"十五井"，岁产食盐"五万九千余斤"。⑨仁宗庆历以后，嘉州境多卓筒小井，与陵州、荣州相连，构成卓筒井分布的密集片区。神宗熙宁间，陵州知州文同描述到："(陵州)况复更与嘉州并梓州路荣州疆境甚密，彼处亦皆有似此卓筒盐井者颇多"。⑩

---

① 《太平寰宇记》卷七七《剑南西道六·黎州》，第1559页。
② 《舆地纪胜》卷一四七《雅州》，第4394页。
③ 《宋代食盐产地研究》，第101页。
④ 《宋史》卷八九《地理五》，第2213页。
⑤ [明]曹学佺：《蜀中名胜记》卷七《川西道·成都府七》，重庆出版社，1984年，第107页。
⑥ 《舆地纪胜》卷一四八《威州》，第4433—4434页。
⑦ 《太平寰宇记》卷八三《剑南东道二·绵州》，第1667页。
⑧ [宋]郑獬：《郧溪集》卷二一《尚书都官郎中吴君墓志铭》，文渊阁《四库全书》本。
⑨ 《文献通考》卷一五《征榷考二·盐铁矾》，第436页。
⑩ 《丹渊集》卷三四《奏为乞差京朝官知井研事状》。

嘉州小井多分布山溪间，数量众多，"嘉州等处人户久来开凿盐井，谓之卓筒，盖盐泉所在皆山溪，开凿地十数丈，以竹隔水故也"。① 洪雅县（今四川洪雅县西）为嘉州盐产地，"有石脚井筒，其实硝也……然必得隆、荣诸井之卤对炼，而后可成盐"。②

二、梓州（潼川府）路食盐产地及地理分布

梓州（潼川府，治郪县，今四川三台县）：宋代被誉为"有盐井铜山之富"。③ 郪县，原有盐井43眼，宋初只有22眼见煎，余废；玄武县（仁宗时改中江县，今四川中江县），原有盐井2眼，因"近江水淡，煎盐不成"；涪城县（今四川三台县花园镇），原管盐井55所，宋初只有10眼煎，45眼塞；通泉县（今四川射洪县柳树镇），现管盐井74所，其中大井有康督井等；盐亭县（今四川盐亭县），原管盐井3眼，宋初只1井见煎；飞乌县（今四川中江县仓山镇），原管盐井7眼，宋初3井见煎，4井塞；永泰县（今四川南部县桐坪乡），现管盐井5眼，分布于县东25里徙女山左右；东关县（今四川盐亭县东南），原管盐井4眼，宋代"三井有煎，一井废"；梓州另设有盐监1处，名富国监，"本梓州郪县富国镇新井煎盐之场也，皇朝置监，以董其事，兼领通泉、飞乌等盐井，地去梓州九十里"。④ 神宗时，梓州盐井发展为郪县有34盐井、中江县有1盐井、涪城县有27盐井、射洪县有1盐井、盐亭县有6盐井、飞乌县有5盐井、东关县有4盐井。⑤

资州（治盘石县，今四川资中县）：神宗时，盘石县有18盐井，内江县（今四川内江市东兴区）有66盐井。⑥ 盘石县著名大井为罗泉井，"在县西百二十里，产盐"。⑦ 罗泉井在太宗太平兴国三年（978）始开，"时犹官办，尚

---

① 《净德集》卷四《奉使回奏十事状》。
② 《建炎以来朝野杂记》乙集卷一六《财赋·四川石脚井》，第786页。
③ 《舆地纪胜》卷一五四《潼川府》，第4622页。
④ 《太平寰宇记》卷八二《剑南东道一·梓州》，第1649—1655页。
⑤ 《元丰九域志》卷七《梓州路》，第321—322页。
⑥ 同上书，第324—325页。
⑦ 《读史方舆纪要》卷六七《四川二·成都府》，第3164页。

非土人开凿";县内另有釜李井,与罗泉井共为官掌大井。① 自仁宗庆历以来,当地"土人始凿地构竹,开凿卓筒小井,私炼日众"②,成为卓筒井的重要分布区。内江县有官井内江井,孝宗淳熙间侯炎知资州,捐钱"三百万置卤井",凿为"内江井",后"增隶于学以养士"。③ 资阳县(今四川资阳市雁江区)亦有盐井,徽宗宣和二年(1120),程敦书任资阳丞,"盐井日征有程,主计者欲征倍"。④

戎州(叙州,治宜宾县,今四川宜宾市翠屏区):神宗时,南溪县(今四川宜宾市南溪区)有登井 1 盐井。⑤ 戎州另管辖 30 个少数民族羁縻州,内有尹州,唐武德四年(621)置,境有监泉。⑥ 仁宗时,戎州成为卓筒小井的重要分布地,神宗熙宁中,同修起居注沈括曾上言:"然患万、戎、泸间夷界小井尤多,不可猝绝也。"⑦

荣州(绍熙府,治荣德县,今四川荣县):宋初境内荣德县、应灵县(今四川荣县西)、资官县(今四川井研县东北)均为井盐产地,共有盐井 57所。⑧ 仁宗皇祐间,数量有所下降,"郡有盐井四十余所"。⑨ 嘉祐间继续减少,"荣州鬻盐凡十八井,岁久澹竭"。⑩ 荣德县有著名大井公井,后周置公井镇;唐武德元年(618)于镇置荣州,改公井县。⑪ 公井又名官井,宋在此置公井监,荣德县"公井为大井,其他皆小井,曰'卓筒井'"。⑫ 荣德县另有大井旭井,"旭川县(英宗治平四年改为荣德县)有盐井,号'旭井',因

① 吴鸿仁、黄清亮等:民国《资中县续修资州志》卷三《食货志·盐政》,台北学生书局据 1929年铅印本影印本,1988 年,第 290 页。

② 民国《资中县续修资州志》卷三《食货志·盐政》,第 290 页。

③ [宋]魏了翁:《鹤山集》卷八四《知富顺监致仕家侯炎知资州墓志铭》,文渊阁《四库全书》本。

④ [宋]晁公遡:《嵩山集》卷五二《程邛州墓志铭》,文渊阁《四库全书》本。

⑤ 《元丰九域志》卷七《梓州路》,第 327 页。

⑥ 《太平寰宇记》卷七九《剑南西道八·戎州》,第 1597 页。

⑦ 《宋史》卷三三一《沈括传》,第 10654 页。

⑧ 《太平寰宇记》卷八五《剑南东道四·荣州》,第 1699 页。

⑨ [宋]韩琦:《安阳集》卷四六《侄殿中丞公彦墓志铭》,文渊阁《四库全书》本。

⑩ 《宋史》卷二九八《陈希亮传》,第 9220 页。

⑪ 《太平寰宇记》卷八五《剑南东道四·荣州》,第 1701 页。

⑫ 廖世英、赵熙等:民国《荣县志·物产第六》,台北学生书局据 1929 年刻本影印本,1988 年,第 388 页。

取以名县"。① 应灵县有大井应灵井,其产量在蜀中与陵州之陵井齐名。神宗元丰间,"东、西川盐场至盛得与井研并置场者惟荣州之应灵,他州县不得比"②,可见应灵盐井之规模。除荣德、应灵两县外,资官县亦有 1 盐井。③仁宗庆历、皇祐后,荣州成为卓筒小井的重要分布区,称"彼处亦皆有似此卓筒盐井者颇多"。④ 时人描绘当地卓筒井:"蜀食井盐,如仙井、大宁犹是大穴,若荣州则井绝小,仅容一竹筒,真海眼也。"⑤荣州小井生产极为繁盛,所谓"长筒汲井熬雪霜,辘轳咿哑官道傍"⑥,因盐井数量众多,"荣多盐井,秋冬收薪茅最急"。⑦

泸州(治泸川县,今四川泸州市江阳区):神宗时,江安县有 2 盐监,分别为:州西南 263 里有淯井,置淯井监(徽宗政和四年改隶长宁军);州西 70 里有南井,置南井监。⑧ 高宗绍兴十六年(1146),淯井产盐达到 419400 斤。⑨南井监,岁产井盐 410000 万斤;另有陀鲁井,岁产 28000 斤。⑩

果州(顺庆府,治南充县,今四川南充市顺庆区):境产井盐,据宋《果州图经》载:"果州田畴沃衍,川泽流通,饶五谷,多盐利,西上成都,东下夔峡,资储常取给焉。"⑪南充县有昆井,为著名古盐井,"南充县西六十里有大昆井,即古之盐井"。⑫ 昆井为川北大井,"志云昆井,大井也,即顾盐井云"。⑬

富顺监(治今四川富顺县):产盐历史悠久,晋为富世县,"以县下有监井,

① 《舆地纪胜》卷一六〇《荣州》,第 4856 页。
② 光绪《井研志》卷六《食货二·盐法上》,第 456 页。
③ 《宋史》卷八九《地理五》,第 2220 页。
④ 《丹渊集》卷三四《奏为乞差京朝官知井研事状》。
⑤ [宋]陆游:《老学庵笔记》卷五,中华书局,1979 年,第 67 页。
⑥ [宋]陆游:《剑南诗稿》卷六《入荣州境》,文渊阁《四库全书》本。
⑦ 《剑南诗稿》卷六《晚登横溪阁》。
⑧ 《元丰九域志》卷七《梓州路》,第 328 页。
⑨ 《建炎以来朝野杂记》甲集卷一四《财赋一·蜀中官盐》,第 301 页。
⑩ 《舆地纪胜》卷五三《泸州》,第 4581 页。
⑪ 《读史方舆纪要》卷六八《四川三·保宁府》,第 3232 页。
⑫ 《太平寰宇记》卷八六《剑南东道五·果州》,第 1710 页。
⑬ 《读史方舆纪要》卷六八《四川三·保宁府》,第 3234 页。

人获厚利,故曰'富世'";唐贞观二十三年(649),改为富义县,"按井深二十五尺,凿石以达盐泉口,俗谓之'玉女泉'"。① 五代属泸州,宋朝平蜀后,太祖乾德四年(966)以泸州富义县地置富义监;太宗太平兴国元年(976)改为富顺监,以"避太宗(赵光义)讳也"。② 宋置富顺监后,"其县废,管盐井大小六井,岁出盐货三十余万贯"。③ 境有富义井,汉代所开,"江阳有富义井,以其出盐最多,商旅辐辏,言百姓得其富饶,故名也"。④ 富义井在监西南50步,唐代产盐最盛时"日出盐三千六百六十石,剑南盐井惟此最大",宋代经过开发,"井深二百五十余尺,凿石以达盐泉,世俗谓之'玉女泉'"。⑤ 该井产量因唐末五代战乱衰落,"旧日为额八百余斤",宋初恢复较快,"为额日千五百余斤"。⑥ 富顺监有利济池,"在监之西北,与郭下井相近",可知监北有盐井郭下井,"传云郭下井用此水淋灰即盐,干白而咸"。⑦ 神宗元丰间,富顺监又开凿有战井,在监东40里;婺井,在监东63里;罗井,在监东80里;邓井,在监西50里;鼓井,在监西60里;赖井,在监西80里;茆头,在监西90里;赖易,在监西100里;此外在监西数十里另有盐井1口。⑧ 宋代富顺监经过发展,成为蜀中最著名的食盐产区之一,号称"地多咸磠,故饶沃衍润过于它部,掘地汲泉,咸源遂涌,熬波出素,邦赋弥崇,人以是聚,国以是富"。⑨

　　怀安军(治金水县,今四川金堂县东南):宋代金堂县(今四川金堂县西)治东有通海井,"土人有淘其故井,取水而煎食者面淡底咸,咸水每斤可煮盐二两一钱有余";通海井为官掌大井,"采之断碑残碣均称",以通海井为中心形成大盐场,"纵横二十里内,故井遗踪亦可征者凡百三十余处"。⑩

---

① 《太平寰宇记》卷八八《剑南东道五·富顺监》,第1745页。
② 《舆地纪胜》卷一六七《富顺监》,第5046页。
③ 《太平寰宇记》卷八八《剑南东道五·富顺监》,第1745页。
④ 同上。
⑤ 《舆地纪胜》卷一六七《富顺监》,第5052页。
⑥ 《方舆胜览》卷六五《富顺监》,第11142页。
⑦ 《舆地纪胜》卷一六七《富顺监》,第5051页。
⑧ 《元丰九域志》卷七《梓州路》,第333—334页。
⑨ 《舆地纪胜》卷一六七《富顺监》,第5051页。
⑩ 王暨英、曾茂林等:民国《金堂县续志》卷一《物产》,台北学生书局据1921年刻本影印本,1988年,第177页。

普州(治安岳县,今四川安岳县):乐至县(今四川乐至县)产盐,始于唐代,后"历宋、元、明县中相沿为业";当地盐井均为"竹筒小井,水用人力,汲一井多不过二三担,少则一担汲数井","井深六七十丈,浅三十余丈,盐量每斤约一两余,间有二两者"。① 徽宗宣和间,普州盐井发展至百余家以上,产量近百万斤,如宣和二年(1120),程敦守普州,"盐井废,所负不入,系狱者百余家,公论其课当除,卒为免其课九十九万一千余斤"。②

渠州(治流江县,今四川渠县):神宗时,邻山县(今四川大竹县东南)有卧牛 1 盐井。③

昌州(治大足县,今重庆大足区):宋初,昌元县(今重庆荣昌区)有盐井,位于境内井九山,"《寰宇记》云:在昌元县南一百五十里;《图经》:在昌元县西百余里,高崄山侧有盐井,人号为'井九山'"。④ 太宗太平兴国三年(978),昌州共有 7 井,年盐产量达到 118550 斤。⑤ 这一产量有官方强增的成分,同年二月,朝廷令"罢昌州七井虚额盐"。⑥ 昌州虚额在蠲免之后,"其旧额二万七千六十斤如故",可知其产量实际维持在 20000 斤左右。⑦ 神宗元丰中,昌州成为卓筒井重要分布区,共有盐井"一百三十余所,月额十万八千余斤,岁计一百三十余万斤"。⑧

长宁军(治武宁县,今四川长宁县双河镇):唐为西南羁縻地,隶泸州都督府;宋神宗熙宁八年(1075)置淯井监,隶属泸州江安县,徽宗政和四年(1114),改置长宁军。⑨ 长宁盐井在监城北井之上,咸脉有二,"一自对溪报恩山趾度溪而入,尝夜有光如虹乱流而济,直至井所;一自宝屏随山而入,谓之'雌雄水'"。⑩

① 杨祖唐、蒋德勋等:民国《乐至县志又续》卷三《盐税》,台北学生书局据 1929 年刻本影印本,1968 年,第 314 页。

② 《嵩山集》卷五二《程邛州墓志铭》。

③ 《元丰九域志》卷七《梓州路》,第 331 页。

④ 《舆地纪胜》卷一六一《昌州》,第 4783 页。

⑤ 《宋会要辑稿》食货二三之二一。

⑥ 《宋史》卷四《太宗一》第 58 页。

⑦ 《宋史》卷一八三《食货下五》,第 4472 页。

⑧ 《舆地纪胜》卷一六一《昌州》,第 4780 页。

⑨ [宋]欧阳忞:《舆地广记》卷三一《长宁军》,四川大学出版社,2003 年,第 924 页。

⑩ 《舆地纪胜》卷一六六《长宁军》,第 5022 页。

合州(治石照县,今重庆合川区):宋代石照县有盐井,在县南 15 里盐溪滩,"旧有盐泉"。① 赤水县(今重庆合川区龙凤镇)有盐井,神宗时单煦知合州,时"赤水县盐井涸,奏蠲其赋"。②

遂州(遂宁府,治小溪县,今四川遂宁市船山区):仁宗天圣间,蓬溪县(今四川蓬溪县南)"县东五里有盐井"。③ 宁宗时,许奕知遂宁府,曾"复盐策之利以养士"。④

三、利州(东、西)路食盐产地及地理分布

文州(治曲水县,今甘肃文县):境产青白盐,太宗端拱元年(988)七月,朝廷因"西川食盐不足,许商贩阶、文州青白盐"。⑤

成州(同庆府,治同谷县,今甘肃成县):宋代同谷县有仇池山,在县西百里,"仇池地方百顷,四面斗绝高平,地方二十余里,羊肠蟠道三十六回。山上丰水泉,煮土成盐"⑥,可知为土盐产地。

阶州(治福津县,今甘肃陇南市武都区):盛产土石盐,福津、将利(今甘肃康县)两县俱出。哲宗元祐间,当地官员"乞以阶州福津、将利县界出产土石等盐可以置场榷买,定价出卖"。⑦ 据太宗端拱元年(988)七月,宋廷因"西川食盐不足,许商贩阶、文州青白盐"⑧看,阶州所产青白盐即指土石盐,是崖盐的一种。土石盐色红,刮取而成盐,"阶、凤等州邑,海、井交穷。其岩穴自生盐,色如红土,恣人刮取,不假煎炼"。⑨

西和州(治西和县,今甘肃西和县):该州盐多地狭,长道县(今甘肃礼县东)有大井盐官井,以此形成盐官镇。⑩ 高宗绍兴十五年(1145),"每斤为

---

① 《读史方舆纪要》卷六九《四川四·夔州府》,第 3290 页。
② 《宋史》卷三三三《单煦传》,第 10714 页。
③ [明]曹学佺:《蜀中广记》卷六六《方物记第八·川北井》,文渊阁《四库全书》本。
④ 《宋史》卷四〇六《许奕传》,第 11270 页。
⑤ 《宋史》卷一八三《食货下五》,第 4472 页。
⑥ 《宋书》卷九八《氐胡》,中华书局,1974 年,第 2403 页。
⑦ 《宋会要辑稿》食货三六之三三。
⑧ 《宋史》卷一八三《食货下五》,第 4472 页。
⑨ [明]宋应星:《天工开物》作咸第五《井盐》,中国社会出版社,2004 年,第 189 页。
⑩ 《宋会要辑稿》食货二六之四三。

直四百";二十九年(1159),"州之盐官井岁产盐七十余万斤"。① 县北 1 里
西汉水亦为盐产地,"自秦州废天水县流入境,亦谓之'盐官水',以县境旧
置盐官也";县东北 80 里有盐井,"煮水成盐,民资其利"。②

凤州(治梁泉县,今陕西凤县东北):产崖盐,即土石盐,情况同成州。宋
人沈括记:"又次崖盐,生于土崖之间,阶、成、凤等州食之。"③

阆州(治阆中县,今四川阆中市):新井县(今四川南部县大桥镇)产盐,
县始建于唐武德元年(618),巡察使段伦"以其地具隆、梓、遂三州之间,乡
村阔远,遂分南部、晋安置县",以"县多盐井,以'新井'名之"。④ 宋《太平
寰宇记》亦云:"县界颇有盐井,因斯立名。"⑤可见,新井县宋代继续产盐。
仁宗后阆州成为川北卓筒井重要分布区。神宗元丰中,梓州转运司因阆州
小井侵射官井,曾"请止绝阆州栈闭盐井,及创开井,恐侵本路盐课,致本州
亏减课额"⑥。从其发展看,神宗时阆州卓筒小井已经为数不少。

四、夔州路食盐产地及地理分布

夔州(治奉节县,今重庆奉节县):奉节县产盐,在县西南 7 里八阵图下,
据宋《太平寰宇记》:"八阵图下东西三里,有一碛,东西一百步,南北广四十
步,碛上有盐泉,井五口。以木为桶,昔常取盐,即时沙壅,冬出夏没。"⑦八
阵图 5 口盐井"俗呼'臭盐井'(亦名臭盐碛,因盐水中有硫化氢,味臭,故
名),有下温井、上温井,在龙脊滩南,近岁水落井出,村民四集煮盐供食,官
府因榷其利,以济国用;七泉井,在八阵图下,水可煮盐",其余两口不详。⑧
臭盐碛每年 5 月至 10 月洪峰期间盐井淹没,迄水退坝出则淘井开煎。⑨ 巫

---

①　《建炎以来系年要录》卷一八三"绍兴二十九年十二月甲戌"条,第 3067 页。
②　《读史方舆纪要》卷五九《陕西八·巩昌府》,第 2825 页。
③　《梦溪笔谈》卷一一《官政一》,第 98 页。
④　《舆地纪胜》卷一八五《阆州》,第 5383 页。
⑤　《太平寰宇记》卷八六《剑南东道五·阆州》,第 1715 页。
⑥　《宋会要辑稿》食货二四之二九。
⑦　《太平寰宇记》卷一四八《山南东道七·夔州》,第 2874 页。
⑧　[清]曾秀翘、杨德坤等:光绪《奉节县志》卷八《盐泉井》,台北学生书局据清光绪十九年
(1893)刻本影印本,1971 年,第 187 页。
⑨　《川盐纪要》第二编,第 204 页。

山县(今重庆巫山县)产盐,孝宗淳熙二年(1175),夔州曾将"奉节、巫山两县转运司科扰盐,每斤减作一百文变卖"。①

黔州(绍庆府,治彭水县,今重庆彭水苗族土家族自治县):彭水县有盐泉,位在县东100里伏牛山,"山左右有盐井,州人置灶煮以充用",宋代置"左、右监官收其课"。② 伏牛山有鹁鸠井、鸡鸣井、郁井、中井4井,"自唐宋来沿设四井",4井"俱滨于大溪,时雨稍集,则井淹于水,计一岁之功,淹井时多,煮盐日少,其与他井之地居高皐,而终岁可煮者不同"。③ 鹁鸠井在伏牛山之左麓,亦名伏鸠井,"泉出石罅中,穴深尺余,公以竹筒入穴,引泉水归井以汲";鸡鸣井,"由鹁鸠井溯流而上可二里,曰'鸡鸣井'",该井"泉出溪洞石罅中,阻于危石,伏流引而左涌";郁井,又名寿井,在伏牛山之后,"相传自唐时与井同创始云",至宋犹然;中井由飞井、母井组成,飞井在伏牛山之右,"泉出峭壁石罅中,状似铜龙之口,遥望瀑布,千尺喷泻",母井在飞井之下,"溪下大石,平如毯茵,中有小穴,泉泡浡而出,仰与飞泉似为妃偶之状"。④ 飞井与母井又合称公母井,"飞井之水悬空远喷,入于石穴中,见之者名有疾患,俗名之'公母井',二水相合盐始可成。然母井在溪中易于湮没,湮则水淡而不可煮,此则中井合二为一者也"。⑤ 宁宗时,彭水县除伏牛山产盐外,另在县东90里有盐泉,"今煎"。⑥

云安军(治云安县,今重庆云阳县):汉代即置有盐官,唐隶夔州,曾置盐监,"以盐直赡宁江屯兵";太祖开宝六年(973),以夔州云安县建军,"即县为治所"。⑦ 云安县有章井1盐场、团云1盐井,另在县北析置云安盐监。⑧ 从《宋史》记载云安县有玉井盐场、团云盐井看,章井亦名玉井。⑨ 云安监共

① 《宋会要辑稿》食货二八之三五。
② 《方舆胜览》卷六〇《绍庆府》,第1055页。
③ [清]邵陆:乾隆《酉阳州志》卷四《彭水县志·祀四井前记》,巴蜀书社,2010年,第164页。
④ 乾隆《酉阳州志》卷四《彭水县志·祀四井前记》,第159—164页。
⑤ [清]冯世瀛、冉崇文等:同治《酉阳直隶州总志》卷一九《物产志》,巴蜀书社,2009年,第504页。
⑥ 《舆地纪胜》卷一七六《黔州》,第5148页。
⑦ 《舆地纪胜》卷一八二《云安军》,第5277页。
⑧ 《元丰九域志》卷八《夔州路》,第372页。
⑨ 《宋史》卷八九《地理五》,第2228页。

有 4 团 9 井,岁产盐 292210 斤;云安县 2 井岁产食盐 53790 斤。① 云安监以盛产伞子盐闻名蜀中,"阳溪水源出(云安)县北六百里,翼带盐井,巴川资以自给,粒大者方一寸,中央崇起,形如张伞,故因名之曰'伞子盐'"。② 伞子盐分布在云安监阳溪河谷地带,"在(云安)县东,接奉节县界",其盐"有不成者,形亦必方,异于常盐"。③ 阳溪河谷有云安监所管最大盐井白兔井,为川东著名大井,据清《云安场风土记》:"云安盐场井古有二十八,今存强半,其最大者为白兔井。"④另外三牛、马岭山亦为云安监盐产区,"三牛山,在县北二十里,近云安监;马岭山,在(云安)县北二十九里,与三牛山相对"⑤,二山"皆近盐井"⑥。

渝州(恭州、重庆府,治巴县,今重庆市主城区):产盐地不详,宋初即为食盐产地,仁宗时,有盐井 2 所。⑦ 宋代重庆辖巴县、璧山、江津 3 县,对其盐产地,清《四川盐法志》记"巴县,今仍,有盐;璧山县,今仍"⑧,但依据是《新唐史》,难以验证宋代产地。其余方志对重庆盐产地,或缺载、或记其停废。如清方志载"旧云出盐,今无矣"。⑨ 民国方志载"(巴)县不以产盐名,虽汉置盐官二十八,巴郡亦占其一,唐设剑南东川院,……然县中官驻何地,井煮何处,皆不可考"⑩;"巴县、璧山产盐,按县属产盐处甚多,昔曾开采,嗣因有妨盐政,久已禁煮"⑪。故重庆史学者卢华语认为"宋初时期,合川、璧山、主城区的盐井都已废弃",推测宋代重庆府虽然还有盐井的记载,但其生产却已废

---

① 《舆地纪胜》卷一八二《云安军》,第 5279 页。

② 同上书,第 5280 页。

③ 《读史方舆纪要》卷六九《四川四·夔州府》,第 3259 页。

④ 朱世镛、刘贞安等:民国《云阳县志》卷一〇《盐法》,台北学生书局据 1935 年铅印本影印本,1968 年,第 359 页。

⑤ 《舆地纪胜》卷一八二《云安军》,第 5280 页。

⑥ 《读史方舆纪要》卷六九《四川四·夔州府》,第 3259 页。

⑦ 《宋会要辑稿》食货二三之一二。

⑧ 《四川盐法志》卷四《井场四》。

⑨ [清]寇083平、陈锦堂等:同治《璧山县志》卷二《食货·物产》,台北学生书局据清同治四年(1865)刻本影印本,1971 年,第 51 页。

⑩ 王鉴清、向楚等:民国《巴县志》卷四《赋役上·盐法》,台北学生书局据 1939 年刻本影印本,1988 年,第 516 页。

⑪ 民国《巴县志》卷一九《物产下·盐》,第 2393 页。

弃,不再继续开采。① 但从宋代史料看,至少在仁宗时仍有盐井的存在。

南平军(治南川县,今重庆綦江区南):南川县产盐,在县城东南盐井江,唐时曾于此置盐监使;宋代盐井江"分出崃山茅坡下,岸侧流出盐泉"。② 南川县另有熊井山,"在县南三里,上有井,水清而味咸"。③

开州(治开江县,今重庆开州区):万岁县(后改清水县,今重庆开州区温泉镇)产盐,境有温汤井。④ 宋初万岁县有"盐泉,在县二十余里平地"。⑤ 县内温汤井为著名大井,以此形成温汤镇,又称温泉镇。⑥ 温汤井位于三潮溪,在县东北 50 里,"井有三水,曰'杉木',曰'柏木',曰'龙马',皆开湔盐课"。⑦ 所谓"井有三水"即指宋代温汤井由 3 井组成,"《寰宇记》曰:开县温汤其井有三:曰'柏木'、曰'龙马'、曰'杉木',俱出白盐"。⑧ 神宗熙宁九年(1076),温汤井盐产"每岁盐额二十一万二千五百五十三斤"。⑨

达州(治通川县,今四川达州市通川区):宋代通川县产盐,"相传县境盐滩湾下河中有盐水,冬日水涸则盐水涌出,因名'盐滩'。昔土人曾汲取熬煮,因不能提尽臭水,故废"。⑩ 东乡县宋初即有宣汉井场,"地名'长腰',咸源出大江龙骨石窟中涌出,滩名'羊门',两面山崖峻峭,咸源出于山下,遂煎成盐"。⑪

大宁监(治今重庆巫溪县):唐属夔州,宋太祖开宝六年(973),以夔州大昌县(今重庆巫溪县东南)前镇(今巫溪县城)煎盐之所置监。⑫ 大昌县

① 《古代重庆经济研究》,第 140 页。
② 《舆地纪胜》卷一八〇《南平军》,第 5235—5237 页。
③ 《读史方舆纪要》卷六九《四川四·夔州府》,第 3281 页。
④ 《元丰九域志》卷八《夔州路》,第 369 页。
⑤ 《太平寰宇记》卷一三七《山南西道五·开州》,第 2673 页。
⑥ 《川东盐业与三峡库区的盐业遗址》,《四川文物》1997 年第 2 期。
⑦ 《读史方舆纪要》卷六九《四川四·夔州府》,第 3263 页。
⑧ 《蜀中广记》卷六六《方物记第八·川东井》。
⑨ 《宋会要辑稿》食货二八之二五。
⑩ 蓝炳奎、吴德准等:民国《达县志》卷一二《食货门·物产》,台北学生书局据 1933 年刻本影印本,1987 年,第 646 页。
⑪ 《太平寰宇记》卷一三七《山南西道五·达州》,第 2680 页。
⑫ 《方舆胜览》卷五八《大宁监》,第 1031 页。

有盐泉,"在县西六十九里,溪南山岭峭壁之中,有咸泉涌出,土人以竹引泉,置镬煮盐";开宝六年,宋廷在此置盐监,"以收课利"。① 神宗熙宁中,大昌产盐"岁额为四百余万斤,绍兴中达到二百四十万斤,闰年加十万斤为二百五十万斤";治所(宁宗嘉定八年徙治水口监,今重庆巫溪县南)盐产地在监北 17 里的宝山,"半山有穴如瀑泉,即咸泉也"。② 宝山盐区"两岸山如壁立,河身窄狭,灶依山脚而居",有"卤水一眼,产自宝源山麓石穴中,色白气温,流注于池,名曰'龙池'"。③ 龙池"每到夏季,卤水全淡,各灶因之停煎,全年只有七个月为煎盐之期",其卤质天然流出,"夏秋卤多而味淡,冬春则卤少而味浓"。④ 高宗时,大宁盐井发展至鼎盛,岁产 250 余万斤。⑤

涪州(治涪陵县,今重庆涪陵区):涪陵县有白马盐场⑥,其位置在武龙县北 35 里白马津,宋代置有监官⑦。武龙县有咸泉,距白马津东 30 余里江岸,仁宗康定元年(1040),"有程运使舟次鹋岸,闻江中有硫黄气袭人太甚,谓此必有咸泉,驻舟召工开之,果得咸脉"。⑧

万州(治南浦县,今重庆万州区):南浦县有渔阳井,"盐井去县八十余里",孝宗淳熙间"每岁产盐一十四万六千三百余斤"。⑨ 因其产量高,淳熙十一年(1184),宋廷专置南浦县渔阳井监官 1 员,"初以主簿兼监,于是始专置官"。⑩

忠州(咸淳府,治临江县,今重庆忠县):临江县产盐,汉代即"县有盐官,在监(即詧井)、涂(即涂井)二溪,一郡所仰";宋代仍为盐区,有詧、涂 2

---

① 《太平寰宇记》卷一四八《山南东道七·大宁监》,第 2877 页。
② 《方舆胜览》卷五八《大宁监》,第 1033 页。
③ [清]高维岳、魏远猷等:光绪《大宁县志》卷三《食货·茶盐》,台北学生书局据清光绪十三年(1887)刻本影印本,1971 年,第 361—362 页。
④ 《川盐纪要》,第 204 页、第 244 页。
⑤ 《建炎以来朝野杂记》,甲集卷一四《财赋一·蜀中官盐》,第 301 页。
⑥ 《宋史》卷八九《地理五》,第 2228 页。
⑦ 《舆地纪胜》卷一七四《涪州》,第 5087 页。
⑧ 《方舆胜览》卷六一《涪州》,第 1069 页。
⑨ 《宋会要辑稿》食货四八之七九。
⑩ 《宋会要辑稿》食货二八之二四。

井,涂井在涂溪河畔,"涂溪在州东八十里,发源蟠龙洞,来经涂井"。① 2 井盐水"井卤长久无变,但亦甚薄"。② 垫江县(今重庆垫江县)又有盐溪,"今治北小溪上,有古碑乃宋淳熙中物"。③ 真宗天禧三年(1019),忠州共有盐井 3 场,"岁纳额盐共四十五万四千五百余斤"。④ 神宗熙宁间,忠州与万州、戎州、泸州一并成为卓筒井的重要分布地,所谓"忠、万、戎、泸间夷界小井尤多,止之实难"。⑤

第三节　元代四川食盐产地及地理分布

元代在行政建置上采用行省制度,中央设置中书省,以大都及腹里为范围;地方上则设置行中书省,行省以下大致有"路、府、州、县四等",其管辖"大率以路领州、领县,而腹里或有以路领府、府领州、州领县者,其府与州又有不隶路而直隶省者"。⑥ 元灭宋后,在四川设立四川等处行中书省,"为路九,府三,属府二,属州三十六,军一,属县八十一";此外"蛮夷种落,不在其数"。⑦

从具体建置看:成都路,领成都府(辖成都、华阳、新都、郫县、温江、双流、新繁、仁寿、金堂 9 县),彭、汉、安、灌、崇庆、威、简 7 州;嘉定府路,领嘉定府(辖龙游、夹江、峨眉、犍为 4 县),眉、邛 2 州;广元路,领广元路(辖绵谷、昭化 2 县),保宁府,剑、龙、巴、沔 4 州;顺庆路,领顺庆路(辖南充、西充 2 县),广安府,彭、渠 2 州;潼川府,领潼川府(辖郪县、中江、射洪、盐亭 4 县),遂宁、绵 2 州;永宁路,领永宁路(辖地不详),筠连州;重庆路,领重庆

① 《蜀中名胜记》卷一九《上川东道·重庆府三》,第 276 页。
② 《四川盐政史》卷二。
③ 《蜀中名胜记》卷一九《上川东道·重庆府三》,第 282 页。
④ 《宋会要辑稿》食货二三之三三。
⑤ 《宋史》卷一八三《食货下五》,第 4474 页。
⑥ 《元史》卷五八《地理一》,第 1347 页。
⑦ 《元史》卷六〇《地理三》,第 1435 页。

路(辖巴县、江津、南川3县),泸、忠、合、涪4州;绍庆府,领绍庆府(辖彭水、黔江2县);怀德府,领怀德府(辖地不详),来宁、柔远、酉阳、服4州;夔州路,领夔州府(辖奉节、巫山2县),施、达、万、开、云安、梁山、大宁7州;叙州路,领叙州路(辖宜宾、庆符、南溪、宣化4县),富顺、高2州;马湖路,领马湖路(至元十三年,"濒马湖之南岸创府治,其民散居山箐,无县邑乡镇"),长宁军、戎州;另有上、下罗计长官司等土司区。① 此外,至元十二年(1275),在川南摩沙夷地置柏兴府,"隶四川行省,寻隶云南"。② 下述元代四川食盐产地分布即以此行政区划为范围及标准。

一、川西区食盐产地及地理分布

成都路(治成都县,今四川成都市主城区):简州(治今四川简阳市)产盐,元代被称为"盐饶田瘠";隆州(治今四川仁寿县),世祖至元二十年(1283)并入仁寿县,该境盐井在州城东、北二面,"悬岸斗绝,西面显敞,南临盐井"。③ 元代四川置有盐场12所,其中成都路置为"简盐场、隆盐场"④,然该时"盐井多寡及各井拘榷课税所数目无征"。⑤ 黎州(治今四川汉源县北)产盐,"蕃部用红椒、盐、马"。⑥ 元初黎州隶属四川行省成都路;世祖至元十八年(1281),改隶土蕃等处宣慰司(后改宣政院辖地)。⑦

嘉定路(治龙游县,今四川乐山市市中区):元代其盐井"在嘉定路所管州县万山之间"⑧,该路置有"嘉定场"⑨,具体位置不详(位嘉定路直属四

① 《元史》卷六〇《地理三》,第1435—1447页。
② 《读史方舆纪要》卷七四《四川九·四川行都指挥使司》,第3454页。
③ [元]刘应李:《大元混一方舆胜览》卷中《四川等处行中书省》,四川大学出版社,2003年,第246页、第258页。
④ 《元史》卷九一《百官七》,第2315页。
⑤ 光绪《井研志》卷六《食货二·盐法上》,第459页。
⑥ 《大元混一方舆胜览》卷中《四川等处行中书省》,第318页。
⑦ 《元史》卷六〇《地理三》,第1435页。
⑧ 陈谦、罗绶香等:民国《犍为县志》卷一三《盐务志》,台北学生书局据1937年铅印本影印本,1968年,第1523页。
⑨ 《元史》卷九一《百官七》,第2315页。

县之一）。邛州（治今四川邛崃市）原有 2 井，宋旧名金凤、茅池；元代阔塞，文宗天历初，因发生地震，"盐水涌溢"，遂得再次开采。① 犍为县（今四川犍为县），宋为嘉州，有 15 井；元代为嘉定路直属县，仍为盐产区，"元世祖至元十八年并课额入四川道宣慰司"。② 绍熙宣抚司（治今四川荣县），原为犍为县属地，宋绍熙府故地，元顺帝至元间"襄、汉流民，聚居宋之绍熙府故地，至数千户，私开盐井，自相部署"，陕西行台监察御史赡思上言："绍熙土饶利厚，流户日增，若以其人散还本籍，恐为边患，宜设官府以抚定之"；朝廷诏即其地置绍熙宣抚司，成为因盐而兴的新行政区。③

潼川府（治郪县，今四川三台县）：世祖至元三年（1266），元朝任命宋降将刘整为潼川都元帅，整于当地"宣课茶盐以饷军"，可知为食盐产区。④ 至元二十二年（1285），四川茶盐运司于该府置"绵盐场、潼川场、遂实场"⑤，除潼川场具体位置不详外（位潼川府直属四县之一），其余两盐场位绵州（治今四川绵阳市涪城区）、遂宁州（治今四川遂宁市船山区）。

二、川东区食盐产地及地理分布

夔州路（治奉节县，今重庆奉节县）：大宁州（治今重庆巫溪县），宋开宝六年（973）以夔州大昌县之盐泉所置大宁监，元代依然境有盐井，"山岭峭壁之中咸泉涌出"。⑥ 元代大宁州置有"大宁场"⑦，依旧是川东重要的盐产区和财税区，如仁宗皇庆二年（1313），"免大宁路今岁盐课"⑧。云阳州（治今重庆云阳县），三牛、马岭两山左右仍然为重要盐产地⑨，元代置有"云安场"⑩。

① 《元史》卷三六《文宗五》，第 801 页。
② 民国《犍为县志》卷一三《盐务志》，第 1671 页。
③ 《元史》卷一九〇《赡思传》，第 4353 页。
④ 《元史》卷一六一《刘整传》，第 3786 页。
⑤ 《元史》卷九一《百官七》，第 2315 页。
⑥ 《大元混一方舆胜览》卷中《四川等处行中书省》，第 287 页。
⑦ 《元史》卷九一《百官七》，第 2315 页。
⑧ 《元史》卷二四《仁宗一》，第 557 页。
⑨ 《大元混一方舆胜览》卷中《四川等处行中书省》，第 292 页。
⑩ 《元史》卷九一《百官七》，第 2315 页。

达州(治今四川达州市通川区),产盐,旧记"通川茶盐鱼米,汉中有不如者"①,元代如常。四川茶盐运司在大宁、云阳二州分别置大宁、云安场。②

绍庆路(治彭水县,今重庆彭水苗族土家族县):元代彭水县"有盐泉,监管收其课";县内伏牛山"左右有盐井"。③ 四川茶盐运司在该路置有"绍庆场"。④

重庆路(治巴县,今重庆市主城区):泸州(治今四川泸州市江阳区),产盐处为南井,"去州七十里",世祖至元十二年(1275)元军占领泸州,西川行枢密院"下本州经理煎办";然次年,宋将王世昌夺回泸州,"以木石筑寨",盐井再闭;直至至元十五年(1278),元军平蜀,"四川转运司下本州兴工开淘"。⑤ 南井"井灶在万山之境,深入五十八丈有奇",元代仍然为西川大井,其盐产"自(至元)十八年为始,岁以课额一十二万斤"。⑥ 昌州(至元十五年并入合州铜梁县,今重庆铜梁区)产盐;涪州(治今重庆涪陵区),武龙县有盐泉。⑦

三、川南区食盐产地及地理分布

叙州路(治宜宾县,今四川宜宾市翠屏区):富顺州(治今四川富顺县),旧称"火田租赋薄,盐井岁时丰",元代境有大井富义井。⑧ 南溪县(治今四川南溪县)元代为叙州路直属县,有盐井,"相传元、明时曾经开采,或由利薄停煎,仰因他事封闭,遗文无征,莫能明也"。⑨

马湖路(治屏山县,今四川屏山县):宋为蛮地,元世祖至元十三年

---

① 《大元混一方舆胜览》卷中《四川等处行中书省》,第 294 页。
② 《元史》卷九一《百官七》,第 2215 页。
③ 《大元混一方舆胜览》卷中《四川等处行中书省》,第 298 页。
④ 《元史》卷九一《百官七》,第 2215 页。
⑤ [元]孛兰肹等:《元一统志》卷五《四川等处行中书省》,中华书局赵万里校辑本,1966 年,第 527 页。
⑥ 《元一统志》卷五《四川等处行中书省》,第 527 页。
⑦ 《大元混一方舆胜览》卷中《四川等处行中书省》,第 268、第 282 页。
⑧ 《大元混一方舆胜览》卷中《四川等处行中书省》,第 315 页。
⑨ 李凌霄、钟朝煦:民国《南溪县志》财赋篇第四,台北学生书局据 1937 年铅印本影印本,1971 年,第 331 页。

(1276)内附,立总管府,"濒马湖之南岸创府治"。① 马湖路盐产地为盐井涡,在治所北4里,"其水咸卤,可以煎盐"。② 除马湖路治所外,其下属产盐地为长宁州(治今四川长宁县双河镇),境有盐井。③ 四川茶盐运司在该地置"长宁场"④,"岁课其盐三十万斤"⑤,可知其产量不少。至元十五年(1278),以长宁境多"西南夷族",析其地置上、下罗计长官司,"盖亦如唐羁縻之,以为西蜀后户屏蔽"。⑥

　柏兴府(治闰盐县,今四川盐源县):昔摩沙夷所居,宋属大理,置香城郡;元世祖至元十年(1273),其盐井摩沙酋内附;至元二十七年(1290),置为闰盐县,立柏兴府。⑦ 柏兴府闰盐县"以县境有盐井故名"⑧,汉代即"有盐池,积薪,以齐水灌而后焚之,成盐"。⑨ 宋代闰盐县境"邑民取盐,先积薪以火烧过,以水洗灰,即成黑盐,炼之又白"。⑩ 元宪宗时降附,世祖至元十二年(1275)置罗罗斯宣慰司以统之,隶四川行省,寻隶云南。⑪ 因元代闰盐县曾隶属四川,今日亦为四川所辖,故在此一并介绍。闰盐县有黑、白2盐井,均为元代开采。白盐井相传为元代牧羊女发现,"见白鹿群游,尝其水而咸,指以告人,因掘井汲煎,获盐甚佳,即今之白盐井也"⑫,其位置"在县西南四十里,井有二:一卤水、一硝水"⑬。白盐井二井位于盐井河畔,今称盐井河盐泉点,系当地深埋的三叠系盐岩经地下水溶解后,溢于地表而成。⑭ 黑盐井相

① 《元史》卷六〇《地理三》,第1446页。
② 《读史方舆纪要》卷七三《四川八·马湖府》,第3408页。
③ 《大元混一方舆胜览》卷中《卷中四川等处行中书省》,第316页。
④ 《元史》卷九一《百官七》,第2215页。
⑤ 《四川盐法志》卷四《井场四》。
⑥ 《元史》卷六一《地理四》,第1477页。
⑦ 同上。
⑧ 《元史》卷六一《地理三》,第1477页。
⑨ 《华阳国志》卷三《蜀志》,第42页。
⑩ 《太平寰宇记》卷八〇《剑南西道九·嶲州》,第1616页。
⑪ 《读史方舆纪要》卷七四《四川九·四川行都指挥使司》,第3454页。
⑫ [清]辜培源、曹永贤等:光绪《盐源县志》卷一〇《人物志·仙释》,光绪十七年(1891)盐源县署刻本。
⑬ 光绪《盐源县志》卷二《舆地志·堤堰》。
⑭ 盐源县志编纂委员会:《盐源县志》,四川人民出版社,2000年,第499页。

传为蒙古族牧羊人发现,"元世祖至元年间发现盐泉,始凿井煎盐"①。黑盐井在"县西中所壤内,昔名腊汝窝(今盐源县内狮子山腰),山行如人,下有二井"②。黑盐井今称黑盐塘盐泉,盐水来自深埋的盐塘岩盐体。③

四、川北区食盐产地及地理分布

顺庆路(治南充县,今四川南充市顺庆区):元代四川茶盐运司于该路置有"顺庆场"④,具体位置不详(位顺庆路直属两县之一)。

广元路(治绵谷县,今四川广元市利州区):元代食盐产地为保宁府(治今四川阆中市),四川茶盐运司置有"保宁场"。⑤

小　结

宋元四川盐业处于由大口浅井向卓筒小井变革的重要时期,技术的革新提高了食盐产量,扩大了食盐的产地分布。虽然该期川盐在全国所占的比例不高,但对当地社会的重要作用与意义不容低估。宋元四川盐业开采主要分为井盐与土石(崖)盐,从其分布看,前者在四川分布较为广泛,成为川盐的构成主体;后者则主要分布在川西北地区。针对宋元四川食盐产地的数目统计,自古至今均有过相关统计,但因产地兴废不常,只能得一概数。综合来看,对宋元曾经产盐地区的统计,因依据标准不同,存在较大差异。本章以宋元隶属四川政区的地理范围为界,对曾经产盐的地区进行统计,认为宋代共有 43 州(府、军、监),除部分州郡产盐县不详外,共涉及产盐县 62个;元代共有产盐路(府)12 个,共涉及产盐州(府、县、司)26 个,内有数处

---

① 《中国盐业史辞典》,第 515 页。
② 光绪《盐源县志》卷二《舆地志·堤堰》。
③ 《盐源县志》,第 499 页。
④ 《元史》卷九一《百官七》,第 2215 页。
⑤ 同上。

盐场具体位置不详。

通过比较可以看出,元代产盐地比宋代有大幅下滑,产量最盛时也只有宋代的 2/5 强。但通过宋元两时期的盐业比较看,宋代食盐产地主要分为官掌大井与卓筒小井,尤以梓州(潼川府)路最为繁盛;元代小井数目虽然下滑严重,但大井的局面仍能维持,并且有了新的开采,尤其川南盐区的重要性加重。此外,元代继承了宋代卓筒井技术,使其小井的开采也有一个逐步恢复到发展的过程。

今人对宋元时期四川食盐产地的统计,主要停留在盐区地理位置与数目的统计上;本章增加相应的盐井类型、结构、盐产量、地理环境、开采及变迁等方面的内容,并新补充了前人部分遗漏的盐产地,使其更加丰富与全面。宋元四川食盐产地的存在,对当地社会产生了重要影响,因之成为各群体之间博弈的舞台。以此产盐地为博弈区间,社会各群体展开了内容丰富与多样性的互动过程。

第二章　宋元四川盐区市场与交通地理分布

第一节　宋代四川盐区内、外市场地理分布

宋代为加强盐政管理,防止食盐走私,食盐市场严格实施"划界行盐"的专卖制度,北宋全国盐区分解盐区(京西南、北路,永兴军路,秦凤路,京畿路)、河东盐区(京东东、西路)、东北盐区(河北东、西路,河东路)、东南盐区(两浙路,江南东、西路,淮南东、西路,荆湖南、北路)、福建盐区(福建路)、广南盐区(广南东、西路)和川盐区(益、梓、利、夔)七大盐区①;南宋全国盐区则划分为川盐区(益、梓、利、夔路)、淮浙盐(京西南,荆湖南、北,淮南东、西,江南东、西,两浙东、西路)、福建盐(福建路)、广南盐(广南东、西路)四大盐区②。盐区之间的食盐未经允许不得相互买卖流通,违者视为私盐,将遭受重罚。如川盐区的食盐买卖,"监则官掌,井则土民干鬻,如数输课,听往旁境贩卖,唯不得出川峡"。③

然不同时期"划界行盐"的执行措施不一,又为各盐区之间的流通提供了契机。尤其四川地区,因远离王朝统治中心,宋廷出于抚慰远人稳定统治

---

① 《宋代钞盐制度研究》,第7页。
② 《南宋榷盐:食盐食盐产销与政府控制》,第3页。
③ 《文献通考》卷一五《征榷考二·盐铁矾》,第436页。

的需要,对川盐区的政策较为优惠,屡次下诏实施不禁食盐买卖的政策,规定川盐区内食盐买卖可以自由流通,官府不加垄断。如夔州路,"先朝以来,夔州路减省赋,上供无额,官不榷酒,不禁茶盐,务以安远人为意"。① 同时朝廷又不时对川盐区与相邻盐区的食盐流通实施政策允许,虽然不为常态,但对川盐市场而言仍然形成了川内、川外两个市场。除川内市场允许食盐自由流通外,川盐区跨区间的食盐流通则既包括川盐的外运,也包括外盐的入川。总之,四川食盐市场是一个既相对封闭,同全国其他盐区相比又不失开放的市场。

一、四川盐区对内市场地理分布

宋代四川食盐产地众多,食盐的开采与销售密不可分,因此每一个产地实际都是一个对内的食盐市场。因其产地众多,不可能一一探讨每个产盐地在川内的销售情况,因此只能选择重要的几处,分析其在川内市场的行销。

（一）川西邛州食盐市场

邛州为川西盐产重区,境内临邛、蒲江、火井县皆为食盐产地,有蒲江井、金釜井等著名大井。仁宗治平中,邛州井盐岁产高达二百五十万斤。② 邛州食盐除本州买卖外,还售往西川各地。如黎州"黎衣食邛盐、雅粟",当地驻军"兵之一衣,折黑盐七升、雅粟八斗之数",可知黎州食盐市场主要买卖邛州黑盐。③ 邛州盐允许外销,但在本地市场内则实施地区保护政策,严禁外来食盐进入。如哲宗元祐元年(1086),邛州食盐"专用食邛州,禁外来官盐及小井盐";邛州食盐壁垒的弊端也很明显,主要表现在价格昂贵、质量下降等,同年臣僚上言:"邛盐旧价太高,以蒙朝廷权减斤为八十五钱,然污杂湿恶,积弊未除,今欲止绝污淋、灰土,及煎瞻水止用九井正水,煮一色盐,用权减价为定法。"④

---

① ［宋］司马光:《涑水记闻》卷一五,上海古籍出版社,2012 年,第 143 页。
② 《宋史》卷二六六《王举元传》,第 9188 页。
③ ［宋］李石:《方舟集》卷一〇《答郑运使书论蜀中事体》,文渊阁《四库全书》本。
④ 《续资治通鉴长编》卷三八一"哲宗元祐元年六月甲寅"条,第 9274 页。

这种地区垄断下价高质次的食盐一度流入益州(成都府)路州县,造成恶劣影响。元祐元年,朝廷委任郭概担任成都提点刑狱,郭概"体量盐事",右司监苏辙上言弹劾其在西川强售邛州盐:"四川数州卖邛州蒲江井官盐,斤为钱百二十,近岁碱泉减耗,多杂沙土,……概不念民朝夕食此贵盐。"① 宁宗庆元元年(1195),黎州知州王闻诗上言:"本州系西南极边,止管汉源一县,地瘠民稀,税赋寡薄,岁计元系转运司科拨邛州蒲江井盐一千七百九十六担有奇变卖。自今每斤计钱三百二十文,比年内郡盐价比日前愈更低小,而本州岁额之盐尤发卖不行,科俵于民,虽贫乏下户,计口纳直,各有定额,负盐直而流徙者,不可胜数。内则省计愈亏,外则边民告病",请求削减邛州食盐价格,"将所卖盐价以三分为率,裁减一分,……所有科卖民户食盐簿籍,并与除去,务从民便",得到朝廷批准。②

(二) 川西陵州(陵井监、仙井监、隆州)食盐市场

陵州为宋代西川著名食盐产区,境多盐井,被誉为"郡之盐利,冒于两蜀",境有陵井等官掌著名大井,陵井"纵广三十丈,深八十丈,益部产盐甚多,此井最大"。③ 仁宗时陵州岁产食盐高达"二百四十八万九千三百六十二斤",至北宋末"陵井监及二十八井岁煎盐一百十四万五千余斤"。④ 南宋时隆州井盐主要售往本路(成都府路)彭州、崇庆府、永康军、眉州、成都府等属县。如光宗绍熙二年(1191),成都转运司奏:"彭州、崇庆府、永康军、眉州、成都府属县合般卖隆州井盐,产盐三千六百八十九担。"⑤

(三) 川北西和州食盐市场

西和州为川北最大食盐产地,素称"盐多地狭",境有官掌大井盐官井,岁产盐70余万斤;西和井盐一半于本州消费外,一半售往成州、凤二州,"内以一半充柴茅,官吏请给之本,一半系转运司给引,付下西和、成、凤三州出卖"。⑥ 西

---

① 《宋史》卷一八三《食货下五》,第4474页。
② 《宋会要辑稿》食货二八之四七。
③ 《舆地纪胜》卷一五〇《隆州》,第4471页。
④ 光绪《井研志》卷六《食货二·盐法上》,第458—459页。
⑤ 《宋会要辑稿》食货二八之三四。
⑥ 《宋会要辑稿》食货二六之四三。

和州盐价旧值"每斤为直四百,民甚苦之",高宗绍兴二十九年(1159),诏减西和州"卖盐直之半",以方便民间食盐消费需求。①

(四) 川西北崖盐市场

崖盐产于土石之间,是宋代四川区别于井盐的另一种重要食盐,主要分布于四川西北部阶、文、永康军等地。这些地区临近吐蕃等部,"海、井交穷,其岩穴自生盐,色如红土,恣人刮取,不假煎炼"。② 川西北崖盐除用于本地食用外,还与川东井盐一道进入西川益州(成都府)路市场。如太宗端拱元年(988)七月,朝廷以"西川编户繁庶,民间食盐不足,自今关西阶、文青白盐、峡路井盐、永康崖盐等,勿复禁,许商旅贸易入川,以济民用"③;而川峡诸州"自李顺叛后,增屯兵,乃募人入粟,以盐偿之"④,又为崖盐进入西川市场提供给了机遇。

(五) 川南长宁军食盐市场

长宁军为宋代川南著名食盐中心,境有官掌大井渰井,以此置有渰井监。长宁食盐市场主要集中在川南一带,如孝宗淳熙十四年(1187),宋廷因臣僚言"长宁岁计独抑盐井,下制置司措置",下诏"长宁军渰井监盐,许通入泸州乐共城、博望寨、梅岭、板桥、政和堡等五处地分贩卖"。⑤

(六) 川东夔路食盐市场

宋代川东夔路盐区共有 13 州产盐,是四川仅次于梓州(潼川府)路的第二大产盐区。境内拥有众多官掌大井及卓筒井,如大宁监大宁盐场、达州宣汉盐场、黔州郁山盐场、云安军白兔井、开州温汤井以及忠州涂井、瀿井等。因川东受山地限制,土壤贫瘠,人口稀少,"夔峡之间大山深谷,土地硗确,民居鲜少,事力贫薄,比东西川十不及一二"⑥,故而其人均食盐占有量为全川之最。以此形成西川食盐不足,而东川食盐有余的局面。

---

① 《文献通考》卷一六《征榷考三·盐铁》,第 471 页。
② 《天工开物》之《作咸第五·井盐》,第 189 页。
③ 《宋会要辑稿》食货二三之二二。
④ 《宋史》卷一八三《食货下五》,第 4472 页。
⑤ 《增入名儒讲义皇宋中兴两朝圣政》卷六三《孝宗皇帝二十三》,第 1988 页。
⑥ [宋]度正:《性善堂稿》卷六《重庆府到任条奏便民五事》,文渊阁《四库全书》本。

宋代夔路川东盐区是贸易西川成都府、潼川府二路食盐市场的重要货源地。如神宗熙宁九年（1076），刘佐入蜀经度茶事，尝岁运解盐 10 万席入成都府路，以解决西川食盐市场的匮乏，此举打破了东川食盐供应西川市场的传统，造成众多不便。侍御史周尹据此上奏："伏见成都府路州县户口蕃息，所产之盐食常不足。梓、夔等路产盐虽多，人常有余，自来取便贩易，官私两利，别无奸弊。访闻昨成都府路转运司为出卖陵井场盐，遂止绝东川盐，不放入本路货卖，及将本路卓筒井尽行闭塞，因闭井而失业者不下千百家，盖欲盐价增长，令人户愿买陵井场盐。又因言利臣僚奏请募人般解盐往川中货卖，自陕西至成都府经隔二千里以来，山路险阻，不能般运到彼，致日近成都府路盐价涌贵，每斤二百五十文足。更值丰岁，以二斗米只换一斤盐，贫下之家，尤为不易。东川路盐每年却只七十，境上小民将入西路，便为禁地，斤两稍多，刑名不轻。嗜利苟活之人不顾条法，至有持仗裹送贩卖者。况两川州郡虽分四路，其实一体，本无盐禁，未有舍东川邻路之近不通行盐货，却于解池数千里外般往成都出卖，非惟人情艰阻，兼陷失商税不少。是非利害，昭然可见。"①

在周尹看来，如果西川食盐市场抛弃东川盐而改用解盐，会因路途遥远，造成运输成本过高，盐价高涨必会导致民食贵盐；如保障官运解盐的高价销售，必须将本地私凿的卓筒井进行关闭，又会造成当地盐民失业；从价格差价看，西川盐贵，东川盐贱，改用解盐又会造成川盐区的价格严重不均衡，刺激民间走私。因此他建议仍旧沿袭东川食盐运输西川的传统，"欲望放行东川路诸处盐，依旧令诸色人任便将带于成都府路货卖，本路转运司不得更有止绝"；对冲击西川官盐的民间私井，"成都府路自前开到卓筒井日近闭塞处，如元勾当人情愿承买，却令开发为主，即不得更有创开"；另外允许商卖，官府不再干预，"其解盐亦乞依旧令客人任便兴贩入川，官中更不般载"。② 朝廷考虑到东川食盐向来供应西川的传统，特诏"商贩仍旧，卖解盐依客商例，禁抑配于民"。③

① 《宋会要辑稿》食货二四之一一一。
② 同上。
③ 《宋史》卷一八三《食货下五》，第 4474 页。

哲宗元祐元年(1086)，朝廷委任成都路提点刑狱郭概管理本路盐务，郭氏为照顾本路所产食盐市场，改用邛州盐，改变以往从东川运输食盐的做法。右司监苏辙弹劾"概观望阿附，奏不以实"，上言："四川数州卖邛州蒲江井官盐，斤为钱百二十，近岁碱泉减耗，多杂沙土；而梓、夔路客盐及民间贩小井白盐，价止七八十，官司遂至抑配，概不念民朝夕食此贵盐。"朝廷遂下诏将郭概免职。① 高宗绍兴间，东川盐在利州(东、西)路食盐市场也占有较大份额，后因当地阶州、成州食盐"通入利路，而客贩始衰"。②

（七）川东大宁监食盐市场

宋代大宁监从地理位置讲属川东，从行政区划讲，属于夔州路，在川盐区内是川东夔路食盐圈的重要组成部分。但因该路食盐相较夔路它州更为丰富，因此其市场具有一定的相对独立性。除作为川东夔路食盐市场重要一部分外，还拥有自己单独的销售范围，因此在此单独列出，用以陈述大宁监自身的食盐市场区间。

大宁食盐川内市场主要供应益州(成都府)、利州(东、西)、夔州三(四)路。如宋初，朝廷以"益、利盐入最薄，故并食大宁监、解池盐，商贾转贩给之"；仁宗庆历中，"令商人入钱货益州以射大宁监盐者，万斤增小钱千缗，小钱十当大钱一"。③ 大宁食盐在夔路本地的销售有南平军以及恭、涪等8州。神宗熙宁八年(1075)，宋军讨平夔州路渝州蛮李光吉、王衮等旧地，以渝州南川县铜佛坝置为南平军，拨大宁监盐"赴新建军寨，募人入中粮储"。④ 此为大宁盐首次进入南平军市场。孝宗淳熙十四年(1187)，四川制司言"夔路大宁监四分盐递年科在恭、涪等八州，委是扰民，已据运司措置，止就夔州以时变卖，诚为利便"，朝廷遂将大宁食盐发往夔州货卖，将"所有亏钱除以金银高价对折，及运司抱认外，余钱引一万五千道，已据总所将淳熙十一年、十二年、十三年分并行抱认"。⑤

---

① 《宋史》卷一八三《食货下五》，第4474页。
② 《建炎以来系年要录》卷一四一"绍兴十一年九月庚戌"条，第2273页。
③ 《宋史》卷一八三《食货下五》，第4474页。
④ 《续资治通鉴长编》卷二七〇"神宗熙宁八年十一月丙午"条，第6629页。
⑤ 《增入名儒讲义皇宋中兴两朝圣政》卷六三《孝宗皇帝二十三》，第2003页。

大宁食盐对外市场主要售往陕西,如神宗熙宁八年(1075),"拨大宁监每岁应副陕西及成都府盐"。①

（八）川东南黔州（绍庆府）食盐市场

黔州为宋代川东南重要食盐产地,盐井主要分布在彭水县伏牛山。黔州在川盐区内同样是夔路食盐圈的重要组成部分,但因其位置更偏向东南,其食盐多售往少数民族地区,故亦将其单独列出。黔州食盐向北售往夔路沿江诸州县,向南则主要售往今贵州地区。宋代贵州地区主要由夔州路管辖,包括思、珍、播州及黔州所领诸羁縻州。宋代对这些地区主要实行羁縻管辖,"树其酋长,使自镇抚,始终蛮夷遇之"。② 贵州地区向不产盐,宋代主要依靠黔州食盐供应,黔州彭水县所产食盐"或西由乌江水路至贵州,或由陆路到播州"。③

二、四川盐区对外市场地理分布

（一）川盐售往京西南路、荆湖北路

宋代京西南、荆湖北二路市场所需食盐主要由川东北所在大宁监供应,一方面,川东盐多人少,食盐有余;另一方面,二路临近大宁监,运输食盐交通便利。川东食盐在唐代尚不能完全满足自身需要,要依靠长江中游荆湖北路等地区,通过麻盐交换满足食盐需求,如唐人杜甫诗:"蜀麻吴盐自古通,万斛之舟行若风。"④宋代川东盐业发展迅速,尤其大宁监,因产盐之盛成为川东盐业中心,"大宁之井,咸泉出于山窦间,有如垂瀑,民间分而引之"。⑤ 在川东盐业兴起的同时荆湖盐业却有衰退,需要依靠外地食盐输送。高宗绍兴二年(1132),四川宣抚处置使张浚以"淮盐未通,乃通大宁盐于京西、湖北",成为宋代川盐济楚的较早记载;时宰相秦桧为

① 《续资治通鉴长编》卷二七〇"神宗熙宁八年十一月丙午"条,第6629页。
② 《宋史》卷四九三《蛮夷一》,第14172页。
③ 彭水县县志编纂委员会:《彭水县志》,四川人民出版社,1998年,第327页。
④ 《方舆胜览》卷五七《夔州》,第1019页。
⑤ 《建炎以来朝野杂记》甲集卷一四《财赋一·蜀中官盐》,第301页。

保障淮盐在楚地的市场，"闻其事，下堂帖禁之"，然蜀盐最终进入，"其后浚复通蜀盐"。①

（二）川盐售往荆湖南路

宋初川盐即售往荆湖南路，太祖开宝七年（974），"川峡分路置转运使，峡盐悉趋荆南"；宋廷为使食盐运输畅通，曾命"西川转运使申文纬遥兼峡路，转运副使韩可批兼西川路"，目的便是"使盐策流通也"。② 真宗咸平四年（1001），秘书丞直史馆孙冕上言："茶盐之制，利害相须，……商人既已入中，候其换易交引，往至亭场，川路修遐，风波阻滞，计须二年以上方到江潭。未到间，官卖盐课已倍获利人；纵其全集，稍侵官卖之额。然以增补亏，于官无损，缘边入中，又委输愈多。……臣计在北所入已多，在南所亏至少，旧额钱数必甚增盈。"③可知蜀中官盐除售往荆湖北路江陵府（治今湖北江陵县）外，还新增荆湖南路潭州（治今湖南长沙市主城区）一带，因运途稍远，"倍获利人"。高宗绍兴三年（1133），知枢密院事张浚上言："荆南屯驻大军窃虑阙乏，臣已于随行赡军盐内支十万斤，付解潜为军费"，此次接济荆南的食盐仍从四川拨运，朝廷为保障"划界行盐"制度的遵守，诏"浚毋得更携蜀盐过界，有害盐法，仍令浚星夜赴行在，所至州具到发日闻奏"。④ 可见，在政府限制流通的强行规定下，该期川盐流入荆湖的时间较为短暂。

（三）川盐售往陕西

神宗熙宁八年（1075），朝廷"拨大宁监每岁应副陕西"。⑤ 哲宗元祐三年（1088），察访永兴等路常平免役李承之上奏"乞以阶州福津、将利县界出产土石等盐可以置场榷买，定价出卖"；但阶州食盐在陕西销售的时间并不长，实施不久，陕西制置解盐司便上言"以为不便"，朝廷以此降诏："阶州榷买所产石土盐，每年虽颇有息，人不以为便，可勿复定价榷买。"⑥元祐六年

---

① 《增人名儒讲义皇宋中兴两朝圣政》卷一一《高宗皇帝十一》，第490页。
② 《续资治通鉴长编》卷一七"太祖开宝七年七月壬戌"条，第387页。
③ 《文献通考》卷一五《征榷考二·盐铁矾》，第440页。
④ 《建炎以来系年要录》卷七一"绍兴三年十二月己丑"条，第1192页。
⑤ 《续资治通鉴长编》卷二七〇"神宗熙宁八年十一月丙午"条，第6629页。
⑥ 《宋会要辑稿》食货三六之三三。

（1091），夔州路转运司上言："本路军监所产盐，有诏立定分数，应副支还熙河路入中钞凭。缘逐处自来别无见盐，依入中先后支还，其商贾常候三五年间方得请盐。伏见熙河入中，射请大宁监盐，系立限十年，请将三路、熙河路等处入纳钱银粮草，射请本路开、达、忠、万、涪州、云安军六处盐钞，并依大宁监年限施行"，得到朝廷批准。① 自此夔州路食盐成充当川盐销陕的主力，尤其大宁监售往熙河路长达 10 年之久。利州（西）路西和州、阶州食盐皆曾售往陕西秦凤、永兴军二路，如绍兴二十八年（1158），臣僚言："窃见利州路西和州盐官镇盐井岁出盐七十余万斤，……契勘盐官盐旧给秦凤一路。"②

（四）解盐入川

宋初食盐实施严格的"划界行盐"政策，"河南、河北、曹、濮以西，秦、凤以东皆食解盐，益、梓、利夔四路皆食井盐，河东食土盐，其余皆食海盐"。③ 解盐、井盐、土盐、海盐皆有固定的市场，相互之间不得流通。仁宗时，因西川食盐匮乏，朝廷允许解盐就近进入川盐区。解盐亦称池盐，"引池为盐，曰解州解县、安邑两池。垦地为畦，引池水沃之，谓之'种盐'，水耗则盐成"。④ 官府为维护"划界行盐"的制度不被破坏，在解盐入蜀时实施官搬官卖，严格控制在民间流通。如仁宗庆历二年（1042）春，因西北爆发宋夏战争，朝廷为筹备战备物资，允许解盐进入川盐区，但禁止民间通商，所谓"自元昊反，聚兵西鄙，并边入中刍粟者寡。县官急于兵食，且军兴用度调发不足，因听入中刍粟，予券，……偿以池盐，又禁商盐私入蜀"。⑤

综合来看，仁宗时益、利二路复为解盐销区，"由市易司榷卖，其两路井盐，须俟官无解盐，始听自卖，但此非经常之制"。⑥ 因此解盐行销蜀地不久，朝廷便实施禁榷政策。天圣八年（1030），"禁商盐私入蜀，置折博务於

① 《续资治通鉴长编》卷四五五"哲宗元祐六年二月辛丑"条，第 10907 页。

② 《宋会要辑稿》食货二六之四三。

③ 《涑水记闻》卷一五，第 142 页。

④ 《宋史》卷一八一《食货三》，第 4414 页。

⑤ 《续资治通鉴长编》卷一三五"仁宗庆历二年春正月丁巳"条，第 3215 页。

⑥ 《宋代钞盐制度研究》，第 75 页。

永兴、凤翔,听人入钱若蜀货,易盐趋蜀中以售";然而官府控制解盐入川违背市场自由流通的准则,很快弊端显现,"自禁榷之后,量民资厚薄,役令挽车转致诸郡,道路縻费,役人竭产不能偿,往往亡匿,关内骚然";同时官府经营买卖成本昂贵,"所得盐利,不足以佐县官之急,并边诱人入中刍粟,皆为虚估腾踊至数倍,岁费京师钱币不可胜数,帑藏愈虚"。①

神宗时,继续保持解盐入川政策。熙宁间,洋州(治今陕西洋县)因靠近陕西解盐区,向来食用解盐,甚为便利,"本州管内三县,……陕西诸州客旅无问老少,往来道路,交错如织、担负盐货入山,并在州县村乡镇市坐家变易";然不久官方实施解盐榷卖,"不许私商兴贩,官自置场出卖",造成"使之通流不能成弊者,犹有余议"。② 解盐禁止商贩,造成洋州食盐不足,价格昂贵,民食贵盐,"尽榷民间食盐,商旅不行,官盐复不继,于是民苦食淡"。③对此,熙宁九年(1076)知洋州文同直言:"今既一切禁止客人,不令贩卖,……当此之时,盐不足矣。"④同期,太常博士范祥建议实施解盐通商,"乃请旧禁盐池,一切通商,盐入蜀者,亦恣不问"。⑤ 后来朝廷予以采纳,"解盐通商,官不复榷"。⑥

解盐的一度开禁,为其进入川盐区市场提供了便利,然官方为争夺解盐盐利,又实施强卖政策,规定解盐优先于井盐在川内买卖:"开封、曹、濮等州及利、益二路官自运解盐卖之,其益、利井盐俟官无解盐,即听自卖。"⑦官府在川盐区销售解盐,不仅价高而且冲击当地井盐。同年,殿中丞张景温上言"官自卖盐,增重其价,民不肯买,乃课民日买官盐,随其贫富作业为多少之差,……于是民间骚怨",朝廷于是"罢开封、河中等州,益

---

① 《文献通考》卷一六《征榷考三·盐铁》,第453页。

② 傅增湘:《宋代蜀文辑存》卷一七《文同·论官场榷盐宜预为计度状》,北京图书馆出版社据1943年刻本影印本,2005年,第2册,第306页。

③ 《宋代蜀文辑存》卷二二《范百禄·宋尚书司封员外郎充秘阁校理新知湖州文公墓志铭》,第2册,第549页。

④ 《宋代蜀文辑存》卷一七《文同·论官场榷盐宜预为计度状》,第2册,第306页。

⑤ 《文献通考》卷一六《征榷考三·盐铁》,第453—454页。

⑥ 《涑水记闻》卷一五,第142页。

⑦ 同上。

州等路卖盐"。① 如该年"刘佐入蜀经度茶事,乃岁运解盐十万席,未几,罢之"。②

此后,蜀中卓筒井发展迅速,冲击官盐市场,导致政府税收减少。朝廷"患西蜀井盐不可禁,欲尽填私井而运解盐以足之"③,又想通过封闭卓筒井、输入解盐解决官盐竞争力弱的问题。神宗以此询问修起居注沈括:"卿又闻两蜀禁盐之利乎?"沈括认为不可,回答:"私井既容其扑卖,则不得无私易。一切填之而运解盐,使一出于官旧,此亦省刑罚、笼遗利之一端。然忠、万、戎、泸间夷界,小井尤多,不知虏盐又何如止绝? 如此后,夷界更须列堠加警,则恐所得不补所费。愿敕计臣,边吏深较其得失之多寡,然后为之。"④神宗采纳其建议,放弃这一做法,井盐最终占据了川盐区市场。徽宗时期,蜀中井盐因发展迅速,甚至一度冲击解盐区市场,如崇宁四年(1105),朝廷诏"梓、遂、夔、绵、汉、大宁监等盐仍旧鬻于蜀,惟禁侵解池盐"。⑤

南宋前期解盐再次行销四川,此期主要为民间私自贩运。为保证井盐在四川的独占份额,防止解盐走私进入,官方动用行政力量设置防范措施。如孝宗乾道七年(1171),有臣僚言:"利路关外诸州连接敌境,军兴以来,归正、忠义之人与逃亡恶少之徒,皆兴贩解盐为业,比之官价廉而味重,人竞贩卖,啸聚边境,动辄成群",乞求"督责州县严行禁止,晓谕诸军无复兴贩,则我之井盐无壅滞之患";朝廷因此下诏四川宣抚司措置,后又令兴、凤州两都统安抚司、总领所:"约束禁止,无致少有违犯"。⑥ 淳熙七年(1180),有臣僚又言:"沿边人盗贩解盐私入川界,侵射盐利",朝廷准其兴州、兴元府都统司"开具已措置禁止事件以闻";不久兴元府都统制吴挺言:"本司已立赏钱五百贯,出榜行下沿边屯戍统兵官,广布耳目,严行缉捕",得到批准。⑦ 淳熙十年

---

① 《涑水记闻》卷一五,第 142 页。
② 《文献通考》卷一六《征榷考三·盐铁》,第 464 页。
③ 《续资治通鉴长编》卷二五五"神宗熙宁七年八月丙戌"条,第 6240 页。
④ 同上。
⑤ 《文献通考》卷一六《征榷考三·盐铁》,第 464 页。
⑥ 《宋会要辑稿》食货二七之二九。
⑦ [元]佚名:《宋史全文》卷二六下《宋孝宗六》,黑龙江人民出版社,2005 年,第 1855 页。

(1183)，兴元府都统制吴挺言："本司同安抚司增置赏钱，募人告捉盗贩解盐入界，见系出戍官兵把截去处严行搜捕外，有不系官兵出戍地分，乞行下沿边州郡督责捕盗官司搜捕"，朝廷诏利路安抚、提举"各申严行下阶、成、西和、凤州禁止，毋得透漏，如未觉察，守令并取旨重作施行"；十一年(1184)，又诏金州(治今陕西安康市汉滨区)"依见行盐法，听客人铺户从便买卖，不得依前置场拘榷"；不久，因权知均州(治今湖北丹江口市东北)何惟清言："解盐除京西客人搬贩外，更有均、房界入川者甚多，皆是取马官兵附带而去，乞严赐约束"，照例得到批准。① 光宗绍熙五年(1194)，宋廷因四川制、总司上言解盐私贩入蜀侵射川盐，依旧诏令"兴元府、兴州、金州都督安抚司，督责所部关隘戍守官兵严切禁止，毋令解盐稍有透漏，侵射川盐"。②

（五）东北盐入川

北宋东北盐主要指销售于河北东、西两路、河东路的食盐。神宗时，因宋夏战争，解盐一度滞销，朝廷改为搬运东北盐至陕西、四川货卖。如熙宁二年(1069)，尚书省言："陕西、河东盐事李燧勘会到川陕路利、洋、兴、剑、蓬、阆、巴、绵、汉州、兴元府及余处，并系元解盐通行地分，朝廷既以东北盐代解盐货卖，许人旧解盐地分，即应干旧解盐通行处，自合令东北盐兴贩"，得到朝廷批准。③ 至徽宗时，川盐区又一度销售过东北盐，如崇宁二年(1103)，"川峡利、洋、兴、剑、蓬、阆、巴、绵、汉、兴元府等州并通行东北盐"。④

（六）淮盐入川

光宗时，淮盐进入四川成都府、潼川府、利州(东、西)路贩卖，官府为顾及民间食盐及盐税征收，对其予以允许，并对阻碍淮盐商运的行为加以制止。另外官府为利用淮盐税收弥补四川井户虚额盐钱的亏空，也会对其运入境内提供便利。如绍熙五年(1194)，四川总领所申奏"潼川府盐、酒为蜀重害，伏

---

① 《宋史全文》卷二七上《宋孝宗七》，第 1882 页、第 1890 页。

② 《宋会要辑稿》食货二八之四六。

③ 《宋会要辑稿》食货二四之三七。

④ 《文献通考》卷一六《征榷考三·盐铁》，第 464 页。

见通、泰州海盐所至，并无征税，而蜀中之盐，官收其土产钱，则已系纳税，又给卖与官引，则亦是官货，所过又从而征之。欲乞过通、泰盐法，尽与免诸州县镇盐税，使客旅通流。总领所照得四川盐货，州县税务不止从省额收税，又有额外增收，如买酒钱、到岸钱、塌地钱之类，皆是一时增创。乞下成都、潼川府、利州路诸司，申严禁止，不得于盐檐引面官钱额外苛取井户、客人钱物"，得到朝廷批准；二月，四川总领杨辅又奏"利州东路安抚司所置盐店一处，亦请一体施行"，朝廷诏罢利州东、西路盐店七处，将良家子拨隶兴元府都统司。① 淳熙六年(1195)，四川总领李昌图上言："今州管内安抚司盐场颇为民害，金州军民尽食通、泰州盐，凡客旅贩至本州，州官司拘榷在场，高价科俵，卖与民间。既以得钱，则拘收库，客旅百端求嘱，方始支还，间有坐待三四年不得钱者。缘管内安抚司官吏费用岁计一万六千余贯取办于此，今若省罢安抚司之冗费，其盐场从本所措置，将客人贩到海盐以市价收买，量搭息钱，裁减高价，令民间任便收买食用，庶于客旅通快。俟措置一岁，若便有收到息钱，即用对补蠲减四川井户虚额盐钱。"照例得到朝廷批准。②

第二节　元代四川盐区内外市场地理分布

元代四川经历长达 40 余年的宋元战争，地方凋敝在全国尤为严重，战争中四川州县"虽荒郊绝岛间，无一处不被燎原沸鼎之毒"；大部分地区遭到残破，造成人口锐减，可谓"昔之通都大邑，今为瓦砾之场；昔之沃壤粤区，今为膏血之野"。③ 元初四川的人口仅剩 12 万户，不得不大量削减行政机构。④ 据谭红的统计，四川地区在宋末元初耗损的人口达到 90% 以上。⑤ 另据李

① 《宋会要辑稿》食货二八之三九。
② 《宋会要辑稿》食货二八之七。
③ 《宋代蜀文辑存》卷八四《牟子才·论救蜀四事疏》，第 6 册，第 1066 页。
④ 《元史》卷一二《世祖九》，第 247 页。
⑤ 谭红:《巴蜀移民史》，巴蜀书社，2006 年，第 181 页。

治安的统计,元初四川行省的户口数仅相当于南宋宁宗时期川峡四路259万余户的1/21。① 在此情况下,四川的盐业市场也遭到重创,元初又恢复了北宋前期以来解盐入川的局面。然而元代中后期川盐经历缓慢恢复后,又有所发展,除四川内部消费外,又开始了川盐外销的局面。此期的四川盐业市场,相对宋代食盐外销向东、北方向的拓展,新拓展了对黔、滇的西南市场,成为元代四川盐业发展史的新特点。

一、四川盐区对内市场地理分布

元代四川盐业相较宋代实施更为严格的官营政策,朝廷设立四川茶盐运司管理食盐买卖。元初以来共设置盐场12处,因原宋利州(东、西)路产盐区基本划归陕西行省,造成四川崖盐产地的丧失,故所销售食盐"俱盐井所出"。② 元代四川食盐产地主要分布在"成都、夔府、重庆、叙南、嘉定、顺庆、广元、潼川、绍庆等路所管州县万山之间"③,朝廷相应置有"简盐场、隆盐场、绵盐场、潼川场、遂实场、顺庆场、保宁场、嘉定场、长宁场、绍庆场、云安场、大宁场"④共12处盐场。从地理位置上看,四川12盐场的川内销售主要分割为东、西、南、北四大食盐市场,所产食盐各自对应一路。主要分为川东市场,集中在绍庆路、云阳州、大宁州等地;川西市场,集中在简州、隆州(后并入仁寿县)、潼川府、遂宁州等地;川南市场,集中在嘉定府、长宁州等地;川北市场,集中在顺庆路、保宁府等地。因有关元代川盐内部市场流通的资料极为匮乏,只能依据上述12处盐场推测其食盐买卖以此为中心,向周边辐射。

二、四川盐区对外市场地理分布

(一) 解盐入川

元宪宗时期,蒙古军在进攻四川时,为军备之需以解盐入川筹备粮草。宪

---

① 李治安:《元代四川行省沿革与特征》,《历史教学》2010年第4期。
② 《元史》卷六〇《地理三》,第1434页。
③ 同上。
④ 《元史》卷九一《百官七》,第2315页。

宗三年(1253)，"又奏割河东解州盐池以供军食，立从宜府于京兆，屯田凤翔，募民受盐入粟，转漕嘉陵"。① 世祖继位后，在四川仍然推行解盐入川的政策，允许各地以此筹备粮饷。中统三年(1262)，阆州都元帅杨大渊"乞于利州、大安军以盐易军粮"，得到批准；四年(1263)正月，巩昌便宜都总帅汪忠臣、都元帅帖的及刘整等"益兵付都元帅钦察，戍青居山，仍以解州盐课给军粮"。② 青居山位于原宋果州(顺庆府)治所南充县南，可以得知此期解盐在四川食盐市场的进入，已由利州、大安军等川北州县深入四川中部，其分布范围已经接近宋代解盐在川盐区的位置。该期的解盐入川仍然实施严格的官搬官运，一如宋代的做法。如四年七月，忽必烈下令"禁蒙古、汉军诸人煎、贩私盐"。③ 这种做法一直持续至元后期，文宗至顺二年(1331)，原宋金州及西和州"频年旱灾，民饥"，元廷"赈以陕西盐课钞五千锭"，仍用解盐课给予赈济。④

(二) 川盐入滇

云南自隋唐后便已脱离中原王朝直属管辖，先后建立南诏、大理等政权。宋代积贫积弱，鉴于唐代西南边患，"自太祖皇帝即位之初，指舆地图弃越巂不毛之地，画大渡河为界"⑤，使云南再次脱离中原王朝管辖。此期宋朝对边外少数民族政权极为戒备，很难有较深入的经济往来，故而川盐入滇已不可能。

蒙哥汗三年(1253)，蒙哥命皇弟忽必烈、大将兀良合台等远征大理，次年平大理"五城、八府、四郡"，降"乌、白等蛮三十七部"，将大理正式纳入蒙古版图。⑥ 元朝建立后，大理设云南诸路行中书省，再次纳入中央管辖，为川盐入滇提供了契机。文宗至顺元年(1330)，云南发生地方少数民族叛乱，元廷令四川行省调重庆 5 路万户以兵救云南，同时命四川行省"于明年茶盐引内给钞八万锭增军需，以讨云南"。⑦ 此举实现了川盐自隋唐以来首次由

① 《元史》卷四《世祖一》，第 59 页。
② 《元史》卷五《世祖二》，第 88—90 页。
③ 同上书，第 93 页。
④ 《元史》卷三五《文宗二》，第 790 页。
⑤ 《建炎以来系年要录》卷一七一"绍兴二十六年春正月辛未"条，第 2811 页。
⑥ 《元史》卷一二一《兀良合台传》，第 2980 页。
⑦ 《元史》卷三四《文宗三》，第 761 页。

官方授权入滇的历史,相对宋朝川盐在西南界外市场的开拓成为一个重要的历史记录。

此后,四川食盐便经常输入云南,解决当地军饷及畜牧问题。如文宗至顺二年(1331)九月,朝廷以钞 5 万锭及预贷四川明年盐课钞 5 万锭,给云南行枢密院,以为军需;十一月,云南行省上言:"亦乞不薛之地所牧国马,岁给盐,以每月上寅日唼之,则马健无病。比因伯忽叛乱,云南盐不可到,马多病死",元廷诏令四川行省"以盐给之"。①

(三) 川盐入浙

顺帝元统三年(1335),四川行省据盐茶转运使司申:"至顺四年,中书坐到添办余盐一万引外,又带办两浙运司五千引,与正额盐通行煎办,已后支用不阙,再行议拟。"②从四川盐茶转运使司的公文看,除完成本路煮盐分额外,还要完成入浙盐额的生产。因其负担较重,四川行省咨呈中书省"量减带办两浙之数",朝廷准其"权以带办余盐五千引倚阁之"。③ 此为川盐首次入浙,虽然其转输带有政府课额的性质,但仍然成为历史上川盐最早且最远的进入两浙市场。

(四) 川盐入黔

贵州地区素不产盐,全靠周边川、滇、粤等盐区供应,因四川地理相邻又有长江各水系相连,故成为主要食盐来源地。明代田雯在《盐价说》中言道:"(盐)黔独无,仰给于蜀,微蜀则黔不知味矣。"④明以前贵州地理上多属中原王朝羁縻地,食盐市场的供应难知其详,学界虽普遍认为"川盐入黔的历史线索主要是从明清时期开始的"⑤,然早自宋元川盐便已经销黔。元代贵州地区从属于湖广行省管辖,当地食盐需求主要靠川盐,除继承宋代由绍庆路食盐继续供应外,还新辟由泸州供应的盐运线路。⑥ 这是明清以前较早

①　《元史》卷三五《文宗四》,第 791—793 页。
②　《元史》卷九七《食货五》,第 2502 页。
③　同上。
④　[清]鄂尔泰、尹继善等:雍正《贵州通志》卷四三《艺文》,文渊阁《四库全书》本。
⑤　裴恒涛、谢东莉:《赤水河流域川盐入黔的历史变迁及其开发》,《西华大学学报》2013 年第 3 期。
⑥　遵义地方志办公室:《川盐入黔的历史见证——古盐渡》,遵义地方志网(http://fzb.zunyi.gov.cn)。

对川盐入黔的记载,是元代食盐市场向西南拓展的又一个重要例证。

第三节　宋元四川盐区市场间的交通运输路线

四川食盐的运输通道,向分为水路与陆路,水路利用长江干道及其支系河流形成密集的运输网络;陆路则按照向北、东、西南三条传统的路线及其相邻的支线形成陆运通道。宋元四川食盐主要依靠水陆两种运输方式,在川内与川外周边地区食盐市场实现流动。如赵逵认为"川盐古道是以水路运输为主体,陆路运输为辅助的综合运输网络"。①

一、宋代四川盐区运输路线的地理分布

对宋代四川食盐运输的路线,郭正忠认为:"宋代蜀地井盐的转运,官府经营规模不大,运输渠道分内销与外运两大组,其内销线路主要有川西岷江水系和川东长江水系等运河网络,以及各地的陆运。除岷江水系外,从成都北至汉州而达绵水、涪水、嘉陵江等处,也是西川井盐东运和南运的主要途径,其中包括各水系之间的陆运在内。蜀盐外运路线可分北、东和西南三部分。井盐北运出蜀,与解盐入川的线路基本一致。井盐东运界外,一是经长江而至荆湖,二是从达州而至京西南路的金州等处,或者从兴元府经汉水上游运到陕西路的商州上津等处。井盐向西南方向外运,至少有两条路线,一是从岷江、导江、大渡河及其流域西入吐蕃,二是沿金沙江而南运大理。"②郭正忠介绍的是北宋蜀盐的大致情况,其具体线路要结合蜀地各盐区的具体运输来分析。综合来看宋代四川食盐陆运主要分北、东北、东南三条通道;水运主要为长江干流及其支流,今具体加以分析。

---

① 《川盐古道:文化线路视野中的聚落与建筑》,第 67 页。
② 《宋代盐业经济史》,第 301 页。

（一）宋代四川盐区陆路运输

1. 秦岭、米仓山谷道

这条路线在宋代实际包括川陕西线与中线,是当时解盐入川和川盐入陕的最重要通道。按照蓝勇的分析,宋代川陕西线又称金牛道、石牛道、剑阁道、南栈道、四川官路、四川北路。① 这条路线是陕西解盐入川和川盐济陕的首选,如神宗熙宁中,洋州知州文同在谈及当地食盐贩运时,便形象的描绘了川陕西线食盐通道往来运输的繁盛景象:"上通荆楚,旁出岐雍,其中所产济人急用之助品目甚众。且夕赢辇,道路不绝,闾巷井邑百货填委,实四方商贾贸易毕至之地,衣被秦蜀有足仰者。……窃见管内三县疆境绝为旷阔,高山深林蔓衍重复,直与巴、达、金、凤、永兴、凤翔等处唇齿相密,其远者有至五六百里,近者亦不下三四百里。中间有如子午、骆谷之类斜通,直达径路,不少私商暗旅出入如织,逋奸隐罪,萃为渊薮。"②

川陕中线又称米仓道,是历史上从陕西汉中循濂水河谷翻越米仓山再循南江河谷入四川的一条古道,宋代米仓古道在军事上和民间商业上都有重要地位。宋代米仓道又称大竹路、巴岭路。③ 米仓道穿行于四川兴、洋、巴、渠等州,是宋代食盐运输出川入陕的另一条重要路线,该道在兴元府之南又号称"大巴路""小巴路",是因为古道经过大巴山岭和小巴山岭而得名。④ 米仓道沿途道路崎岖、鸟兽成群、人烟稀少,商贩尤为艰辛,如"秦民有王行言以商贾为业,常贩盐鬻于巴、渠之境,路由兴元之南,曰'大巴路'、曰'小巴路',危峰峻壑,猿径鸟道,路眠野宿,杜绝人烟,鸷兽成群,食啖行旅,行言结十余辈少壮同行"。⑤ 从王行言每次从贩盐入川走米仓道都要结党同行看,宋代该道依然被原始森林覆盖,以致危险难行。

宋代秦岭、米仓山谷道路草木繁盛、崎岖难行的地理现状,又为私盐入

---

① 蓝勇:《四川古代交通路线史》,西南师范大学出版社,1989 年,第 7 页。

② 《丹渊集》卷三四《奏为乞修洋州城并添兵状》。

③ 《四川古代交通路线史》,第 54 页。

④ 同上书,第 56 页。

⑤ [宋]李昉等:《太平广记》卷四三三《虎八·王行言》,中华书局,1961 年,第 3515 页。

蜀提供了便利,使其容易躲过官府的盘查。除上述文同所言"不少私商暗旅出入如织,逋奸隐罪,萃为渊薮"外,不少军人与流民也相与纠结,通过这条通道进行私盐贩运。当然,他们更多的是选择秦岭、米仓山谷道的支径,尽量避开官运大道。支径因人迹罕至,交通更为不便,成为走私食盐的温床。如孝宗乾道七年(1171),有臣僚针对解盐走私入川上言:"利路关外诸州连接敌境,军兴以来,归正、忠义之人与逃亡恶少之徒,皆兴贩解盐为业,比之官价廉而味重,人竞贩卖,啸聚边境,动辄成群";朝廷在了解到其走私猖獗后,诏令四川宣抚司措置,宣抚司令下兴、凤州两都统安抚司、总领所"约束禁止,无致少有违犯,及分委官前去断闸私小路,不通人迹往还,仍将出戍官兵分认地分,剽画界至,守把捕捉。若有透漏其本地分,当职官重作行遣。"①

2. 大巴山谷道

宋代大巴山古道又称川陕东线,主要包括洋万涪道、洋渠道和荔枝道。② 该路线在出川时可有两种选择,一为北上进入陕西,一为东北向进入京西南路地区。宋代夔州路所在井盐贩卖主要经由该通道,夔路食盐多经由大宁监、开、达、夔等州翻越大巴山进入京西南路。如高宗绍兴八年(1138),新权发遣夔州冯康国上奏:"夔路系川蜀后门,大宁、开、达一带路接京西,止仰关寨险隘。缘关外宁静,隘寨颓坏,久不修整,遂为商贾负贩之路";冯康国鉴于该线路"隘寨颓坏,久不修整"以致人口商贩繁杂,提出"修治关隘,简练义兵"。③ 此举一方面有禁止当地货物走私(食盐为大宗)的意图,另一方面因陕西已被金朝占领,起到加强四川东北关防的作用。从中也可看出,该道路南宋时已成为夔路食盐出川的重要通道。另如开州经大巴山谷道货卖食盐,商贸十分繁盛,号称"水陆所凑,货殖所萃,盖一都会也"。④ 达州土产"鱼、盐、丝、枲",号称"通川在诸郡为最优,茶、

① 《宋会要辑稿》食货二七之二九。
② 《四川古代交通路线史》,第66页。
③ 《宋会要辑稿》方域一二之七。
④ 《方舆胜览》卷五九《开州》,第1038页。

盐、鱼、米汉中有不如者",经过大巴山谷道,"水航与蜀,陆肩于雍,持金易丝枲者不绝于道"。①

3. 川东南陆路盐运通道

宋代川东南陆路盐运通道主要是指夔州路长江以南的食盐运输路线,囿于史料所限,已难知其路线具体详况,仅举以下几条主要路线。

西界沱线:位于夔州忠州境内,临长江口岸,北宋建隆间定为"川盐销楚岸",州境商民运土特产品到此交易,换回粮食、布匹、百货,销利川、咸丰、来凤、宣恩、鹤峰等地。② 真宗间,西界沱已发展成为施州等地以粟易盐的口岸,"川盐销楚"大道的起点。③ 其发展过程为:宋代屯兵施州,但给养尚赖募夔、万民众背运至施州接济,故恩施至四川在宋代就有道路开通;真宗时开盐禁,准以粟易盐,州境各地遂向恩施输以兵食,至恩施道路渐成大道。④ 可知北宋时以西界沱为起点的盐运路线是一条自西向东直抵施州的陆路通道,当时东、西两川食盐先运至此地,再转往施州。这条以西界沱为盐运起点的陆路通道,主道由西界沱翻楠木垭,经青龙场、石家坝、黄水坝、万胜坝、冷水溪,翻七曜山至湖北利川县汪家营再到利川、恩施等县,全程300多公里。⑤

彭水县郁山、盐井线:位于黔州。宋代该道以县内因盐而兴的郁山和盐井二镇为中心,南到县城,西由乌江水路至贵州,下到涪陵入长江,或由陆路到播州,向西到南川,北入利川,东北由黔江到咸丰。⑥ 彭水县郁山、盐井线是以彭水县为核心向四面辐射,分别运输至川、黔、鄂三地。

施州—巫山线:开创于北宋真宗咸平间,因施州临近少数民族区,境内驻军乏粮,"以施近蛮,食常不足";时值丁谓为夔州路转运使,因夔路多食盐,"有盐井之利",遂"使铺卒三十人,往者负粟以次达施州,返者负盐以次

---

① 《方舆胜览》卷五九《开州》,第1041页。
② 恩施州州志编纂委员会:《恩施州志》,湖北人民出版社,1998年,第353—354页。
③ 石柱县县志编纂委员会:《石柱县志》,四川辞书出版社,1994年,第8页。
④ 《恩施州志》,第354页。
⑤ 《石柱县志》,第249页。
⑥ 《彭水县志》,第327页。

达巫山",即使邻近诸州以粮输入施州,再至巫山县取盐作为报酬,"至是民无转饷之劳,而诸寨粟皆可给"。① 丁谓的做法实为三角贸易,而以施州—巫山线最为重要。

（二）宋代四川盐区水路运输

赵逵在研究历史时期四川古盐道时,认为川盐古道是以水路运输为主体,陆路运输为辅助的综合运输网络,尤其长江是"是川盐运输的主要水路通道,四川周边各省主要依长江支流,贵州乌江、赤水、綦江、永宁河、芙蓉江,湖北是清江、酉水、汉水,湖南主要是酉水经沅江进入洞庭湖流域,这些江河与巴蜀境内连接各运盐口岸的陆运通道一起形成一个大的川盐运输网络"。② 宋代川盐的东西运输以及两川的食盐商贩中,长江干线及支系水运线皆起到最主要作用。

1. 长江干线

长江(宋称大江)干线是宋代东川食盐西运益州(成都府)路的主要交通路线,也是川内各支系运盐水道能够相互连通的主干线。神宗熙宁间,西川成都府路州县"户口蕃息,所产之盐食常不足",而东川梓、夔等路"产盐虽多,人常有余",因此形成东盐西运的传统,"自来取便贩易,官私两利"。③ 熙宁九年(1076),成都府路转运司欲"止绝东川盐,不放入本路货卖",并"奏请募人般解盐往川中货卖",遭到朝臣的反对,因为"自陕西至成都府经隔二千里以来,山路险阻,不能般运到彼",而东盐西运不仅走长江水路便利,且价格低廉,"东川路盐每年却只七十";朝廷听从其建议,仍旧"放行东川路诸处盐,依旧令诸色人任便将带于成都府路货卖,本路转运司不得更有止绝"。④ 自此,长江干线一直便成为四川食盐市场东西运输的重要通道。

除东盐西运外,长江干线还是各支系运盐水路的连接线,如川东开州商贸能够形成"水陆所凑,货殖所萃"的盛况,便是因境内叠江可直达长江干

---

① 《方舆胜览》卷六〇《施州》,第1052页。
② 《川盐古道:文化线路视野中的聚落与建筑》,第68页。
③ 《宋会要辑稿》食货二四之一一。
④ 同上。

道。达州商贸能够"水航与蜀",这是因境有渠江可连通长江主线所致。此外长江干线还是四川与长江下游地区食盐贸易、互通有无的主要通道。如川盐在宋初售往荆湖南路,在高宗时售往荆湖北路、京西南路,光宗时淮盐进入四川成都府、潼川府、利州(东、西)路贩卖,其水道便主要依靠长江干线来完成。另如云安、大宁之盐经云阳、巫山进入长江,再沿长江东运,经重庆、万州、奉节等盐运码头,进入湖北地区,这是川盐外运最主要通道;或由川东走长江水运,穿越鄂西,从湘鄂交界来凤、龙山地区进入湖南。①

2. 巫溪支线

巫溪(今大宁河)是宋代大宁监食盐外运的主要水运通道,盐船经由该溪再进入长江干线,或西上成都府路,或东下荆湖地区。大宁监宋代在夔路地理位置"最为褊陋",但有巫溪连接长江等重要航运通道,通过食盐贩卖"一泉之利足以奔走四方,吴蜀之货咸萃于此"。② 大宁监能够成为川东最著名的食盐中心,其运输除依靠大巴山谷道外,巫溪水运则占有更重要的份额。如孝宗时,出任四川制置使的范成大描述到:"大昌盐船出巫峡,十日溯流无信音。"③就是指大宁食盐通过巫溪向长江上游货卖的情况。孝宗淳熙十四年(1187),大宁监食盐贩运夔州路恭、涪等8州亦皆是经由巫溪支线及长江干线。④

3. 岷江支线

岷江是宋代川南盐区泸州、长宁军对外食盐输出的重要通道。神宗熙宁以来,成都府路对二地的食盐需要便是经由岷江北上运输。尤其长宁军,因盐而建军,作为宋代川南著名的盐业中心,其食盐贸易"外邻蕃蛮,内接泸戎"⑤,皆经岷江。孝宗淳熙十四年(1187),宋廷诏长宁军淯井监食盐"许通入泸州乐共城、博望寨、梅岭、板桥、政和堡等五处地分贩卖"⑥,其

---

① 《川盐古道:文化线路视野中的聚落与建筑》,第73页。
② 《方舆胜览》卷五八《大宁监》,第1032页。
③ [宋]范成大:《石湖诗集》卷一六《夔州竹枝歌九首》,上海古籍出版社,1999年,第221页。
④ 《宋会要辑稿》食货二八之二七。
⑤ 《大元混一方舆胜览》卷中《四川等处行中书省》,第316页。
⑥ 《增入名儒讲义皇宋中兴两朝圣政》卷六三《孝宗皇帝二十三》,第1988页。

水运亦主要通过岷江完成。此外岷江还是连接川西与川南食盐产区的重要航运通道,宋代益州(成都府)路的盐产地邛、眉、简、陵州(陵井监、仙井监、隆州)、嘉州(嘉定府)以及梓州(潼川府)路的盐产地戎(叙)、泸州、荣(绍熙府)州及富顺监、长宁军皆位于岷江流域及附近,几乎囊括了二路大部分的产盐地。可见在川西、川南盐区,岷江支线起着难以替代的重要交通作用。

4. 乌江支线

乌江是宋代川东南重要食盐产地涪州及黔州对外食盐运输的重要通道,涪州武龙县白马盐场及黔州彭水县郁山盐场皆位于江岸,成为外运的首选。仁宗康定元年(1040),在武龙县白马津东发现的另一处食盐产地亦在乌江岸,"江岸有咸泉,初康定间有程运使舟次鹡岸,闻江中有硫黄气袭人太甚,谓此必有咸泉"。① 涪州依靠食盐运输繁荣商贸,"舟楫三川会,封疆五郡连,人烟繁峡内,风物冠江前"②,其中乌江线做出极为重要的贡献。黔州彭水县郁山盐泉为当地盐产重区,逐渐发展成为郁山镇,通过食盐商贸立州,号称"五溪襟束,为一都会"③,其对外水路同样依靠乌江线的贡献。

5. 汤溪河支线

汤溪河是宋代云安盐场对外食盐输出的重要水运通道。早在唐代其水运便极为繁盛,"云安井,自大江溯别派,凡三十里。近井十五里,澄清如镜,舟楫无虞。近江十五里,皆滩石险恶,难于沿溯",当地盐运工"自江口负财货至近井潭,以给衣食者众矣"。④ 宋代云安盐场食盐经汤溪河支线或西上成都等路,或东下荆湖诸路,或南过长江入夔路南部地区。如仁宗天圣四年(1026),王立为夔州路转运使,当时施州乏盐,以云安食盐接济,"又城施州通云安军道,以运盐"⑤,亦主要经由汤溪河支线。

---

① 《舆地纪胜》卷一七四《涪州》,第 5087 页。
② 同上书,第 5094 页。
③ 《舆地纪胜》卷一七六《黔州》,第 5146 页。
④ [唐]段成式:《酉阳杂俎》前集卷五《怪术》,上海古籍出版社,2012 年,第 34 页。
⑤ 《涑水记闻》卷一二,第 17 页。

二、元代四川盐区运输路线地理分布

（一）元代四川盐区陆路通道

1. 秦岭、米仓山谷道

元代四川食盐陆路的开辟始于宋蒙（元）战争中,当时元军入蜀的路线主要由陕西经秦岭、米仓山谷道进入川北利州（东、西）路。因此元初四川的食盐运输路线同宋代解盐入川或蜀盐入陕基本相同。宋蒙（元）战争中,因四川尚未完全被元军占领,蒙古控制四川食盐产地有限,主要通过运输解盐入蜀满足当地军民需求。如宪宗三年（1253）,蒙古以"河东解州盐池以供军食"①;世祖中统三年（1262）,阆州元帅杨大渊"乞于利州、大安军以盐易军粮"②;四年（1263）,"敕总帅汪忠臣、都元帅帖的及刘整等益兵付都元帅钦察,戍青居山,仍以解州盐课给军粮"③,等等。该期解盐主要经由秦岭、米仓山谷道。

2. 大巴山谷道

大巴山谷道在元代也继续使用,成为解盐入蜀的又一重要通道。如太宗九年（1237）冬,蒙古都元帅塔海率郝和尚拔都、梁秉钧等将领,自凤州（治今陕西凤县东北）出兵,经大巴山谷道"谋窥开、达",便经由该路。④ 十一年（1239）,蒙古入侵夔路亦由该道,巩昌便宜都总帅汪世显率军翻越大巴山,"时方泥潦,由间道攀缘以达",经达、开二州直入万、夔等地。⑤

3. 西南夷道

元代云南再次纳入中央管辖,当地虽有井盐,但产量较少,仍需四川食盐接济。如文宗至顺元年（1330）,命四川行省以"茶盐引内给钞八万锭增军需,以讨云南"。⑥ 二年（1331）九月,"以钞五万锭及预贷四川明年盐课钞

---

① 《元史》卷四《世祖一》,第59页。
② 《元史》卷五《世祖二》,第88页。
③ 同上书,第90页。
④ ［元］佚名：《昭忠录》和彦威条,中华书局,1985年,第8页。
⑤ 《元史》卷一五五《汪世显传》,第3651页。
⑥ 《元史》卷三四《文宗三》,第761页。

五万锭,给云南行枢密院,以为军需";十一月以"云南盐不可到,马多病死",诏四川行省"以盐给之"。① 元代川盐入滇的陆路通道基本遵循西汉在西南开凿的被誉为"西南丝绸之路"的西南夷道,该通道主要包括川滇西线与中线。川滇西线,又称零关道、旄牛道、清溪道、西川道、南路,元代对其改动是从成都南下会理后,不是像以往经金沙江渡口经今姚安入云南,而是从今江边渡口,经元谋县入云南。② 川滇中线,亦称五尺道、僰道、西南夷道、乌蒙道,是历史上川南取道滇东北到云南的主要交通路线,元代称为石门旧道,在统一云南后才得以通畅。③

（二）元代盐区水运通道

1. 长江干线

元代四川水路食盐运输最重要的通道仍是长江（元称大江）干线,东西两川食盐的流通及川盐入浙皆由长江水道完成。因元代长江食盐运输的史料极为匮乏,其航线与作用同宋代基本相同,不再赘述。

2. 嘉陵江支线

宋代嘉陵江便以得到积极利用,当时陕西入川北、川东的交通中该水运线路起着极为重要的作用。南宋时,川东嘉陵江、长江交汇处的重庆府便有"控两江之会,漕三川之粟,诚为便利"④、"二江商贩,舟楫旁午"⑤的美誉。但史料所载嘉陵江支线主要是粮食运输通道,虽然可以推测食盐的运输必然存在,但这方面的记载却极为少见。元代对嘉陵江的商运及军事作用的重视毫不逊色于宋代,如太宗十一年（1239）,蒙古大将按竺迩攻重庆,便是沿嘉陵江谷道南下。⑥ 宪宗三年（1253）,蒙古"割河东解州盐池以供军食,……募民受盐入粟,转漕嘉陵"⑦,可知嘉陵江支线成为解盐入蜀的重要

---

① 《元史》卷三五《文宗四》,第791—793页。
② 《四川古代交通路线史》,第97页。
③ 同上书,第124页。
④ [宋]阳枋:《字溪集》卷一《上宣谕余樵隐书》,文渊阁《四库全书》本。
⑤ 《舆地纪胜》卷一七五《重庆府》,第5118页。
⑥ 《元史》卷一二一《按竺迩传》,第2985页。
⑦ 《元史》卷四《世祖一》,第59页。

水运通道。

3. 纳溪水支线

纳溪水（今永宁河）是泸州入滇的重要河运通道，在泸州境内汇入长江。在元代的川盐入滇中，地处川南的泸州因位置之利，成为重要起运地。泸州食盐能够得以大量运滇，便主要经由纳溪水支线完成。纳溪水支线又称川滇通道东线，事实上称纳川道、乌撒入蜀旧路、入蜀西路，元代成为连接川滇黔的骨干通道，出于统一的需要对这条路线重新进行了整治，使其发挥更为重要的作用。①

4. 赤水河支线

元代川盐入黔的水运通道，除继承宋代由绍庆府经乌江入播州等地外，另开辟由泸州经赤水河至贵州的水运通道。元代泸州是川南为数不多的盐产地之一，境内淯井、南井经过宋元战争后继续得到开发。世祖至元十五年（1278），元朝刚刚平蜀，四川转运司即下"本州兴工开淘，自十八年为始，岁以课额一十二万斤"。② 元代赤水河盐运线路为从泸州合江县沿赤水河溯行运到仁怀、古磁等处，然后卸载转为陆运，由人背马驮，翻山越岭，经崇盘、七里坎至小关子，再沿赤水河岸经猿猴、土城、茅台，转运到亦溪不薛（今贵州）等地。③

小　结

宋元中央政府为加强盐政管理，在全国范围内施行"划界行盐"的专卖政策，食盐买卖未经允许不得相互流通，违者视为私盐。但不同时期官方政策的执行措施不一，又为各盐区之间的流通提供了契机，对川盐区而言尤其如此。本章认为川盐市场是一个既相对封闭，同全国其他盐区相比又不失

---

① 《四川古代交通路线史》，第135页。
② 《元一统志》卷五《四川等处行中书省·重庆路》，第527页。
③ 《川盐入黔的历史见证——古盐渡》，遵义地方志网（http://fzb.zunyi.gov.cn）。

开放的市场。宋元川盐的市场主要包括内、外两个市场：内部市场主要为川盐的自我消费，外部市场主要分为川盐外销及外盐入川两方面。宋代川盐在外销方面主要售往长江中下游以及陕西地区，但也存在外盐（主要是解盐、东北盐等）入川的境况；川内市场因其分布众多，只能通过长宁军、大宁监等几个主要盐产地探讨其相关销售情况。元代川盐区的内部市场按照其12盐场的设置，可分为东、南、西、北四大区域；外部市场主要是解盐入川以及川盐售往滇、黔、浙等地。

从宋元两时期川盐内、外市场的销售及分布看，元代在内部市场中相较宋代有了较大退缩，主要局限在大井产区；而在外部市场中，则有了较大拓展，如西南面向滇、黔的市场拓展，以及东南面向长江中下游江浙地区的拓展等，成为元代川盐发展的新特点，相较于宋代川盐外运也是一个重要的进步。

宋元川盐市场间的交通路线，主要包括水路及陆路。宋代陆路主要为秦岭、米仓山谷道及大巴山谷道、川东南陆路通道，水路主要为长江干线及其相关水系支线。元代川盐区的交通路线基本继承宋代，然又在食盐售往滇、黔的水陆交通中有所拓展。综合来看，宋元川盐的运输充分利用了邻近江河的便利条件，通过水运进行食盐的转运成为其重要特点。因之，该期在川盐运输路线上，水运要远远重于陆运。

宋元川盐运输路线的存在密切了各盐区之间的联系，也成为当地社会各群体间进行食盐博弈的重要凭借。正是以四川各盐区及交通路线的存在为前提，社会各群体的互动方能成为可能；同时也借川盐交通路线的延伸，社会互动的范围由此得以向周边扩大。这大大增加了该期川盐区内社会各群体博弈的地理空间与内容复杂性，成为解析川盐所引发社会关系的重要地理观察视角。

第三章　宋元四川官方层级盐权博弈

第一节　宋元四川盐官机构的设置及地理分布

历史上食盐自西汉盐铁官营以来，便一直是统治者重点控制的民生资源之一。在统治者看来，"盐为食用之品，无论贫富在所必需，人人皆当食盐，即人人皆负纳税之责，故税之普遍者莫如盐矣"①，因此设置了众多盐业管理机构，以实现对盐利的最大化占有。唐中期，四川井盐始有"井课"之名，即官方专对井盐而置，当时全国置有"四场十监十三巡院，监廪至数千赋，抵数十州"，然其盐利多仰仗东南，"皆不出吴越扬楚间，蜀惟大昌一监，与十监之数殆无损益于国计"。② 唐后期，对蜀地盐课始予重视，设置专置机构管理："黔州有井四十一，成州、巂州井各一，果、阆、开、通井百二十三，山南西院领之；邛、眉、嘉有井十三，剑南西川院领之；梓、遂、绵、合、昌、渝、泸、资、荣、陵、简有井四百六十，剑南东川院领之，皆随月督课"。③ 宋承唐制，继续对井盐课以税收，设置井、监机构管理，"煮井则川峡西路，大为监、小为井，监则置官，井则募土民或役衙前主之，益州路则陵、绵、邛、眉、简、

---

① 《四川盐政史》卷一。
② 《四川盐法志》卷二〇《征榷一》。
③ 《文献通考》卷一五《征榷考二·盐铁矾》，第 428 页。

嘉、雅、汉八州;梓州路则梓、资、遂、合、戎、荣、果、普、昌、渠、泸十一州,富顺监;利州路则阆州;夔州路则夔、忠、达、万、黔、开、渝七州,云安军、大宁监"。①

一、四川州、县盐官机构及地理分布

（一）宋代四川监、井的设置及地理分布

宋代四川盐区州、县食盐管辖机构为监、井,形成以监领井的管理体制。监多为官方置于税收丰厚之区,"掌茶、盐、酒税场务征输及冶铸之事,诸州军随事置官,其征榷场务岁有定额,岁终课其额之登耗以为举刺"。② 四川盐区的重要官井一般由监直接管理,其生产、销售、课税由监严格控制,"凡课利所入,日具数以申于州"。③ 监可分为州级与县级监两类,知监一般由当地知州（县）兼任,管理下属盐井。如孝宗淳熙四年（1177）,朝廷下诏:"自今产盐去处,知县兼监主管盐场,任满,从逐司取见任内卖盐数目比额增羡,与依格推赏。如有亏欠,纽计分厘取旨责罚"。④ 宋代四川盐区监的设置及分布如下:

邛州:蒲江县有金釜井,宋代于此置盐井监。⑤

陵州（陵井监、仙井监、隆州）:神宗熙宁五年（1072）因治所仁寿县有陵井,相传为东汉张道陵所开,宋朝于此置陵井监。⑥ 徽宗政和三年（1113）,为避张道陵之讳,改为仙井监,"皇朝不欲斥天师名,故改陵井为仙井"。⑦

梓州（潼川府）:在州治郪县置有富国监,"本郪县富国镇新井盐场",宋代"置监领其事,去府九十里"。⑧

---

① 《续资治通鉴长编》卷九七"真宗天禧五年十二月戊子"条,第 2261 页。
② 《宋史》卷一六七《职官七》,第 3984 页。
③ 同上。
④ 《宋会要辑稿》食货二八之七。
⑤ 《读史方舆纪要》卷七一《四川六·邛州》,第 3361 页。
⑥ 《元丰九域志》卷七《成都府路》,第 320 页。
⑦ 《舆地广记》卷三〇《仙井监》,第 873 页。
⑧ 《舆地纪胜》卷一五四《潼川府》,第 4629 页。

泸州：有盐监 2 处。神宗熙宁八年（1075），夷人献纳长宁等 10 州土地，隶淯井，置淯井监，在州西南 263 里；州西 70 里有南井，宋置南井监。①

富顺监：以境有"富世咸井"为名，太祖乾德四年（966），以其地置富义监；太宗太平兴国元年（976），改为富顺监。②

夔州：州治奉节县产盐，宋初置永安监。③

黔州（绍庆府）：彭水县有盐泉，在伏牛山，"山左右有盐井，州人置灶煮以充用"，宋代置"左、右监官收其课"。④

云安军：太祖开宝六年（973），以夔州云安县升建军，在县北置云安盐监。⑤

长宁军：唐为西南羁縻地，置羁縻长宁等 10 州，隶泸州都督府；宋神宗熙宁八年（1075），"夷人献纳十州地以属焉"，置淯井监。⑥ 宋代淯井监号称"以盐官置监，深介夷腹"。⑦

荣州（绍熙府）：宋代以该州荣德县境内有公井，置公井监。⑧

大宁监：本夔州大昌县前镇煎盐之所，因境内"溪南山岭峭壁之中，有咸泉涌出，土人以竹引泉，置镬煮盐"，太祖开宝六年（973）置大宁监，"以收课利"。⑨

涪州：在武龙县北 35 里有白马津盐场，宋代置有监官。⑩

万州：南浦县有渔阳井，孝宗淳熙十一年（1184）置万州南浦县渔阳盐井监官 1 员，"初以主簿兼监，于是始专置官"。⑪

宋代井为监的下属，或由官督民办，或由民间自行经营，但须上缴课税，

① 《元丰九域志》卷七《梓州路》，第 328 页。
② 《舆地广记》卷三一《富顺监》，第 924 页。
③ 《文献通考》卷一五《征榷考二·盐铁矾》，第 436 页。
④ 《方舆胜览》卷六〇《绍庆府》，第 1055 页。
⑤ 《元丰九域志》卷八《夔州路》，第 372 页。
⑥ 《舆地广记》卷三一《长宁军》，第 924 页。
⑦ 《舆地纪胜》卷一六六《长宁军》，第 5021 页。
⑧ 民国《荣县志》物产第六，第 388 页。
⑨ 《太平寰宇记》卷一四八《山南东道七·大宁监》，第 2877 页。
⑩ 《舆地纪胜》卷一七四《涪州》，第 5087 页。
⑪ 《宋会要辑稿》食货二八之二四。

"宋代井灶听人民自办,由官监煮并任商民运往旁地贩卖,输以课利,所谓课者自井出之。所谓利者分其售盐之余利而纳之于官也"。① 宋代因盐井众多,难以具体统计各监所辖井数,仅能略举几例。如宋初富顺监"管盐井大小六井,岁出盐货三十余万贯"。② 梓州富国监管辖通泉、飞乌等盐井。③ 神宗元丰间,夔州路共置 3 监,下辖 14 盐井。④ 高宗时,大宁监下辖大宁 1 盐井⑤,陵井监下辖官井 5 口⑥。另外因四川盐井兴废不常,因此监辖井的情况也是不固定的。如神宗时成都府路陵井监下辖 17 盐井⑦,而至徽宗时陵井监则管辖 28 井⑧。高宗绍兴二年(1132),四川产盐州"凡四川二十州,四千九百余井"⑨,这些盐井部分为监所辖,另不设监的地区则由府、州、县直接管理。

(二) 宋代四川盐场的设置及地理分布

宋代四川盐区除监、井外,还有场的设置。盐场自唐代便已出现,全国置"四场十监、十三巡院"⑩,可见场的地位要高于监。而宋代场的地位则要低许多,从涪州武龙县有白马津盐场,置有监官看⑪,场的地位与作用等同于监。神宗元丰四年(1081),以"陵井监之井研宜专置场,差监管"⑫,遂建井研场。可见场、监是等同的。另梓州(潼川府)在郪县置有富国监,"本郪县富国镇新井盐场",宋代"置监领其事",属于由场转监,仅是名称的变动。⑬ 而据元丰四年夔路转运使王宗望的建言:"其余州县盐井少处,就差税务官兼,无税务处委令佐置场。"⑭可见场的地位要远高于井。另据孝宗

---

① 《四川盐政史》卷六。
② 《太平寰宇记》卷八八《剑南东道五·富顺监》,第 1745 页。
③ 《太平寰宇记》卷八二《剑南东道一·梓州》,第 1655 页。
④ 《玉海》卷一八一《盐铁·元丰盐额》。
⑤ 《舆地纪胜》卷一八一《大宁监》,第 5264 页。
⑥ 光绪《井研志》卷六《食货二·盐法上》,第 458 页。
⑦ 《宋会要辑稿》食货二八之七。
⑧ 光绪《井研志》卷六《食货二·盐法上》,第 459 页。
⑨ 《建炎以来朝野杂记》甲集卷一四《财赋一·蜀盐》,第 300 页。
⑩ 《四川盐法志》卷二〇《征榷一》。
⑪ 《舆地纪胜》卷一七四《涪州》,第 5087 页。
⑫ 光绪《井研志》卷六《食货二·盐法上》,第 457 页。
⑬ 《舆地纪胜》卷一五四《潼川府》,第 4629 页。
⑭ 光绪《井研志》卷六《食货二·盐法上》,第 456 页。

淳熙六年（1179）"四路产盐三十州，见管盐井二千三百七十五井，四百五场"①，井在场的管辖之下。

宋代四川曾经置场的地区除涪州、陵井监、梓州（潼川府）外，还有如下地区：达州通明县有宣汉井场，"地里名'长腰'，咸源在大江龙骨石窟中涌出"②；云安县有章井 1 盐场③；真宗天禧三年（1019），忠州共有盐井 3 场④；哲宗元祐间，利州路因"卓筒盐井以济困穷，赖其课入，可助本路之用"，在兴州青阳镇置铜锡场盐官⑤。

（三）宋代四川榷盐院（司、场）的设置及地理分布

宋代四川盐区为实行官方食盐专卖，还设置榷盐院（司、场），以保证官盐的流通及政府对盐税的控制。宋代四川榷盐机构设置不多，仅分布在益州（成都府）、梓州（潼川府）、利州（西）路。夔州路则因地势偏远，"先朝以来，夔州路减省赋，上供无额，官不榷酒，不禁茶盐，务以安远人为意"⑥，免于设置。梓州（潼川府）路榷盐机构在梓州（潼川府），太宗太平兴国五年（980），宋廷派宋湜为"将作监丞、通判梓州榷盐院"⑦，可知宋初即已设置。利州（西）路在阶州，哲宗元祐间，当地官员"乞以阶州福津、将利县界出产土石等盐可以置场榷买，定价出卖"。⑧ 益州（成都府）路在益州（成都府），太宗淳化五年（994），左史周翰上言"西川患在少盐，请于益州置榷院，人物交易，则公私通济矣"，得到朝廷批准。⑨ 神宗元丰七年（1084），夔州路转运使王宗望又"乞就成都府置榷盐司"。⑩

① 《宋会要辑稿》食货二八之七。
② 《元丰九域志》附《新定九域志》卷八《达州》，第 681 页。
③ 《元丰九域志》卷八《夔州路》，第 372 页。
④ 《宋会要辑稿》食货二三之三三。
⑤ 《续资治通鉴长编》卷三九〇"哲宗元祐元年十月癸丑"条，第 9496 页。
⑥ 《涑水记闻》卷一五，第 143 页。
⑦ 《宋史》卷二八七《宋湜传》，第 9656 页。
⑧ 《宋会要辑稿》食货三六之三三。
⑨ 《宋史》卷四三九《梁周翰传》，第 13005 页。
⑩ ［宋］杨仲良：《皇宋通鉴长编纪事本末》卷七六《周尹措置蜀盐》，黑龙江人民出版社，2006年，第 2496 页。

（四）元代四川盐场的设置及地理分布

元代四川地方食盐管辖主要为盐场，如元初四川置有盐场共 12 处，"俱盐井所出"，管辖盐井"凡九十五眼"，可见元代盐场的地位同宋代基本相同。① 因盐场所管盐井主要分布在"成都、夔府、重庆、叙南、嘉定、顺庆、广元、潼川、绍庆等路所管州县万山之间"②，因此元代相应置有简盐场、隆盐场、绵盐场、潼川场、遂实场、顺庆场、保宁场、嘉定场、长宁场、绍庆场、云安场、大宁场。③

二、四川路、省盐官机构及地理分布

（一）宋代四川诸路转运使司

宋代管辖盐业的路级机构首推诸路转运使。转运使司亦称漕司，作为路级财赋最高管理机构，宋初即已设置，"掌经度一路财赋，而察其登耗有无，以足上供及郡县之费"；宋室南渡后仍然沿袭，"置官掌一路财赋之人，按岁额钱物斛斗之多寡，而察其稽违，督其欠负，以供于上"。④ 转运使的管辖范围十分广泛，"财用之丰欠，民情之休戚，官吏之勤惰，皆访问而奏陈之"，如需"诸路事体当合一，则置都转运使以总之"，但不常置，如高宗时赵开曾为四川都转运使。⑤ 宋代四川盐业由益、梓、利、夔四路转运使分而管理，转运使司驻地分别为益州（成都府）、梓州（潼川府）、兴元府（治今四川汉中市汉台区）、夔州。其中利州路于高宗绍兴十四年（1144），因军事战略的考虑，曾划分为利州东、西二路，两路转运使司分驻兴州（沔州，治今陕西略阳县）、兴元府。⑥ 此后历高、孝、光、宁四朝，利州路时而划分两路，时而合为一路，对此已有专文探讨，兹不赘述。⑦ 但从利州路的变迁轨迹看，分为两路存在时间较短，故

---

① 《元史》卷六〇《地理三》，第 1434 页。
② 同上。
③ 《元史》卷九一《百官七》，第 2215 页。
④ 《宋史》卷一六七《职官七》，第 3966 页。
⑤ 同上。
⑥ 《宋史》卷八九《地理五》，第 3969 页。
⑦ 熊梅：《南宋利州路分合初考》，《陕西理工学院学报》2006 年第 1 期。

本书基本将其作为一路进行探讨。从盐业管理角度看,四川诸路转运使司如掌握盐课越高则其地位愈重,如夔州路在四川为食盐丰产区,"夔路郡守、监司、帅臣皆在三路之下,独漕为八监司之最,盖专一路盐利故也"。①

（二）宋代四川诸路提举茶盐司

徽宗政和中,为分转运使所辖盐权,置提举茶盐司,"掌摘山煮海之利,以佐国用",先于"江、淮、荆、浙六路共置一员",既而"诸路皆置"。② 四川亦于各路首府分置提举茶盐司,分驻益州（成都府）、梓州（潼川府）、兴元府、夔州。高宗建炎后,于诸路"通置提举常平茶盐司";绍兴十五年（1145）,将诸路提举茶盐官又改为"提举常平茶盐公事"。③ 四川诸路并未委专人出任,而是以各路"宪臣兼领"④;同时朝廷允许"如四川无茶盐去处,仍以提刑兼充,主管官改充'常平司干办公事'"⑤。

（三）宋代四川总领财赋所

四川总领财赋所简称四川总领,最早设于高宗建炎间,"张浚出使川、陕,用赵开总领四川财赋,置所系衔,总领名官自此始",长官称总领,"掌措置移运应办诸军钱粮,以朝臣充";后因故取消,高宗绍兴十五年（1145）因宋金战争爆发,宋廷在四川战场需要加强军粮筹备及提升地方财权,复立总领所,遂为常置,其下属有干办公事、准备差遣等。⑥ 四川总领所专一掌管四川诸路财赋,其中即包括盐课征收及管理。四川总领所设置以来一直驻成都府,理宗淳祐三年（1243）,因蒙古侵蜀造成西川残破,成都丧失作为全川行政中枢的条件,总领所转移至重庆府。如该年宋廷任命余玠出任四川安抚制置使兼知重庆府兼四川总领,全面措置四川军政事宜,特允其"应军行调度,权许便宜施行"。⑦

---

① 《方舆胜览》卷五一《成都府》,第 904 页。
② 《宋史》卷一六七《职官七》,第 3969 页。
③ 同上。
④ ［宋］刘时举:《续宋中兴编年资治通鉴》卷六《宋高宗六》,中华书局,2014 年,第 123 页。
⑤ 《宋史》卷一六七《职官七》,第 3969 页。
⑥ 同上书,第 3960 页。
⑦ ［宋］周密:《癸辛杂识》别集下《余玠》,中华书局,1988 年,第 296 页。

（四）元代四川等处行中书省

元代在地方行政管理上设置行省制度，世祖中统元年（1260），设立秦蜀行中书省，治京兆（治今陕西西安市主城区），行施对蜀地管辖权。① 至元二十三年（1286），元朝始置四川等处行中书省，驻成都府，行省"掌国庶务，统郡县，镇边鄙，与都省为表里"，其管辖事宜"凡钱粮、兵甲、屯种、漕运、军国重事，无不领之"。② 行省对军、民、政、财实行总体管辖，具体负责则由其下属分司机构管理。

（五）元代四川茶盐运司

元初，对全川食盐管理曾专置拘榷课税所，"分拨灶户五千九百余隶之，从实办课"，后因"盐井废坏，四川军民多食解盐"。③ 世祖至元二年（1265），改置兴元四川转运司，"专掌煎熬办课之事"；兴元四川转运司在设立后，废置不常，"（至元）八年罢之，十六年复立转运司，十八年并入四道宣慰司，十九年复立陕西四川转运，通辖诸课程事"。④ 至元二十二年（1285），置四川茶盐运司，驻成都府，川盐管理机构方才稳定下来。四川茶盐运司级别为"从三品"，设置"使一员，同知、副使、运判各一员，经历、知事、照磨各一员"，下辖盐场 12 所，每所置"司令一员，从七品；司丞一员，从八品；管勾一员，从九品"。⑤

四川茶盐运司每年所征盐课都要上缴四川行省，由其统一管理支配，除上缴中央外，部分用于地方财政及援助外地。如文宗至顺元年（1330），元廷命四川行省"于明年茶盐引内给钞八万锭增军需，以讨云南"。⑥ 至顺二年（1331），因云南行省言"云南盐不可到，马多病死"，诏令四川行省"以盐给之"。⑦ 四川茶盐运司对当地食盐基本实施官营，其生产、买卖也

---

① 《元史》卷四《世祖一》，第 67 页。
② 《元史》卷九一《百官七》，第 2306 页。
③ 《元史》卷九四《食货二》，第 2390 页。
④ 《元史》卷九一《百官七》，第 2314 页。
⑤ 同上。
⑥ 《元史》卷三四《文宗三》，第 716 页。
⑦ 《元史》卷三五《文宗四》，第 793 页。

由官府严格控制,只在不长时间内实施过官督民办。如顺帝至元元年(1335),曾下诏:"四川盐运司于盐井仍旧造盐,余井听民煮造,收其课十之三。"①但官督民办并未持续多久,至元二年(1336),元廷"复四川盐井之禁"。②

第二节　宋元四川盐官层级盐权博弈

宋元四川盐课作为官方最重要的税收来源之一,当地贡赋的筹措、官吏的俸禄、军队的粮饷等各方面支出都要仰仗食盐。宋代"益、梓、利、夔四路盐课,县官之所仰给",甚至"井源或发或微,而责课如旧,任事者多务增课为功",以致朝廷为优恤盐户"多为蠲减,至下赦书,亦每及之"。③实际上四川盐税的管理受到地方与中央官方的双重剥夺,除地方官府外,中央财政的收入也需四川盐税的上缴(南宋设立四川总领所时期除外)。为实现当地井盐利税的争夺,各级官府之间通过手中的权力展开博弈,以实现对四川井盐的最大化控制与占有。

早在五代时,四川食盐税利便是官方争夺的对象,如后唐孟知祥、董璋争盐利,"璋诱商旅贩贩东川盐入西川,知祥患之,乃于汉州置三场,重征之,岁得钱七万缗"。④宋元官方之间针对盐权争夺的博弈,呈现更加多样和激烈化。如宋神宗元丰七年(1084),夔州路转运使王宗望乞就成都府置榷盐司,"即两蜀产盐之地置场,其井尽榷于官,然后售之于民,收无过一分五厘,岁入无虑三十万缗";同时要求"成都府、梓州路并为榷盐禁地,煎盐户赴官入中,不得私卖买。陵井监之井研、荣州之应灵专置场,各差监官,其余州县

---

① 《元史》卷三八《顺帝一》,第831页。
② 《元史》卷三九《顺帝二》,第834页。
③ [宋]陈均:《皇朝编年纲目备要》卷一三《仁宗皇帝》,中华书局,2006年,第295页。
④ [明]刘大谟、杨慎等:嘉靖《四川总志》卷一六《经略志·盐法》,书目文献出版社据明嘉靖刻本影印本,1996年,第305页。

盐井少处,就差税务官兼。无税务处,委令佐置场。成都府置转般都盐务,受诸场运盐"。① 王宗望的建议是官方对四川盐区通过设置榷盐司、场官、监官、税务官等,实现食盐官方垄断,达到对盐利最大化的控制。朝廷最后采纳了他的建议,下诏令"逐路转运司详具可否利害以闻"。②

一、宋代四川总领所与府(州、军、监)、县

宋室南渡后,朝廷为军兴之需,需要增强地方财赋管理权。高宗时,设置四川总领财赋所,成为川峡四路最高财税管理机构,府、州、军、监、县所属盐权皆被侵夺。如高宗建炎二年(1128),四川30州"岁产盐约六千四百余万斤,后隶总领财赋所赡军"③;绍兴末,大宁监"岁产盐二百五十余万斤,计值九万余缗,亦隶总领所"④;同期长宁军淯井盐40余万斤,被总领所侵夺部分盐利,"岁取其赢五万余缗,为军食之用"⑤。孝宗淳熙三年(1176),邛州蒲江县盐井岁欠盐课130余万缗,朝廷命四川总领所"遣官核其事",总领所借机将当地盐权收归己有,"总所自榷,州不与焉"。⑥ 宁宗开禧间,隆州井研县有陵井监,"邑既近监,而掌监者岁以官盐数万赋于民",总领所见盐利丰厚夺其盐税权,"自绍兴以来监泉之货易者,邑民具算以补乏,而每岁总赋者始征之"。⑦

南宋共设置四大总领所,恰以四川总领所的财权最大,不仅所征财赋无须上缴中央,而且总领拥有便宜之权,可以随时视情况加征:"东南三总领所掌利权,皆有定数,然军旅饥馑,则告乞于朝。惟四川在远,钱币又不通,故无事之际,计臣得以擅取予之权。而一遇军兴,朝廷亦不问",因此四川总领所拥有蜀中盐业最大的利税权,"自建炎军兴,(总领)赵应祥榷盐酒之课,

---

① 《续资治通鉴长编》卷三四七"神宗元丰七年秋七月辛丑"条,第8321页。
② 同上。
③ 《增入名儒讲义皇宋中兴两朝圣政》卷三《高宗皇帝三》,第145页。
④ 《建炎以来朝野杂记》卷甲集一五《蜀中官盐》,第300页。
⑤ 《方舆胜览》卷五一《成都府》,第902页。
⑥ 《鹤山集》卷七八《朝奉大夫太府卿四川总领财赋累赠通议大夫李公墓志铭》。
⑦ 《宋代蜀文辑存》卷七七《李心传·井研县东岳庙记》,第6册,第322页。

折绢布之估,科激赏之费,倍籴本之输,商贾农民,征率殆尽;辛巳之役,王瞻叔无以为计,遂大括白契以赡军。朝廷知其扰民,而不容止也"。① 成都府、潼川府、利州(东、西)三路官井,"旧法令人承煎",曾一度由州县官督民办,定期上缴课税,建炎间三路盐税成为总领所侵夺的对象,"总领所已依官田法召人投买,得钱数十万缗"。② 至绍兴末,四川总领所征收盐课已高达"三百七十五万缗",虽朝廷下诏蠲减,但总领所不肯削减盐权,总会采取各种方法规避,故"今计司所取钱,犹有无艺者"。③ 孝宗淳熙六年(1179),下诏"蠲免盐酒重课",但总领所"所减虚额钱,至今遇闰月则不减,谓之'加闰'",每年仅"加闰钱"即有两万缗。④

就四川的盐产性质看,宋代政府直接掌握的官盐销售所得的大部分供地方官府使用,小部分要缴至总领所,卓筒井所产引盐则要全部上缴至总领所;从官、引盐的分布看,夔州路完全是官盐的市场,其他三路则主要是引盐市场,可是也有官盐在销售,不过引盐的产量要比官盐大很多,因此引盐在四川的重要性超过官盐。⑤ 由此可知四川食盐的利税大部分为主管四川军需的总领所占有。

二、宋代四川总领所与四川制置使司

四川总领所因握有丰厚的盐税权,自然成为其他官府争夺的对象。如同期,四川制置使司便利用权力侵夺总领所盐利权。制置使北宋即有,但不常置,"掌经画边鄙军旅之事";南宋后,制置使变为常置,"掌本路诸州军马屯防扦御,多以安抚大使兼之,亦以统兵马官充;地重秩高者加制置大使,位宣抚副使上"。⑥ 高宗建炎元年(1127),诏令"安抚使、发运、监司、州军官,并听制置司节制",又"及许便宜,权之要重,拟于朝迁",成为路级以上最高管辖机构。⑦

① 《建炎以来朝野杂记》甲集卷一七《财赋四·四川总领所》,第393页。
② 《建炎以来朝野杂记》乙集卷一六《财赋·四川总制司争鬻盐井》,第804页。
③ 《建炎以来朝野杂记》甲集卷一七《财赋四·四川总领所》,第393页。
④ 同上。
⑤ 《南宋榷盐:食盐产销与政府控制》,第6页。
⑥ 《宋史》卷一六七《职官七》,第3956页。
⑦ 同上。

因四川总领所受制置使司制约,只得将手中盐权部分让出。高宗建炎间,四川制置大使司以军兴之需争夺总领所盐权,总领所只得将所管井盐进行投买,"大使司以为未及价,复卖之,又得钱百万缗,入制司激赏库";总领王子益以大使司强增盐课"以为失信,檄止之",而大使司却早有应对之策,"以总计所负制司广惠仓米三十万石,言之于朝",由此得到朝廷支持,"子益议遂格"。① 孝宗淳熙十四年(1187),臣僚言"长宁岁计独抑盐井",请"下制置司措置",可知制置司已拥有蜀盐管辖权。② 宁宗嘉定初,四川制置使郑损"强愎自用",又欲"增总领所盐课,取旧贷军费";长宁军"地接夷獠,公家百需皆仰浥井盐利,来者往往因以自封殖",而制置司"又榷入其半",可见制置使利用手中权力对四川盐权的占有较为随意。③

制置使司对四川盐权的争夺,还表现在变相更换以食盐为准备金的钱引上。如宁宗嘉定三年(1210),四川制置大使司在川盐区"收钱引",民间"已用旧引输官者,总领所复却还,令兑新引",造成钱引法的更换无常,"卒不能守其初约也";而钱引又以四川盐课为保障,以此造成对盐课的不断强增,"所谓大制司二百万缗者,其半以三路盐井户月额,每三万斤科卖,不理选限,将仕郎一道,计直千缗"。④ 当时四川"三路十七州共卖一千道,计直者万缗,其半则以给卖,没官盐井",民户没官之井则"自建炎以来依坊场法召人投买,除引息、土产税钱外,量增课息"。⑤

三、宋代四川总领所与四川宣抚使司

除制置使司外,四川宣抚使司也加入对盐权的争夺。宣抚使"不常置,掌宣布威灵、抚绥边境及统护将帅、督视军旅之事",高宗时以张浚知枢密院

---

① 《建炎以来朝野杂记》乙集卷一六《财赋·四川总制司争鬻盐井》,第804页。
② 《增入名儒讲义皇宋中兴两朝圣政》卷六三《孝宗皇帝二十三》,第1988页。
③ 《宋史》卷四〇九《高定子传》,第12318页。
④ [宋]佚名:《续编两朝纲目备要》卷一二《宁宗皇帝》,中华书局,1995年,第220页。
⑤ 《续编两朝纲目备要》卷一二《宁宗皇帝》,第220页。

事,宣抚四川,始为常置;孝宗乾道三年(1167),虞允文以知枢密院事充四川宣抚使;五年(1169),王炎除四川宣抚使,依旧参知政事。① 可见宣抚使同为高于总领所的地方大员,一般由朝臣充任。宁宗嘉定七年(1214),朝廷针对四川宣抚司侵夺总领所盐权的现状,"诏四川盐井专隶总所",然宣抚使安丙借口"防秋借此以助军兴,乃复夺之"。②

四、宋代四川诸路转运使司与府(州、军、监)

四川诸路转运使对盐利的争夺,主要体现为对下属府、州、军、监的盐权侵占。如哲宗元祐中,夔路转运司因"大宁井盐为利博,前议者辄储其半供公上,余鬻于民,使先输钱,盐不足给,民以病告"。③ 高宗时,仙井监境有大井仙井,因产盐丰厚,被成都府路转运司占有,"仙井岁产盐二百余万斤,隶转运司"。④ 孝宗淳熙十一年(1184),四川总领杨辅变革盐法,大宁监盐权被转运司占有,"归之漕司,监不复与"。⑤ 新盐法规定地方州、县级盐井由转运使司统一管理,所得盐利定期上缴四川总领所,原先监的管理权被进一步剥夺。孝宗淳熙间,富顺监原用部分盐利兴办监学,"监旧以盐移赡遂宁生徒",后为转运司占有;当时富顺监盐课"岁为镪八十万缗",而监学"公养不丰",时任知监郭知达"请于漕台",方争回部分盐利,"俾归之监学,自是岁获二十三万五千(缗)"。⑥

五、宋代四川府(州、军、监)、县之间

在四川府(州、军、监)、县级官府中,同样存在为争夺盐权而相互冲突的现象。如孝宗淳熙三年(1176),邛州蒲江县有盐井,岁课有定额,置盐井监管辖,然"郡守增岁课,归并于州",将新增盐课"以资少府私用,而民始病"。⑦

---

① 《宋史》卷一六七《职官七》,第 3958 页。
② 《宋史》卷一八三《食货五》,第 4477 页。
③ 《宋史》卷三五三《程之邵传》,第 11150 页。
④ 《方舆胜览》卷五一《成都府》,第 902 页。
⑤ 《方舆胜览》卷五八《大宁监》,第 1032 页。
⑥ 《舆地纪胜》卷一六七《富顺监》,第 5053 页。
⑦ 《鹤山集》卷七八《朝奉大夫太府卿四川总领财赋累赠通议大夫李公墓志铭》。

宁宗嘉定中,长宁军"郡有清井,盐旧以卤水弊余资养士之费",然而这部分盐权却被郡守占有,"郡将掩以自封"。①

六、宋代四川各级盐官机构的联合介入

宋代四川官方层级食盐冲突,除出现完全独立的盐权易位外,有时还要呈现数个机构同时介入,各享一部分盐利的情况。如邛州盐区,西汉即"以盐置官",其蒲江县为盐产最密集区"临邛统县六,其近盐独蒲江居最"。②宋代官方为实现对邛州食盐的争夺,不断强求其产量,真宗"景德间合一郡之井才五,盐以斤数者二十七万七千七百耳",至天圣末已达9井,"盐以斤数者二百五十万",其盐井数增加近一倍,而"盐则八倍于景德矣";至神宗庆历初,邛州盐产"得其数于会遽至三百万二千三百一十有五",朝廷"闵斯民之竞利不遗余力也,戊子诏书特蠲其折纳缗钱一百万,自六年始",然而中央下令对邛州盐额的蠲减,损害了地方各级官府的利益,"三司执吝道以争";至皇祐间虽然"所载盐数比庆历遂减六分之一",朝廷也"诏书继下,岁有减焉",但在地方争夺盐税的竞争下,邛州盐产又不断被强增,"及治平初,盐数始复天圣之旧"。③

另如利州(西)路西和州盐官镇盐井,高宗绍兴间"岁出盐七十余万斤",盐课由当地官府与转运司、总领所三方共享,"内以一半充柴茅、官吏请给之本,一半系转运给引,付下西和、成、凤三州出卖,每百斤通头子等钱二十二贯,总计七万余贯,拨赴总领所";盐官盐"旧给秦凤一路,今乃扼于三州,初止随时变易,未尝立额",绍兴十五年(1145)后,四川宣抚司再次"方行根括,立定额钱",又夺得一部分盐权。④

七、元代四川茶盐运司与路(府)及下辖政区

元代四川茶盐运司为管理全川盐业的省级盐官机构,其职责主要为

①　《鹤山集》卷七〇《教授彭君墓志铭》。
②　《全宋文》卷四六六五《李焘五·蒲井盐官厅壁记》,第210册,第252页。
③　同上。
④　《宋会要辑稿》食货二六之四三。

"从实办课""修理盐井"。① 元代四川共置 12 盐场,分布于全川各路,虽然四川茶盐运司对盐场拥有直接管辖权,但各路(府)及下辖政区对盐场亦有行政管辖权,故盐场盐利一部分要交由这些省级以下地方官府,作为当地财税的重要来源。然在具体执行中,四川茶盐运司往往自恃行政级别较高与管理盐课的便利,侵夺地方官府对盐课的需求。如顺帝元统中,四川茶盐运司因贪夺地方盐利,被四川廉访司弹劾,一度要求朝廷"请罢盐运司"。②

第三节　宋元朝廷对盐官层级盐权博弈的调整

一、依靠监察机构监督地方盐政举措

宋元为预防地方官府的违法与失职行为,从中央至地方设置一套严密的监察机构,对各级官府及官员的职责进行监督。宋代中央有御史台,地方为诸路提点刑狱司;元代中央为御史台及行御史台(仅置陕西及江南诸道),地方则为肃政廉访司,四川盐政皆接受上述监察机构的监督。

宋代四川盐区主要是川峡四路提点刑狱司,具体负责监察任务。提刑司简称"宪司",长官称提点刑狱公事,"掌察所部之狱讼而平其曲直,所至审问囚徒,详核案牍,凡禁系淹延而不决,盗窃逋窜而不获,皆劾以闻,及举刺官吏之事",哲宗绍圣初又"以提刑兼坑冶事"。③ 可见提刑司不仅掌管监察,也兼管理地方矿务及税收。高宗绍兴十五年(1145),户部上言:"已降指挥,诸路提举茶盐官改充提举常平茶盐公事。缘成都、潼川府、利、夔州路即无提举茶盐官,及淮西、京西路提举茶盐见系逐路转运、提刑兼管,广西路提举茶盐见系提刑兼管,及诸路常平司主管官所掌职事,并合取自朝廷指挥",朝廷乃诏"四川、广西令提刑,淮西、京西令见兼提举茶盐官兼领,主管

---

① 《元史》卷九四《食货二》,第 2390 页。
② 嘉靖《四川总志》卷二《全蜀名宦总志》,第 48 页。
③ 《宋史》卷一六七《职官七》,第 3968 页。

改充常平司干办公事,依转运、提刑司属官体例"。①

由此可见,四川诸路茶盐官改充提举常平茶盐公事后,仍由诸路宪臣兼任。因提刑司能够做到"检察所部州,有擅用常平钱物者,按劾以闻"②,而四川盐课利润丰厚,由提刑官兼任提举常平茶盐公事,可相对更好做到盐务处理的公平合法。同时提刑司兼任盐官,亦可有效监督各级官府为争夺盐利而屡起冲突的事情发生。

元代四川盐区为西蜀四川道肃政廉访司,廉访司"司耳目之寄,任刺举之事",原称提刑按察司,世祖至元八年(1271),设陕西四川道;十九年(1282),分置西蜀四川道;二十八年(1291),改按察司为肃政廉访司。③ 元代极为重视廉访司对盐运司行为的监督,如至元二十年(1283),下诏"许按察司纠察盐司"。④ 顺帝元统中,吉当普任金四川廉访司事,因四川盐运司侵夺地方盐利,曾"请罢盐运司,正盐法"。⑤

宋元中央在四川设置监察机构,有效制约了各级官府为争夺盐利而引发的冲突及侵占,并对地方官府的行政行为进行监督,使其纳入合法程序。

二、鼓励地方官员纠除盐弊

宋元朝廷在四川虽然设立监察机构对官府争夺盐利的行为进行制约与监督,但因四川地理偏远,朝廷自有"鞭长莫及"之感,因此更需依靠地方官员的自觉守法,鼓励并嘉奖上言、纠正四川盐弊的官员。

如宋高宗绍兴二十一年(1151),符行中任四川总领"尝欲增简州盐策",以其事委任雅州军事推官李焘负责,焘力谏而止,四川宣抚使张浚赞其"有台谏风"。⑥ 宁宗嘉定初,高定子出任四川制置司主管文字,时制置使郑损欲侵夺总领所盐权,"增总领所盐课",高氏上言"辨其颠末",劝谏而至,擢知长宁

---

① 《宋会要辑稿》食货四三之二九。
② 《宋史全文》卷二一中《宋高宗十四》,第1412页。
③ 《元史》卷八六《百官二》,第2181页。
④ 《元史》卷一二《世祖九》,第254页。
⑤ 嘉靖《四川总志》卷二《全蜀名宦总志》,第48页。
⑥ 《建炎以来系年要录》卷一六二"绍兴二十一年七月壬寅"条,第2640页。

军;高氏赴长宁后,发现当地官府同样存在争夺盐利的情况,乃"争于制置使,得蠲重赋",再擢知绵州。① 嘉定中,彭子远任长宁军学教授,"郡有淯井,盐旧以卤水弊余资养士之费",然被郡守侵夺,彭氏上谏"诸提举学事司,复归于学";因彭氏能够优先教育,使人心向学,"郡将反以是敬礼之"。②

三、重视地方盐官的出任

宋元朝廷对地方盐官的出任极为重视,盐官才能品行的好坏既能稳定地区盐权秩序,也可避免官府过于贪求盐利而造成民间骚怨。同时,朝廷还注重提高盐官政治待遇,对其规避上级官府盐权的侵吞也能起到一定的制约作用。

如宋太祖开宝六年(973),以夔州云安县升建云安军,云安作为夔州路重要的食盐产地,其地方郡守的政治级别也得到相应提升。如高宗建炎后,朝廷"分道置帅,以云安为夔路属邑,差京朝官为军使,仍借服色,盖以县往隶而军额仍旧云",在朝廷政治待遇提升下,云安知军"犹存使名,官仪仍备太守之略,而时节得以奏章自达于朝,他邑莫比也"。③ 孝宗淳熙十年(1183),朝廷因万州南浦县盐官能力平庸,将其罢免,从新差遣监官出任。臣僚上言"万州南浦县渔阳盐井岁收盐一十四万六千三百余斤,从来以南浦县主簿兼监。盐井去县八十余里,主簿例多恩科老缪之人,不能钤制奸黠",乞请将"渔阳盐井专差监官一员,而以南浦县尉兼主簿",得到朝廷批准。④ 宁宗庆元四年(1198),夔路转运通判李谌上请以京官知任大宁监:"大宁监盐场岁趁二百五十万斤体例,本司自拟待阙官一员,往充外计。签厅既无绾系印纸,苟请俸给,或虚额诳申,或减秤干没。乞将盐场从吏部差注初任京官,次任选人。"得到了朝廷的批准。⑤

---

① 《宋史》卷四〇九《高定子传》,12318 页。
② 《鹤山集》卷七〇《教授彭君墓志铭》。
③ 《舆地纪胜》卷一八二《云安军》,第 5278—5279 页。
④ 《宋会要辑稿》职官四八之七九。
⑤ 《宋会要辑稿》食货二八之四九。

元代亦极为重视对四川盐区地方盐官的选任,如顺帝时,襄、汉流民聚居"宋之绍熙府故地,至数千户,私开盐井",至元三年(1337),御史赡思上言:"绍熙土饶利厚,流户日增,若以其人散还本籍,恐为边患,宜设官府以抚定之。"元廷遂诏即其地置绍熙宣抚司。① 为更好管理绍熙盐区,次年朝廷任命清强有才干的御史大夫脱脱兼宣抚都总使、治书侍御史吉当普为副都总使,"世袭其职"。②

四、削减地方官府对盐课的强增

宋元官方为食盐利税的争夺,造成最明显的危害便是地方课额的不断增加,形成对民间的严重骚扰。为此,朝廷通过削减官方强增的课额,对其不当行为明令禁止,达到缓解各方盐权冲突的目的。

如开州温汤盐井,宋神宗熙宁九年(1076),夔路提刑张宗谔奏定"本井每岁盐额二十一万二千五百五十三斤",以为定额;然而地方郡守为争夺盐课,"本州自行推排,于祖额上增一万八千斤",此举造成民间灶户的强烈不满,"于是以井户进状",朝廷乃诏"制置诸司体究措置,而诸司奏减之"。③

高宗绍兴十七年(1147),因四川宣抚司强增盐课,诏总领四川宣抚司钱粮符行中、权四川宣抚司事李璆"参酌减放",于是减夔路盐钱76000缗。④ 十八年(1148),因四川宣抚副使郑刚中以"备军费"为名,强增成都府、潼川府、利州(东、西)路"三路茶盐酒课,及租佃官田应输钱引者,每千别输三十钱为铸本,又得其赢十八万缗有奇",朝廷下诏"对减四路激犒钱三分之一"。⑤ 二十六年(1156),左朝散大夫、知嘉州朱昌裔上言四川总领所过于强取盐课,请于蠲免:"四川盐酒场务自建炎中,总领财赋官变法以尽一时之利,应副川陕军食,盖势有不得已者。自后累政,惟务增添,逮今

---

① 《元史》卷一九〇《赡思传》,第4353页。
② 《元史》卷三九《顺帝二》,第847页。
③ 《宋会要辑稿》食货二八之二五。
④ 《宋史》卷一七四《食货上二》,第4225页。
⑤ 《建炎以来系年要录》卷一五七"绍兴十八年五月乙丑"条,第2556页。

每岁共收盐酒课息钱一千一百余万缗,比之旧额,几四五倍,遂至趋办不及,积欠数多,乃者朝廷遣使裕民,岁减七十万,虽未能尽去重额,民亦少宽。惟旧欠未除,追催严峻,官吏贫民俱被其害,破产举债终难补足。望将未减额以前旧欠,如非侵欺盗用,并行除放,诏萧振等相度以闻。"得到朝廷批准。① 二十八年(1158),因四川制置司强增盐税,诏尚书省"检会节次行下四川制置等司措置条具减盐酒课息钱",并同时"捐蜀中盐井虚额"。② 同年,有臣僚上言利州(西)路西和州食盐因官府争夺,"不免科及于民,理宜惩革",上奏"欲望将见今所卖盐每百斤与减一半价钱,则出卖稍易,必不致依前科扰",得到朝廷的批准。③ 二十九年(1159),军器监主簿马骐言亦上言因四川地方官府争夺盐课,造成税课过高,请求加以减免:"陛下加惠蜀民,日者命有司除放州县虚额钱,此举所系利害甚重,凡所谓虚额者皆出于盐酒之课,盖盐泉有盈缩,则煎煮之数不能无多寡,人烟有稀稠,则酤卖之数不能无通塞。向者有司但持目前一定之额,而课其息,将新盖旧,用实填虚,卒以无偿。徒费督责,望下四路监司,取见盐酒课利三年内所收实数,以酌中一年为额,使之趋办,其目前虚额之数,尽与蠲除。"朝廷采纳其建议,诏"总领所相度申省"。④

孝宗淳熙三年(1176),邛州蒲江县盐课被当地官府侵吞严重,"盐井岁欠百三十余万",朝廷命四川总领李蘩措置削减,"日输不过六十担,担为六十斤,价十有四千,凡减盐十万八千余斤,为缗钱七万五千"。⑤ 高、孝时期,针对总领所盐权过重的情况,也不断诏令蠲减盐课,免其造成地方困弊。如该期赵开、杨辅"相继总赋,皆以减放为急,蜀人幸之",赵开"尝减盐酒折估钱一月,凡七十万缗"。⑥

光宗绍熙二年(1191),宋廷因四川盐井"多有年深泉脉不发,陈乞栈

① 《建炎以来系年要录》卷一七五"绍兴二十六年十二月癸丑"条,第2898页。
② 《建炎以来系年要录》卷一八〇"绍兴二十八年十月乙亥"条,第2990—2991页。
③ 《宋会要辑稿》食货二六之四三。
④ 《建炎以来系年要录》卷一八二"绍兴二十九年闰六月乙卯"条,第3039页。
⑤ 《鹤山集》卷七八《朝奉大夫太府卿四川总领财赋累赠通议大夫李公墓志铭》。
⑥ 《建炎以来朝野杂记》甲集卷一七《财赋四·四川总领所》,第393页。

闭",而地方官府为争夺盐利"官司不为施行",导致"虚负重课",故"累降敕文约束";后又访闻"因渲淘旧井,间有咸脉去处,州县又令别增新额,不与对减见欠之数",遂诏令"逐路监司相度,将实合栈闭与所添新额取见诣实,依条施行,不得仍前抑勒"。①

元代亦重视对地方各级官府强增盐额的整顿,如世祖至元八年(1271),蒙古刚置陕蜀行中书省于兴元,便下诏"以四川民力困弊,免茶盐等课税";并禁止地方官府争夺盐利,敕令:"有司自今有言茶盐之利者,以违制论。"②

五、授予地方盐官制衡之权

宋元朝廷还利用四川各级官府不同的职能,授以制衡之权,使其争夺盐权不能容易实现,以此缓和各方食盐冲突。如南宋时四川总领所掌有很大的财权,"计臣得以擅取予之权",然要受四川制置司与宣抚司的节制;四川制置使虽在四川权限极高、地位极重,"安抚使、发运、监司、州军官,并听制置司节制",但"其他刑狱、财赋付提刑、转运"。③ 为预防四川宣抚司对总领所盐权的侵夺,则通过提高总领所地位实现。如宁宗嘉定三年(1210),"诏四川总领所毋受宣抚司节制"。④ 为预防四川制置使司对总领所盐权的侵夺,保障总领所财权的完整,宋廷则下诏对制置司所侵盐利予以剥夺。如嘉定七年(1214),"罢四川制置大使司所开盐井"。⑤ 对转运使司与州、县级官府盐权冲突的处理,则通过四川总领所的职权介入,降低转运司对州县食盐税额的强征来实现。如光宗绍熙二年(1191),朝廷下诏允许夔州"将本州奉节、巫山两县转运司科扰盐,每斤减作一百文变卖",如转运司再有强征行为,"乞下四川总领所从本州所乞施行"。⑥

----

① 《宋会要辑稿》食货二八之三五。
② 《元史》卷七《世祖四》,第137页。
③ 《宋史》卷一六七《职官七》,第3056—3960页。
④ 《续宋中兴编年资治通鉴》卷一四《宋宁宗三》,第334页。
⑤ 《宋史》卷三九《宁宗三》,第761页。
⑥ 《宋会要辑稿》食货二八之三五。

小 结

宋元食盐作为政府财利之源,一直为官方所重点垄断,为实现对盐利的最大化占有,设置了众多相应的盐官机构。在四川地区,"川峡四路盐课,县官之所仰给"①,控制盐权便可获得丰厚的盐利,因此官方之间为争夺盐权开展不同程度的博弈。四川盐官机构主要分为州、县级及路、省级,以图按照其分工职能实现对全川盐利的控制与垄断。然因盐利的丰厚,也诱使各级盐官之间为利税的争夺,开展不同表现形式的冲突。宋代盐官之间针对盐权的博弈,主要表现为路级机构凭借权力对下属井、监、院、司、场等的盐权侵夺;即便在路级盐官之间,也存在总领所与制置使、宣抚司之间的盐权博弈;同时在路级以下州、县之间的这种盐权博弈也较为普遍;有时又出现多级别的盐官在同一盐区的联合介入,实现对当地盐权的瓜分。元代则主要表现为省级盐官对省级以下地方官府所需盐课的侵夺。

宋元官方之间针对四川盐权的博弈,呈现为更加多样化和激烈化的局面。朝廷为实现地区盐区秩序的稳定,维护在川盐区的统治利益,也会制定相关制度,并采取相应的行政手段对官方间的博弈进行调节。主要措施包括依靠中央及地方监察机构,监督各级官府的盐政举措;鼓励地方官员上言、纠正官府食盐冲突的弊端;精择地方盐官的出任,注重提高其政治待遇;削减官方为争夺盐利而强增课额,减轻对地方的骚扰;通过授予地方官府制衡之权,协调各方盐权冲突等。通过朝廷的这些缓和官方盐权冲突的措施,有助于四川盐区管理的安定有序,以减轻民间负担,进而实现四川盐官职能的正常发挥以及政府对盐税的顺利征收。

---

① 《续资治通鉴长篇》卷一五八"仁宗庆历六年五月戊子"条,第3827页。

第四章　宋元四川官民盐权博弈

第一节　宋元四川官民盐权冲突的缘起

宋元食盐为国家税收的重要来源,其所占比重几于两税相等,故《元史》所言:"国之所资,其利最广者莫如盐。"①宋元官方为实现对盐利的占有,推行食盐官营政策,如"宋自削平诸国,天下盐利皆归县官"②;"元初,以酒醋、盐税、河泊、金、银、铁冶六色,取课于民"③。在政府的官营政策下,"人人皆负纳税之责,故税之普遍者莫如盐矣"。④ 因食盐为民生必需之品,"十口之家,十人食盐;百口之家,百人食盐"⑤,故盐业政策需要掌控好国家与民间利益之间的平衡。如果政府过分追求产量、提高课税,再加上地方官员执行不力,肆意压榨盐民,过分与民争利,则必然会加剧官民之间的食盐冲突。

一、官方专卖措施阻碍食盐市场流通

宋代四川盐区为单独行销区,但有时因川盐产量变化等原因,需要调剂

---

① 《元史》卷九四《食货二》,第 2836 页。
② 《宋史》卷一八一《食货下三》,第 4413 页。
③ 《元史》卷九四《食货二》,第 2836 页。
④ 《四川盐政史》卷一。
⑤ 《文献通考》卷一五《征榷考二》,第 417 页。

其他盐区食盐(主要是解盐)入蜀,以缓解民间食盐急需。而官方为贪求地方盐利,有时肆意设置管卡津要,设置贸易流通壁垒,不仅阻碍食盐的正常流通,加重民众食盐需求的困难,而且助长贪腐之风。这种情况在利州(东、西)路表现最为突出。如高宗时,朝廷在兴元府驻扎有边防军队"兴元良家子",该军自身有军俸,却利用驻扎边防之便,私自设立盐店、盐卡,阻碍商旅流动;孝宗时,良家子"又私置盐店六所,及收诸津渡盐税以给焉"。① 良家子的这种非法行为对地方正常的食盐贸易流通造成很大不便,加剧了销售成本,导致民食贵盐。

此外,宋廷为保障四川官盐的市场份额,对民间商贩食盐的贸易量进行严格限制,实施政府专卖,阻碍食盐的市场流通。这种情况在川峡四路均较为普遍,如太宗太平兴国五年(980),宋廷于梓州置榷盐院②,严格当地食盐专卖政策。仁宗时,因成都府、利州两路盐产最薄,朝廷诏令民间"并食大宁监、解池盐,商贾转贩给之",然至庆历中,"令商人入钱货益州以射大宁监盐者,万斤增小钱千缗,小钱十当大钱一",终因过于提高商贩税收,"贩者滋少,蜀中盐踊贵,斤为小钱二千二百",打击了自由买卖。③ 嘉祐间,绍熙府荣德县存在官吏克扣盐课、阻碍商贩自由贸易的行为,"盐为吏克减,行旅不通,抑配齐民为害"。④

神宗熙宁九年(1076),四川官方为与民间商贩争夺盐利,对商贩入蜀进行严格限制,"更不许客人兴贩入川陕路"。⑤ 熙宁间,朝廷禁止解盐通商入蜀,强制销售官盐,知洋州文同上奏论其不便:"近又准朝旨尽行榷盐,不许私商兴贩,官自置场出卖。……今既一切禁止客人,不令贩卖,……当此之时,盐不足矣。"⑥在文同看来,朝廷为保障官盐市场,禁止民间商贩,首先因运输成本过高,造成民食贵盐;其次因政府食盐调拨滞后,致民间食盐匮乏;

① 《建炎以来朝野杂记》甲集卷一八《兵马·兴元良家子》,第409页。
② 《宋史》卷二八七《宋湜传》,第9656页。
③ 《宋史》卷一八三《食货五》,第4473页。
④ 民国《荣县志》之《物产第六》,第388页。
⑤ 《宋会要辑稿》食货二三之二二。
⑥ 《宋代蜀文辑存》卷一七《文同·论官场榷盐宜预为计度状》,第2册,第306页。

再者,政府强制销售官盐,禁止民间私自商贩,会造成民间食盐市场阻塞。元丰元年(1078),提举成都府等路茶场李稷上表请求"商人例买盐入川,变易本钱,岁毋过万席",朝廷采纳其建议,并下令限制四川民间商贩,"仍不得令州县出卖及有抑配"。① 七年(1084),夔州路转运使王宗望乞就"成都府置榷盐司,即两蜀产盐之地置场,其井尽榷于官,然后售之于民",朝廷采纳其议,下诏"成都府、梓州路并为榷盐禁地,煎盐户赴官入中,不得私卖买"。②

高宗绍兴二年(1132),赵开担任四川总领,为增加政府盐利,将四川盐井"尽榷之"。③ 该期东川盐在利州(东、西)路占有较大份额,民间商贩繁盛,然利州路都漕司为贪求税利,"又置通货场于兴元府及阆州,凡商人以盐至二郡者,皆拘入之,必尽鬻於官,乃偿其直",此举造成"商人不能伺";都漕司不仅设置关卡阻塞商贩,又征以重税,"每百斤令输通货钱三引或二引,然后听其他之",以此"货日以壅"。④

孝宗淳熙六年(1179),金州管内安抚司所置盐场阻碍民间商盐,"颇为民害",缘因"金州军民尽食通、泰州盐,凡客旅贩至本州,州官司拘榷在场高价科俵,卖与民间。既以得钱,则拘收库,客旅百端求嘱,方始支还,间有坐待三四年不得钱者"。⑤ 十一年(1184),京西南路转运副使江溥上言金州的做法:"向来金州帅司违法置场,拘卖客人盐货,高价俵卖,……商旅坐困,民食贵盐",要求"乞行禁止"。⑥ 由此可见金州食盐买卖存在的问题主要是官吏贪求盐利,阻碍食盐市场流通,致使商旅坐困,民食贵盐,加重官民食盐矛盾。

光宗绍熙五年(1194),四川总领所上言:"潼川府盐、酒为蜀重害,伏见通、泰州海盐所至,并无征税,而蜀中之盐,官收其土产钱,则已系纳税,又给

---

① 《续资治通鉴长编》卷二九二"神宗元丰元年九月壬申"条,第7129页。
② 《续资治通鉴长编》卷三四七"神宗元丰七年秋七月辛丑"条,第8321页。
③ 《宋史》卷二七《高宗四》,第501页。
④ 《建炎以来系年要录》卷一四一"绍兴十一年九月庚戌"条,第2274页。
⑤ 《宋会要辑稿》食货二八之九。
⑥ 《宋会要辑稿》食货二八之一二。

卖与官引,则亦是官货,所过又从而征之。……又有额外增收,如买酒钱、到岸钱、塌地钱之类,皆是一时增创。乞下成都、潼川府、利州路诸司,申严禁止,不得于盐榷引面官钱额外苛取井户、客人钱物。"①由此可见,该期四川盐课不仅名目繁多,且多为随机增设,此外还存在额外苛取灶户、商人钱物的乱象,严重扰乱食盐市场秩序。

元代同样存在阻碍食盐商贩的情况,主要集中在川北广元路等地。如世祖至元二年(1265),"立兴元四川盐运司,修理盐井,仍禁解盐不许过界"。② 该期四川盐井因战争破坏,荒废严重,民间乏盐的情况较为严重,但政府仍然阻止民间自行商贩;尤其对陕西解盐入川实施严格限制,抛弃了宋代以来川盐不足即运解盐的传统,只能更加激起民间的不满。

二、官方强行禁止民间私开盐井

宋元四川实施食盐官营,大井均被政府控制,如宋代"蜀中官盐,有隆州之仙井,邛州之蒲江,荣州之公井,大宁、富顺之井监,西和州之盐官,长宁军之淯井,皆大井也"。③ 这些大井产盐历史悠久,产量高,成为政府收入的重要来源,而被官方牢牢掌控。为保证官井食盐的市场,满足政府的税收需求,宋代前期四川食盐市场几乎是官盐垄断的天下。然而仁宗庆历、皇祐后,四川民间发明卓筒井(又称小井),形成与官盐相对抗的局面。因蜀中人口众多,官盐昂贵,"两蜀盐价不贱,信乎食口之众"④,因此卓筒井的出现也是民间应需而生的产物。卓筒井相较官井具有钻井深、取卤浓、用力省等优势,因此发展迅速,猛烈冲击官盐市场,"蜀江有咸泉,有能相度泉脉者,卓竹江心谓之'卓筒井',大率近年不啻千百井矣。每筒日产盐数百斤,其少者亦不下百十斤"。⑤ 然而官方对四川迅猛发展的卓筒井不是采用疏导的方式,

①　《宋会要辑稿》食货二八之三九。
②　《元史》卷九四《食货二》,第2390页。
③　《建炎以来朝野杂记》甲集卷一四《财赋一·蜀中官盐》,第301页。
④　[宋]范镇:《东斋记事》卷四,中华书局,1980年,第37页。
⑤　《东斋记事》卷四,第37页。

而是选择禁绝的方式。为保障官盐的市场份额,官方多次下令关闭卓筒井,造成众多盐民失业,加剧了与官方的对抗。这种情况主要出现在益州(成都府)、梓州(潼川府)二路。

宋代益州(成都府)路陵井监、嘉州等处"人户久来开凿盐井,谓之'卓筒'",仁宗嘉祐中,转运司借口卓筒井侵射官盐,"奏请今后更不许卓筒非为,其伪滥也"。① 神宗熙宁中,朝廷"患井盐不可禁",一度"欲实私井,而运解盐以足之",后因难以实现而罢。② 熙宁九年(1076)因成都府路食盐不足,又欲官运解盐,并关闭本路卓筒井,"将本路卓筒井尽行闭塞,因闭井而失业者不下千百家";另如陵井监、嘉州等处,"人户久来开凿盐井,谓之'卓筒'",熙宁中"止以凿井既众,出盐滋多,射破蒲江官井盐价,……惟成都路尽行闭塞,煎井之家由是失业";同期成都路转运判官段介又奏请闭塞"梓州路卓筒盐井"。③ 官方的这些做法不仅造成众多盐民失业,还造成税收的减少,如"井研等县无虑百五十所(卓筒井),逐年出纳银绢及五万数"④,封闭卓筒井后课税亦无。另如邛州,英宗治平中,邛井官盐岁入 250 万斤,然为"丹棱卓筒所侵,积不售",朝廷乃"下令止之,盐登于旧"。⑤ 官方的这些不当做法,激化了地方矛盾,造成盐民对官方的极度不满,加剧了双方对抗情绪。

元代对民间私井的禁止要严格于宋代,虽然其统治时间不长,但也多次明令禁止。元代对私井的盐禁,主要集中在川东夔州路等地,有时也面对全川卓筒井地。如世祖至元八年(1271),"申严东川井盐之禁"⑥;顺帝至元二年(1336),"复四川盐井之禁"⑦。

三、官方强增盐课

宋元官方为保障盐课的征收,重视盐官的设置,并按征收盐课的多少

---

① 《净德集》卷四《奉使回奏十事状》。
② 同上。
③ 同上。
④ 同上。
⑤ 《宋史》卷二八七《宋湜传》,第 9656 页。
⑥ 《元史》卷七《世祖四》,第 134 页。
⑦ 《元史》卷三九《顺帝二》,第 834 页。

予以赏罚。如宋代在盐产集中地多设置监,由知州、知县兼任,监官"掌茶、盐、酒税场务征输及冶铸之事,诸州军随事置官,其征榷场务岁有定额,岁终课其额之登耗以为举刺"。① 元代政府的重要开支亦需仰仗盐课,世祖至元元年(1264),朝廷曾诏以"四川茶、盐、商、酒、竹课充军粮"。② 因食盐的产量、盐课的多少与盐官的升迁直接关联,造成盐官在地方强求产量、强增盐课,每当"井源或发或微,而责课如旧,任事者多务增课为功"③,加重了盐民负担。这种情况在全川皆有存在,但以川西地区最为严重。

如宋太祖开宝中,梓州路昌州共有 7 口盐井,岁纳盐课 27060 斤,本以为重负;然知州李佩上任后,"率意掊敛,以希课最,废诸井薪钱,于岁额外课部民煮盐",又强增"虚额盐万八千五百余斤",致使"民不习其事,甚以为苦,至破产不能偿,其数多流移入他部";李佩在强增盐产的同时,对盐税的数额亦予增加,"积年之征不可遽免,欲均于诸州,作两税、草估、钱米以输官"。④ 李佩的做法严重扰乱了当地正常的食盐生产秩序,造成民间的怨恨,加重中了官民食盐冲突。

太宗淳化元年(990),大宁监因盐官贪污柴薪钱却又强求产量,造成盐民无法完成课额任务,以此而被拘押者众多,"时主事者悉多逋负,械系不减百人";二年(991),臧丙出任大宁监通判,盐民皆上请:"盐之要在积薪,于夏秋煮井,于冬春则辑事矣。向者官给柴本钱,主事者恣为私用,薪既不登,盐将安出?"⑤可见大宁监盐民无法完成课额,主要因为盐官贪污柴薪钱,致使灶户无柴薪煮盐所致。

真宗时,富顺监盐井因"岁久卤薄而课存",然"主者至破产,或鬻子孙不能偿",官府不顾实际强求产量的行为只能强化盐民的反抗。⑥ 同期,除

① 《宋史》宽一六七《职官七》,第 3984 页。
② 《元史》卷五《世祖二》,第 96 页。
③ 《皇朝编年纲目备要》卷一三《仁宗皇帝》,第 295 页。
④ 《文献通考》卷一五《征榷考二·盐铁矾》,第 436 页。
⑤ [宋]王禹偁:《小畜集》卷二八《谏议大夫臧公墓志铭》,文渊阁《四库全书》本。
⑥ 《宋史》卷二八八《任布传》,第 9683 页。

富顺监外,四川其余产盐区亦存在同样情况,"时诸州盐井,岁久泉涸,而官督所负课,系捕者州数百人"。① 仁宗庆历间,四川盐井仍存在卤水淡薄不能煎盐、或盐井废坏的现象,但官府为强增课额,亦不加削减,致使盐民多纳虚课。庆历元年(1041),有臣僚上言:"两川盐井年深,咸源不发,并有已废铁冶、水碓,而人户虚纳课利。"②哲宗皇祐间,荣州有盐井 40 余所,"昔以岁课之重,乃抑乡民以分主之,年祀既远,水泉有盈竭,户力有兴替",然当地盐官不顾井盐生产实际,一味强求产量,造成民间怨恨。③

高宗绍兴初,因官方强增盐课,"成都、潼川、利州路十七州盐井户自元丰间岁输课利钱银绢,总为直八十万缗",比建炎间"所输已增数倍";然而官府为强求课额,竟不肯蠲减,"井有耗淡而盐不成者,官司虑减课额,不肯相验封闭"。④ 当时"蜀中盐课最盛者莫如简州,旧为课利钱才千三百缗,绢千九百匹,银百两",在官府强增下"岁课至四十八万余缗";随后"他州仿此,自是岁益增加,合三路所输,至四百余万缗,而夔路十三州及隆、荣、邛、岷诸州官煎者不与焉"。⑤ 绍兴二年(1132),四川总领赵开变革盐法,在执行中因官府强调对盐井的控制及盐课的征收,而对民间的利益照顾不够,"盐脉盈缩不常,久之井户月额不敷,则官但以虚钞付之,而收其算,引法由是坏";当时"井户既为商人所要,因增其斤重以予之,每担有增百六十斤者。又逃废绝没之井,许人增其额以承认,小民利于得井,每界递增盐课既益多,遂不可售。而引息、土产之输无所从出,由是刭缢相寻,公私交病"。⑥ 在赵开的盐政改革中,盐民受到官府与大商人的双重压迫,成为最大受害者。孝宗淳熙间,邛州强求盐课,蒲江盐井"岁欠百三十余万",后果便是"自郡守增岁课,归并于州,以资少府私用,而民始病"。⑦

---

① 《宋史》卷二九八《马亮传》,第 9916 页。
② 《续资治通鉴长编》卷一三四"仁宗庆历元年冬十一月丙寅"条,第 3199 页。
③ 《安阳集》卷四六《佲殿中丞公彦墓志铭》。
④ 《文献通考》卷一六《征榷考三·盐铁》。
⑤ 《增入名儒讲义皇宋中兴两朝圣政》卷一二《高宗皇帝十二》,第 526 页。
⑥ 《建炎以来朝野杂记》甲集卷一四《财赋一·蜀盐》,第 300 页。
⑦ 《鹤山集》卷七八《朝奉大夫太府卿四川总领财赋累赠通议大夫李公墓志铭》。

元代对盐课的要求更为重视,虽然"于时盐井多寡及各井拘榷课税所数目无征",然"榷法至重,为古今所未有"。① 地方盐官为求己私,强增产量,导致盐课越来越重,"自兴利之臣,图进身之阶,但知数羡,遑恤额亏,视初立法,不啻数倍"。② 元初,为与民间争夺盐利,即设拘榷课税所,"分拨灶户五千九百余隶之,从实办课";因其盐课过高,致使灶户破产逃亡,以致"盐井废坏,四川军民多食解盐"。③ 世祖至元十九年(1282),四川盐课为17152引;而文宗天历二年(1329),增至28910引,计钞86730锭,后又添办余盐10000引,带办浙运5000引。④ 因盐课不断增加,致使灶民负担过重,"灶丁外窜,反妨正课"。⑤ 总体而言,元代四川盐课呈愈来愈重的趋势,以致后期"视中统、至元之数,已增几二十倍矣"。⑥ 元代四川盐场除完成本区盐课外,有时还要替川外其他盐区完成课额,承受双重负担,情况远甚于宋代。

四、官盐价高致使民食贵盐

宋元四川作为全国最重要的井盐产区,随着卓筒井技术的运用,食盐产量迅速增加,官方又不时放开解盐等商贩入川。以此论之,四川的食盐拥有量基本可以满足川内百姓需求;然官府为掠取民间高额盐利,任意提高盐价,造成民食贵盐或民间乏盐。政府肆意提高盐价,突破民间的承受能力,只能加剧民间反抗,导致他们通过偷开私井、贩卖私盐的行为加以反抗。另外,宋元严格实施"划界行盐",要求"并划销地,各有区域,不准逾越,违则罪之"。⑦ 官方严格"行盐地面"的规定,禁止"犯界",主要目的是为了保证官盐的销售,使一些质量低劣的官盐能够卖出去。⑧ 此举严重阻碍了民间

---

① 光绪《井研志》卷六《食货二·盐法上》,第459页。
② 李修生:《全元文》卷五六○《陆文圭一·流民贪吏盐钞法四弊》,江苏古籍出版社,1999年,第17册,第467页。
③ 《元史》卷九四《食货二》,第2390页。
④ 嘉靖《四川总志》卷一六《经略志·盐法》,第305页。
⑤ 同上。
⑥ [元]苏天爵:《元文类》卷四○《经世大典序录·盐法》,清光绪十五年(1889)江苏书局刻本。
⑦ 《四川盐政史》卷八。
⑧ 《中国盐业史(古代编)》,第453页。

食盐市场的正常流通,也是民间乏盐的一个重要原因。

　　从宋代四川的人口发展看,每人每年平均食盐量不足 1 斤,远远低于当时全国平均 4.5 斤的食盐标准;而田秋野、周维亮《中华盐业史》称根据现代科学研究,每人每年需食盐 7.3 公斤。① 元代四川井盐较宋虽下降严重,从人口数量看,至元十九年(1282)"四川民仅十二万户",以此论之人均食盐量要多于宋朝。② 但因政府对食盐的控制要比宋代严格,民间食盐匮乏的情况依旧未得缓解。总体来论,宋元四川民间食盐的匮乏完全是人为因素所致,尤其是官府肆意提高盐价,这种情况以川西最为严重。

　　如宋仁宗庆历元年(1041),有臣僚曾上言:"西川近增盐价,致民乏食"。③ 神宗熙宁九年(1076),侍御史周尹上言:"伏见成都府路州县户口蕃息,所产之盐食常不足。梓、夔等路产盐虽多,人常有余,自来取便贩易,官私两利,别无奸弊。访闻昨成都府路转运司为出卖陵井场盐,遂止绝东川盐,不放入本路货卖,及将本路卓筒井尽行闭塞,……致日近成都府路盐价涌贵,每斤二百五十文足。更值丰岁,以二斗米只换一斤盐,贫下之家,尤为不易。"④在周尹看来,西川食盐不足、东川食盐有余,应当遵循东盐西运的传统,实现川内自足。但官方关闭民间卓筒井、禁止川东盐贩卖,不仅造成西川盐价过高,民食贵盐;而且禁止民间商贩,也会导致食盐流通不畅,致使民间乏盐。神宗熙宁间,四川盐区因官方"尽榷民间食盐",造成"商旅不行,官盐复不继,于是民苦食淡"。⑤

　　哲宗元祐元年(1086),朝廷委任郭概担任成都路提点刑狱"体量盐事",郭概为保障邛州官盐专卖,同样阻碍川东盐进入西川市场,导致民食贵盐。右司监苏辙上书弹劾,称"四川数州卖邛州蒲江井官盐,斤为钱百二十,

---

① 《中国井盐科技史》,第 149 页。
② 《元史》卷一二《世祖九》,第 247 页。
③ 《续资治通鉴长编》卷一三四"仁宗庆历元年冬十一月丙寅"条,第 3199 页。
④ 《宋会要辑稿》食货二四之一〇。
⑤ 《丹渊集》卷首附录《宋故尚书司封员外郎充秘阁校理新知湖州文公墓志铭》。

近岁碱泉减耗，多杂沙土，而梓、夔路客盐及民间贩小井白盐，价止七八十，官司遂至抑配，概不念民朝夕食此贵盐"。① 元祐间，夔州路守臣"强狠不奉法"，因"大宁井盐为利博"，遂"辄储其半供公上，余鬻于民，使先输钱，盐不足给，民以病告"。②

孝宗淳熙十一年（1184），金州帅司于当地"置场拘买商盐，高价科卖，致商旅坐困，民食贵盐"；光宗绍熙间，杨辅担任四川总领，为保障食盐专卖，"栈闭助筒二千有奇，申严合同场旧法，禁斤重之踰格者，而重私贩之罚，盐直由是顿昂"。③ 宋元民食贵盐或民间乏盐，严重造成了四川民间对官方政策的不满，成为官民食盐冲突的最重要原因。

第二节　宋元四川民间对官方盐权控制的反抗

一、四川民间食盐走私及地理分布

宋元民间私盐的来源主要有三种途径：一是盐户在完成官课之外私自生产的；二是盐官、军官、军人在运盐途中或盐场仓中所盗而来；三是盐商贿赂盐场官或盐仓官而多支之盐。④ 从私盐的三种来源看，盐户与贫困军人从事食盐走私是本节讨论的重点，他们食盐走私主要为养家糊口，是作为官方食盐垄断的对立面而出现。军人虽然与平民灶户职业不同，但贫苦的士兵同样受到军官的剥削压迫，一如盐官对盐民的压迫，他们从事食盐走私主要为生活之需，因此相对于官方，他们皆具有"民"的属性。而盐官及大盐商走私则纯粹是以牟利为目的，并非生存需要，且其本身即为官方或与其保持密切联系，所谓"缉获而受惩者皆小民，谋一口一斤迫之；出于无赖者，其上亏国计、下蹙民生之大宗私贩固逍遥法外，所谓窃钩者诛，窃国者侯也"。⑤

---

① 《宋史》卷一八三《食货下五》，第4474页。
② 《宋史》卷三五三《程之邵传》，第11150页。
③ 《宋史》卷一八三《食货下五》，第4475页。
④ 《元代榷盐与社会》，第189页。
⑤ 《四川盐政史》卷九。

因此这类群体不属于本节所讨论的"民"的范畴。

（一）宋代川盐走私及地理分布

宋代川盐实行官营，"其监则官掌，井则土民干鬻，如数输课，听往旁境贩卖，唯不得出川峡"。①　然因蜀中盐价过高或政府课税过重，民间从事走私贩卖者众多。从宋代川盐走私记载看，川外主要是解盐入蜀，走私地多集中在川北利州（东、西）路。利州（东、西）路与陕西解盐区毗邻，又有入川通道相联系，走私极为便利。南宋时该区又是国防沿边，境内流民混杂，成为解盐走私的重点区域。如高、孝宗绍兴、乾道间，在利州（东）路梁、洋、大安、巴、蓬5州之地，因其靠近宋金边界，边民为生计所需，多以走私解盐为生，"边民之勇悍者，或无常产，又自名为'忠义人'，多以贩解盐为生，啸聚边境"；在利州（西）路从事私盐贩运的边面以"关外四州为尤盛"，即阶、成、西和、凤四州。②　南宋川边解盐的私贩活动多通过群体方式，选择偏僻道路，以对抗或规避官府的缉私，如"（解盐）味厚而直廉，边人多盗贩者，往往十百为群，遇巡尉出逻，则蹋开生路以避之，有司亦不敢问，第遥护之出境而已"。③

孝宗淳熙四年（1177），金州都统司"军人贫甚"，为谋生计，只得"私贩茶、盐"，亦通过金州连接陕西的便利走私解盐入川。④　七年（1180），沿边人盗贩解盐私入川界多经由兴州、兴元府。⑤　淳熙十年（1183），兴元府都统制又注意到利州（西）路阶、成、西和、凤州仍是民间食盐走私的重点区域。⑥　淳熙十一年（1184），据均州知州何惟清的奏报，四川民间亦有从京西南路贩运解盐入川，由均、房二州走利州（东）路东界入蜀。⑦

相较于川外的食盐走私，川内走私主要发生在东、西两川之间，重点为

---

① 《文献通考》卷一五《征榷考二·盐铁矾》，第436页。
② 《建炎以来朝野杂记》甲集卷一八《兵马·利路义士》，第408页。
③ 《建炎以来朝野杂记》甲集卷一四《财赋一·解盐》，第301页。
④ 《宋史全文》卷二六上《宋孝宗五》，第1807页。
⑤ 《增入名儒讲义皇宋中兴两朝圣政》卷五八《孝宗皇帝十八》，第1819页。
⑥ 《增入名儒讲义皇宋中兴两朝圣政》卷六〇《孝宗皇帝二十》，第1887页。
⑦ 《增入名儒讲义皇宋中兴两朝圣政》卷六一《孝宗皇帝二十一》，第1911页。

益州(成都府)路与夔州路。如神宗熙宁间,因成都府路食盐匮乏,官方搬运解盐入川,而当时东川夔路盐价较低,"嗜利苟活之人,至以兵仗裹送贩易"。① 高宗绍兴间,开州温汤井灶户被官吏盘剥严重,因开州在"巴东穷陋处",盐民无有生计,只能贩私盐以抗衡;大宁监盐井为"夔路财货之所出也",同因"吏不得人",造成盐民"私贩卤折"。②

（二）元代川盐走私及地理分布

元代四川经历长达40余年的宋元战争,盐井损坏严重,加之官府"划界行盐"及禁止民间商贩,造成四川民间食盐匮乏的情况远甚于宋代。因此元代食盐走私更是难以避免,然因史料原因,这方面的记载极为匮乏。从元初"盐井废坏,四川军民多食解盐""(至元二年)立兴元四川盐运司,修理盐井,仍禁解盐不许过界"看,元代川外食盐走私多从广元路、夔州路等地偷运解盐入境。③ 这条走私路线与宋代解盐的私贩基本一致,如"景绍华等私盐案"即体现了解盐走私入川。成宗大德元年(1297),有船户景绍华等人走私解盐入川,被重庆路录判乞石烈等捉获,共追缴私盐 3226 斤,并没官钱、中统钞 100 锭 21 两 5 钱;重庆路官府随后牒发西蜀四川道廉访司"以赃罚通关起解陕西行省了当看详",廉访司送户部"照得应犯私盐茶课各处转运司追断解课"。④

元代四川食盐走私除传统的经陕入川外,还新增经由长江水路由川入湖广。如仁宗延祐四年(1316)三起"犯界食余盐货"案便体现了这一变化。该年正月,商人王阿孙收买被毡,驾船前来江陵,到四川夔路巫山县用中统钞五钱买到大宁蜀盐一斤,"除食用外,剩下约有一十两五钱重,到于巴东县东界越过盘捉"而被抓获,四川廉访分司予以"量情决四十七下";二月,湖广巴东县人祝元广"因变卖牛只,前到四川夔路巫山县信田村将木盆二个送

① 《皇宋通鉴长编纪事本末》卷七六《周尹措置蜀盐》,第 2495—2496 页。
② ［宋］叶适:《水心集》卷二六《故昭庆军承宣使知大宗正事赠开府仪同三司崇国赵公行状》,文渊阁《四库全书》本。
③ 《元史》卷九四《食货二》,第 2390 页。
④ ［元］佚名:《元典章》卷二二《户部八·盐课》,中华书局、天津古籍出版社,2011 年,第 859 页。

于白庆、刘文禄作土仪,各人共将蜀盐一斤一十二两作回礼",祝元广"除食用外,将盐四两与外甥谭应兴食用,首告到官",湖广官府议得"祝元广即系犯界盐货,依例杖六十,将犯界蜀盐发付巫山县收管发落";同年,湖广随州应山县人李子顺,在四川重庆路涪州管下杨北市地土耕作,"用中统钞一两,从涪州文把头处买到蜀盐一斤四两,除在船食用,将余盐一十一两包藏裙腰意图食用,越过巴东县界致被盘获,称计蜀盐七两",湖北道廉访分司因其"将食用蜀盐犯界,押发涪州收管,以例施行"。①

元代川内食盐的走私仍集中在东、西两川,主要有嘉定路等地。如顺帝至元三年(1337),众多襄、汉流民聚居原宋绍熙府故地"至数千户",这些流民为求生计,在当地"私开盐井,自相部署,往往劫囚徒,杀巡卒",形成较大的食盐走私集团。②

二、四川民间偷开私井的反抗

宋元四川盐区著名的大井皆为官方掌握,对大井采取两种控制方式,规模较大的设置监官直接经营,规模小的则通过有职役的衙前或富有的豪民主持。而一般的普通盐民则只能在官营井监服役或向官井买卤水而自行煎炼,但要缴纳沉重的课税。在官井对四川食盐市场的垄断下,官方为追求高额盐利,不断提高盐价,同时食盐的质量也有所降低,造成民食贵盐。然在宋仁宗庆历、皇祐间,随着蜀中卓筒井技术的发明,为灶户私开盐井对抗官井提供了机遇,"凡筒井皆用机械,利之所在,人无不知"③。卓筒井具有占地小、易于掩藏、容易逃避课税的特点:"盐井周围不过数寸,其上口一小盂覆之有余","逃课掩盖至易,不可穷诘"。④ 因此一经发明开采,迅速成为盐民对抗官井食盐垄断的重要手段。这主要体现在益州(成都府)、梓州(潼川府)及夔州三路卓筒井盐区,如高宗建炎间"若隆、荣等十七州,则皆竹筒小井"⑤,这些

---

① 《元典章》卷二二《户部八·盐课》,第862—864页。
② 《元史》卷一九〇《赡思传》,第4353页。
③ 《东坡志林》卷四《井河》,第206页。
④ 《天工开物》之《作咸第五·井盐》,第172页。
⑤ 《建炎以来朝野杂记》甲集卷一四《财赋一·蜀中官盐》,第301页。

盐区成为四川民间偷开私井对抗官府的重点区域。

（一）井户抗拒盐税偷开私井

宋代卓筒井在开凿之初，政府尚未视为私井，然而官府为贪求大井盐利，不断加重盐税，灶户为求生计，只得冒法大量开凿私井。如神宗熙宁中，盐民在"忠、万、戎、泸间"又私自开凿众多小井，以致官府感叹："戎界小井犹多，止之实难。"①高宗建炎间，朝廷在收缴盐课的前提下，允许民间小井经营："民间自煮之，岁输课利钱银绢总为八十万缗。"然绍兴二年（1132），赵开担任四川总领，为增加盐税"始变盐法，尽榷之，仿蔡京东南、东北钞盐条约，置合同场以稽其出入，每斤纳引钱二十五，土产税及增添约九钱四分，所过税钱七分，住税一钱有半，每引别输提勘钱六十，其后又增贴纳等钱"；在官方的高额盐税催征下，民间只得另行偷开私井对抗，"今井户多凿私井，务以斤重多寡相高，故盐日多，价日贱，而其法益坏"。② 可见官府在灶户经营中的不恤民情及任意增加课额，是激起民间偷开私井的重要原因。

（二）井户为寻求盐利私开盐井

宋代官营井监服役的灶户和井夫大多是从民间征调而来，另有一部分来自士兵和罪犯。③ 因官井工匠多为强制服役，其生产效率难以保障；加之部分盐官贪污腐败，导致官盐的成本过高，质量难有保障。元代同样如此，官井工匠多为强征而来，技术水平参差不齐，匠官贪污营私中饱，造成成本过高。④ 官盐一方面价高质次，另一方面又凭借政府专卖政策强卖，"官盐多恶杂不可食，往往抑售于民，州郡第利其赢，无能正之者"，因此成为民间偷开私井以谋盐利的重要诱因。⑤

宋哲宗元祐元年（1086），邛州蒲江县官盐"旧价太高，以蒙朝廷权减斤

---

① 《皇宋通鉴长编纪事本末》卷七六《周尹措置蜀盐》，第 2495 页。
② 《建炎以来朝野杂记》甲集卷一四《财赋一·蜀盐》，第 300 页。
③ 《中国盐业考古——长江上游古代盐业与景观考古的初步研究》，第 410 页。
④ 《元史学概说》，第 395 页。
⑤ 《建炎以来朝野杂记》甲集卷一四《财赋一·蜀中官盐》，第 301 页。

为八十五钱,然污杂湿恶,积弊未除",且官府"专用食邛州,禁外来官盐及小井盐"。① 可见蒲江官盐存在严重的价高质次问题,且设置贸易壁垒,禁止外来食盐入境;在民间乏盐的市场需求刺激下,小民为经营盐井致富自发私下偷开私井。隆州井研县亦存在类似情况,宁宗开禧间,隆州井研县官井"掌监者岁以官盐数万赋于民,味恶而直倍。自绍兴以来监泉之货易者,邑民具算以补乏,而每岁总赋者始征之,于是公私俱病"②。可以说民间偷开私井的目的,就是为了打破官盐价高质次的垄断,通过提供相对官盐价廉的小井盐,在食盐市场中分得一杯羹,在谋取盐利的同时,在一定程度上也解决民众日常用盐所需。

民间私开盐井对抗官盐垄断盐利的状况以川西石脚井最为典型。宋代眉州彭山、丹棱县,嘉定府洪雅等县"皆有石脚井筒,其实硝也,……然必得隆、荣诸井之卤对炼,而后可成盐";石脚井为盐民与官府争利而私开的小井,"官未榷盐时,小民或私煎求利"。③ 神宗元丰三年(1080),官方对其立法禁止;徽宗崇宁初,成都府路常平司将其"俾之监榷",三年(1104),尚书省言:"丹棱、洪雅等县多有石脚井苦盐,不堪食用,乞依元丰法禁人开炼。"④可见官方为防止民众损害官盐利益,借口石脚井盐质太差,屡次加以封闭。

高宗绍兴二十四年(1154),眉州彭山县瑞应乡又有盐户"始有盗贩卤饼拌和硝石煎成小盐,低价以售者",再次私开小井;官方马上再予拘榷,"凡三十六井,岁输官钱万七千余缗";既而总领所"以为不便,言于朝,复行栈闭,以其课额均于邻近嘉、荣、隆、简四州之井户,谓之'石脚钱'"。⑤ 宁宗嘉定五年(1212),多悦盐民"有犯法私炼者,州既抵罪",四川制置使司遣夔州路兵马都监杨仲端"往山门措置,自后月得小盐一万五千斤,皆不

---

① 《续资治通鉴长编》卷三八一"哲宗元祐元年六月甲寅"条,第9274页。
② 《宋代蜀文辑存》卷七七《李心传·井研县东岳庙记》,第2册,第322页。
③ 《建炎以来朝野杂记》乙集卷一六《财赋·四川石脚井》,第786页。
④ 同上。
⑤ 同上。

用引钞,径行发卖,岁责息钱一万九千二百缗",但盐民仍旧"盗煎私贩者因亦肆行"。① 从四川石脚井官民盐权博弈的现状看,官方或将其关闭,或将其征课,游离于禁与不禁之间;而民间则抓住食盐市场对低廉盐价的需求,不时私开盐井,与官方展开盐利的争夺。

元代虽然对民间食盐的控制更加严格,但仍不能禁止,主要原因通为官盐的价高质次,民众冒法私开盐井贩卖"不过以官盐价贵,私盐价贱而已"。② 因其官盐定价过高,"今之官盐,计其工本,每引止于半锭,而卖之于民,则价不止四锭,而一引之中,本居其一,而利居其七也";而私盐之贱者"或一贯四斤,甚者或一贯五六斤,或七八斤",所谓"一贵一贱,相悬如此,宜贫民之不肯买食官盐,而但食私盐,虽有严法,不可得而禁遏也"。③ 故民间出于与官方争夺盐利的目的,私开小井仍然屡禁不止。

三、民间制造舆论对官方盐权控制的反抗

宋元四川盐区的官民盐权博弈中,官方凭借手中掌握的权力实现了对食盐的垄断;民间基于弱势地位,为了应对官方的盐权控制,除了行为层面上的偷开私井与贩卖私盐外,还重视通过对民间舆论的营造表达对官方贪酷的不满,以赢得社会各阶层的同情与支持。美国学者斯科特在研究平民与官方的斗争博弈时,使用了"弱者的武器"这一称谓,认为"流言蜚语"是一种"弱者"在权力和可能的镇压使公开的不敬举动变得危险的情境下的"民主之声";"弱者"通过使用社会舆论,"以低姿态的反抗技术进行自卫性的消耗,或用坚定强韧的努力对抗无法抗拒的不平等,以避免公开反抗的集体风险"。④ 宋元官方为了实现对盐利的争夺,通常使用强增盐课、强求产量、增加劳役、实施专卖、加强缉私等手段,实现对民间灶户的剥削与压迫。

---

① 《建炎以来朝野杂记》乙集卷一六《财赋·四川石脚井》,第786页。
② 《全元文》卷一四三四《史伯璇一·代言盐法书》,第46册,第421页。
③ 同上。
④ (美)詹姆斯·C·斯科特著、郑广怀等译:《弱者的武器》,译林出版社,2007年,第282页、第35页。

民间对官方的反抗除有行为层面的实施，另外营造民间舆论也是他们表达不满的一个重要手段，如该期四川民间流传的一些因果报应的"流言蜚语"，便是这一现象的折射。这种民间舆论性的反抗，在川西、川东及川南皆有相关记述。

（一）宋代民间舆论对官方盐权控制的反抗

在南宋洪迈的《夷坚志》中，记载了东、西两川民间舆论反抗的两个例子，通过对四川"盐官"这一形象进行的"污化"处理，营造他们不得善终来表达民间的现实不满。如永康军导江县人王某，"以刻核强鸷处官"，高宗绍兴五年（1135）出任四川都转运司干办公事，"被檄榷盐于潼川路"。王氏上任后，"躬诣井所，召民强与约"，以贪求盐利强征民间盐课，"率令倍差认课，当得五千斤者，辄取万斤。来岁所输不满额者，籍其赀"。独立经营的灶户如不能按期完成任务，则强行没收其盐井，"王心知其不能如约规，欲没入之，使官自监煎"。在王氏的追催下，潼川府路盐额倍增，自己亦因功升迁，"既复命，计使以盐额倍增，荐诸宣抚使，得利州路转运判官"。在民间舆论的营造中，王氏死后在阴间被罚为一头牛受苦，"公服后穿，出牛一尾"，逢人便懊悔无已，"犊仰首泪下"。① 民间对王氏"人死为牛"的营造，一方面是对官方盐权垄断的心理宣泄；另一方面则是对其他盐官的"警示"，暗示其为官不应过于贪酷。

另有蔡待制之子某，高宗建炎间得监大宁监盐井，携带全家赴任，其家眷同处一舟，而蔡某"私挟外舍妇人别乘一小艇，日往焉，常相距数里，至暮或相失"，其妻对其寻欢作乐的品行极为痛恨，遂杀其二子加以惩戒，自己亦自刭而死。蔡某以"与嬖人之官，持身复不谨"，为郡守王某所弹劾，因"其家多赀，悉倾倒以献，仅得免"，未几亦卒。② 民间舆论对蔡待制之子的批判，是基于其道德品行的败坏，从"持身不谨""其家多赀"的信息看，可以推想民众对其赴任后的作为必是失望的。

---

① ［宋］洪迈：《夷坚志》甲志卷一七《人死为牛》，中华书局，1981 年，第 147 页。
② 《夷坚志》丁志卷一四《蔡待制之子》，第 659 页。

（二）元代民间舆论对官方盐权控制的反抗

元代柏兴府有关"开井姥姥"的传说,同样体现了官民食盐冲突中民间通过舆论进行的反抗。传说元代当地有一牧羊女,在牧羊时发现盐泉,回去告诉别人。自此,当地百姓纷纷前来架锅熬盐,四方经商者络绎不绝,为纪念牧羊女的发现,民众尊其为"开井娘娘"。然而却激怒了当地官府,因牧羊女发现盐泉不先告官,而将其杀害。民众闻知牧羊女遇害的噩耗,从四面八方赶来攻打官府,衙门转眼被焚烧,官员在混战中也被打死。①"开井娘娘"的传说体现了民间对官方争夺百姓盐泉的痛恨,以及在博弈中能够保障自身盐权利益的心理寄托。

通过上述三例,可以窥探宋元四川民间对"盐官"群体的德政败坏之"记忆",这既是民间在盐权博弈中对抗官方的一种手段,也是四川官民冲突根源的一种折射。

第三节　宋元四川官方对民间盐权抗争的政策调整

一、官方对民间私贩进行宽严相兼的盐法制定

宋元盐法的制定是官方调节与民间食盐冲突的重要内容,如果官方对民间食盐控制过于严格,遭致民间的激烈对抗,则会通过宽减的手段予以缓和;而如果盐法过于宽松,又会放纵民间私开私贩,危害官盐市场,又通过严峻手段予以震慑。因此宋元官方通过对盐法宽严相兼的制定,再运用相关缉私手段,在保障政府盐利收入的前提下,实现与民间盐权冲突的缓和。

（一）宋代盐法对民间私贩的整顿

宋初鉴于"五代时盐法太峻",太祖建隆二年（961）,"始定官盐阑入禁地法,贸易至十斤、煮碱至三斤乃坐死;民所受蚕盐以入城市三十斤以上,徒三年;增阑入三十斤、煮碱至十斤,坐死;蚕盐入城市百斤以上,奏裁"②;三

---

① 《中国盐文化史》,第298页。
② 《文献通考》卷一五《征榷考二·盐铁矾》,第438页。

年（962），诏"宽曲、盐、酒禁"①；乾德四年（966），又诏"重宽盐麹法，官盐阑入至百斤，煮碱至五十斤；主吏贩易及阑入百斤以上，乃死。蚕盐入城市及商人阑入至三百斤以上，加役、流、杖、徒之等，亦从厘减"②。此后宋廷多次下诏"优宽"，至太宗太平兴国二年（977）"乃诏阑入至二百斤以上、煮碱及主吏盗贩至百斤以上，蚕盐入城市五百斤以上，并黥面送阙下"。③ 五年（980），西川路转运使聂泳上奏请减四川私贩禁法，朝廷乃下诏："西川诸州民，比者但犯盐禁，皆部送京师。自今不满十斤，委所在州府依法区分；十斤以上，并依旧部送赴阙。"④端拱元年（988），"除西川诸州盐禁"。⑤ 经过朝廷盐法的宽减，对民间食盐私贩起到很好的制约作用，并有助于柔性解决走私问题，以减少官民对立情绪，所谓"法益轻，而犯者益鲜，累朝复从宽减，不复用死刑矣"。⑥

然而官方并未一味宽减盐法，仁宗景祐四年（1037），为严禁食盐走私，下令对地方查禁不利的官员予以惩处，诏"沿边都监押虽不兼监场务，或有兴贩私盐酒等，公然容纵，不捉赴官，致亏课利。自今须多方巡辖，不得违慢。如别彰露，监押并勘罪施行"⑦；同期，又制定对百姓私贩食盐的惩罚条例，如"诸色犯私盐兴贩入禁地，……今以一两杖八十，二十斤杖一百，四十斤徒一年，每四十斤加一等，四百斤加役流"。⑧ 从条例看，官方对食盐私贩的处罚仍是十分严厉的。庆历二年（1042）春，朝廷针对民间解盐走私入蜀猖獗的现状，下诏"仍禁私盐入蜀，置折博务于永兴、凤翔，听人入钱及蜀货，易盐趋蜀中以售"。⑨ 又可见官方对解盐入蜀并未一味禁绝，而是用采取官督商贩的方法引导，此举有助于减少官民冲突的加剧。庆历八年（1048），范

---

① 《文献通考》卷一五《征榷考二·盐铁矾》，第 438 页。
② 《续资治通鉴长编》卷七"太祖乾德四年春十一月戊戌"条，第 182 页。
③ 《文献通考》卷一五《征榷考二·盐铁矾》，第 438 页。
④ 《续资治通鉴长编》卷二一"太宗太平兴国五年七月己酉"条，第 447 页。
⑤ 《宋史》卷五《太宗二》，第 83 页。
⑥ 《皇朝编年纲目备要》卷一《太祖皇帝》，第 7 页。
⑦ 《宋会要辑稿》食货一七之二三。
⑧ 《宋会要辑稿》食货二三之三七。
⑨ 《皇朝编年纲目备要》卷一一《仁宗皇帝》，第 247 页。

祥为陕西提刑兼制置解盐使,"除陕西盐禁,推行其法",在范祥鼓励民间商贩的措施下,"旧禁盐地一切通商,盐入蜀者,亦纵不问"。①

高宗绍兴三年(1133),针对四川食盐走私频发,再诏"四川诸州犯私茶盐人并不用赦荫原免,自是天下茶盐皆用重法矣"。② 当时规定"私有盐一斤徒一年,三百斤配本城,煎炼者一两比二两,刑名不为不重",后来又"复降指挥并不用荫原赦"。③ 孝宗淳熙七年(1180),因利路"沿边人盗贩解盐私入川界,侵射盐利",朝廷诏兴州、兴元府都统司"开具已措置禁止事件以闻"。④ 十年(1183),朝廷又诏利路安抚、提举"各申严行下阶、成、西和、凤州禁止,毋得透漏,如未觉察,守令并取旨重作施行"。⑤ 十一年(1184),权知均州何惟清上言"解盐除京西客人搬贩外,更有均、房界入川者甚多,皆是取马官兵附带而去,乞严赐约束",得到朝廷批准。⑥ 光宗绍熙五年(1194),四川制司、总所上言利路沿边食盐走私严重,朝廷又下诏:"兴元府、兴州、金州都督安抚司,督责所部关隘戍守官兵严切禁止,毋令解盐稍有透漏,侵射川盐。"⑦

然而官方为缓和与民间冲突,对食盐走私并未一味重拳打击,而是区分情况不时予以减缓处理。如高宗绍兴十二年(1142),有臣僚上言"乞稍宽私盐之律,以谓州县之间,惨酷冤滥不知几何,欲望小加裁损",请求对民间私贩滥用重法的做法予以整顿,得到朝廷批准。⑧ 孝宗淳熙四年(1177),利州提刑、权金州史俣奏"金州都统司例私贩茶盐,月科与军人每名三斤,高立价直,于请粮处克除",从史氏所言看,官方似乎已经没默认金州贫苦军人可以私贩茶盐,每月缴纳三斤盐课;孝宗在接到上奏后,回批道:"蜀中军人贫

---

① 《皇朝编年纲目备要》卷一三《仁宗皇帝》,第 308 页。
② 《增入名儒讲义皇宋中兴两朝圣政》卷一四《高宗皇帝十四》,第 628 页。
③ 《宋代蜀文辑存》卷三八《常同·论私盐请以绍兴敕断军人私贩依政和指挥疏》,第 3 册,第 598 页。
④ 《增入名儒讲义皇宋中兴两朝圣政》卷五八《孝宗皇帝十八》,第 1819 页。
⑤ 《增入名儒讲义皇宋中兴两朝圣政》卷六○《孝宗皇帝二十》,第 1887 页。
⑥ 《增入名儒讲义皇宋中兴两朝圣政》卷六一《孝宗皇帝二十一》,第 1911 页。
⑦ 《宋会要辑稿》食货二八之四六。
⑧ 《增入名儒讲义皇宋中兴两朝圣政》卷二八《高宗皇帝二十八》,第 1295 页。

甚,岂宜更有克剥,可令李思齐契勘起置月日因依。"实际暂时默认了贫苦军人的私贩行为。① 光宗绍熙三年(1192),朝廷恢复"蜀盐复旧法,听从民间自煮盐,岁输课利"。②

宋代为预防食盐走私,虽无专任缉私官员,但一般任命县尉兼管,县尉"带兼巡捉私茶、盐、矾"。③ 如梓州(潼川府)路广安军渠江县,置"县尉一员,多带兼巡捉私茶、盐、矾,或文武径差,秩同簿,料钱八千"。④ 此外还有巡检司的设置,"或数州数县管界、或一州一县巡检,掌训治甲兵、巡逻州邑、擒捕盗贼事",又有"巡捉私茶盐等,各视其名以修举职业,皆掌巡逻几察之事",对民间走私亦能起到遏制作用。⑤

综合来看,宋代盐法的制定与食盐的缉私体现出"国家与民间的力量一直是在相互借助对方的基础上发展起来的,现实中的官盐和私盐是相伴而生的,相互依赖制约、此消彼长的关系,而不是非此即彼、势不两立的敌对关系";私盐的流动及缉私呈现出食盐流通过程中国家与民间力量的角逐、互动过程,在这个过程中,"国家力量在查缉私盐的同时也为私盐的流通留下了一个弹性的空间,将私盐的流通控制在国家可以容忍的范围内,私盐的空间是官盐与私盐两者力量此消彼长的动态过程,是由双方共同来形塑的"。⑥

(二) 元代盐法对民间私贩的整顿

元代盐法借鉴宋代,对民间私自煮盐、贩盐予以严格禁止,但又会不时加以调整,如放宽盐禁、降低盐价。太宗二年(1230),蒙古"始行盐法",规定"每盐一引重四百斤,其价银一十两";世祖中统二年(1261),"减银为七两",至元十三年(1276)"既取宋,而江南之盐所入尤广,每引改为中统钞九贯"。⑦

---

① 《宋史全文》卷二六上《宋孝宗五》,第 1807 页。
② 《续宋中兴编年资治通鉴》卷一一《宋光宗》,第 249 页。
③ 《宋史》卷一六七《职官七》,第 3979 页。
④ [清]周克堃等:光绪《广安州新志》卷一四《职官》,台北学生书局据 1927 年重印本影印本,1968 年,第 342 页。
⑤ 《宋史》卷一六七《职官七》,第 3983 页。
⑥ 舒瑜:《微"盐"大义:云南诺邓盐业的历史人类学考察》,世界图书出版公司,2010 年,第169 页。
⑦ 《元史》卷九四《食货二》,第 2386 页。

元代对违反盐法者实施重裁,并创立"首告"制度,规定"凡伪造盐引者皆斩,籍其家产,付告人充赏;犯私盐者徒二年,杖七十,止籍其财产之半;有首告者,于所籍之内以其半赏之"。① 同时继承了宋代"划界行盐"的制度,规定"行盐各有郡邑,犯界者减私盐罪一等,以其盐之半没官,半赏告者"②。中统四年(1263),"以成都经略司隶西川行院,禁蒙古、汉军诸人煎、贩私盐"。③ 至元二十年(1283),"申私盐之禁",盐司如管理不力"许按察司纠察盐司"。④ 顺帝元统三年(1335),元廷诏"弛四川盐井之禁,听民煮造,课其税什三",放开四川盐禁;然实施不久,至元二年(1336)又"复申西川盐井之禁"。⑤

元代川盐缉私皆由地方官办理,随时巡察以观勤惰,如办理不力则处分极严:"如有犯界获盐,情事罚俸一月。"⑥元代为防止民间私自凿井煮盐,对盐户立有专门的户籍,与民户分开,归各盐运司管理,盐户都隶属于固定的盐场,不能随意移动;除重大刑事案件仍由"有司归问"之外,其余都由本管盐司理问;盐户世代在盐场上劳动,不得改业,子女"析居"分家时,分出去的也要充灶户。⑦

总体而看,元代盐法及对私盐贩的处理要严于宋代,其宽禁的时间不长,官方缓和食盐冲突的政策要逊于宋代。尤其元代中期后,盐法愈加严密与严厉,对私盐贩及缉私不力的官员皆用重法,如规定"提点官禁治不严,初犯笞四十,再犯杖八十,本司官与总管府官一同归断,三犯闻奏定罪;如监临官及灶户私卖盐者,同私盐法;诸伪造盐引者斩,家产付告人充赏"等。⑧ 对食盐走私,元代亦无专置缉私机构,只通过地方官府对其层层设防,务至禁

---

① 《元史》卷九四《食货二》,第2386页。
② 同上。
③ 《元史》卷五《世祖二》,第93页。
④ 《元史》卷一二《世祖九》,第254页。
⑤ 屠寄:《蒙兀儿史记》卷一六《本纪第十四·妥欢帖睦耳可汗》,中国书店据1934年刻本影印本,1984,年第177页。
⑥ 《四川盐政史》卷九。
⑦ 《中国盐业史(古代编)》,第455页。
⑧ 《元史》卷一〇四《刑法三》,第2647—2648页。

绝,所谓"州有补司,县有尉,固关津要紧所在则有巡检司及镇守军官分任巡逻。私盐之禁,至于纲罗总统督董而运掉之,则一以寄之转运使司,设法之意如此固密"。①

二、官方进行盐政的改革

盐政的紊乱易使地方执行不一,上损国计、下亏民生,由此整顿盐政便成缓和官民食盐冲突的重要保障之一。宋朝立国之初,川盐民间市场管理原有一定之规,"蜀盐自祖宗以来,皆民间自煮之,岁输课利钱、银、绢,总为八十万缗"。② 然因各种原因致令此后盐政紊乱,造成盐民困弊。高宗时,何息为荣州军事推官,"郡盐官咸泉他徙而岁额仍在",何氏变革当地盐政,确立征课规则,"请计利源赢缩立增亏之法"。③ 绍兴二年(1132),赵开担任四川总领,"始变盐法,尽榷之,仿蔡京东南、东北钞盐条约,置合同场以稽其出入"。④ 赵开改革四川盐政的核心是官督商办,"始,赵开之立榷法也,令商人入钱请引,井户但如额煮盐,赴官输土产税而已"。⑤ 在赵开的整顿下,"井户皆不立额,惟禁私盐,而诸州县镇皆置合同场以招客贩。其盐之斤重,远近皆平,其立价均一,故无彼此倾夺之患";同时对食盐价格的调整又考虑了物价波动,"因时之贵贱,而为翕张"。⑥ 赵开的盐政改革有助于川盐市场秩序的确立,然此后四川官方在执行中因征收课额过重,导致盐民为与官府争利,"井户多凿私井,务以斤重多寡相倾,故盐日多,价日贱,而法大坏"。⑦

孝宗淳熙六年(1179),四川制置使胡元质、总领程价为纠正赵开盐政中的漏洞,重新核实盐井,实行推排法:"推排四路盐井二千三百七十五,

① 《全元文》卷一四三四《史伯璇一·上盐禁书》,第46册,第418页。
② 《续编两朝纲目备要》卷二《光宗皇帝》,第26页。
③ 《舆地纪胜》卷一六〇《荣州》,第4862页。
④ 《建炎以来朝野杂记》甲集卷一四《财赋一·蜀盐》,第300页。
⑤ 同上。
⑥ 《宋会要辑稿》食货二八之二七。
⑦ 同上。

场四百五,除井一千一百七十四,场一百五十依旧额煎输;其自陈或纠决增额者井一百二十五,场二十四,并今渲淘旧井亦愿入籍者四百七十九;其无盐之井,即与划除,不敷而抱输者,即与量减;共减钱引四十万九千八百八十八道,而增收钱引十三万七千三百四十九道,庶井户免困重额。"七年(1180),胡元质又上言:"盐井推排,所以增有余补不足,有司务求赢余,盈者过取,涸者略减,尽出私心。今后凡遇推排,以增补亏,不得逾已减之数。"①经过胡、程二人的整顿,四川盐政趋于合理,盐区秩序得以稳定。淳熙间,王叔简通判潼川府,继续整顿当地盐政,"痛洗盐策之弊,凡所兴革皆便于民"。② 光宗绍熙间,朝廷再次诏令四川官方"复修蜀盐旧法"③,对蜀盐价格再予调整。由此可见,宋代对缓和官民盐权冲突的盐政改革,是通过不断的政策调整予以实现,而其积极措施反过来亦有助于冲突的缓和。

元代对四川盐政的整顿同样十分重视,除制定严密的措施外,还积极稳定当地盐区秩序。如顺帝元统中,吉当普出任金四川廉访司事,"请罢盐运司,正盐法,抚流寓,使安耕、凿,……民感其惠"。④

三、官方对盐课与盐额的削减

宋元食盐为四川税收的重要来源,地方官员为谋求私利强求食盐产量、强征盐课的事情时有发生,造成民间骚怨。对此,朝廷已不少有识之士认识到官方强增盐额对四川民间造成的危害。如宋徽宗时,喻汝砺曾上言:"盐碱、榷酤之利,此二物者今日四川之司命。知所以张之,而不知所以弛之,知所以用其利而不知所以救其弊,诛求不已,无以为持久之策矣"。⑤ 朝廷以此多次下令削减,"朝廷切于爱民,多为蠲减,至下赦书,亦每及之"。⑥

---

① 《宋史》卷一八三《食货下五》,第4475页。
② 光绪《广安县志》卷二四《人物志》,第613页。
③ 《续编两朝纲目备要》卷二《光宗皇帝》,第26页。
④ 嘉靖《四川总志》卷二《全蜀名宦总志》,第48页。
⑤ 《建炎以来系年要录》卷一四一"绍兴十一年九月庚戌"条,第2274页。
⑥ 《皇朝编年纲目备要》卷一三《仁宗皇帝》,第295页。

实际上宋廷早在太祖乾德三年(965),即诏"减西川盐价"①;开宝七年(974),以"川峡盐承伪制,官鬻之",于是"诏斤减十钱,以惠远民"②;同年又"减成都盐价"③。太宗太平兴国元年(976),对民间自营盐井的课额予以蠲减,"先是募民掌茶盐榷酤……岁或荒俭,商旅不行,至亏失常课";朝廷认为"甚乖仁恕之道",特下"茶盐榷酤不得增课诏",规定"自今并宜以开宝八年额为定,不得复增"。④ 三年(978),"罢昌州盐井虚额"。⑤ 真宗咸平四年(1001),因四川诸州盐课过高,"盐井岁久泉涸,而官督所负课,系捕者州数百人",朝廷令西川转运使马亮"尽释之,而废其井"。⑥ 大中祥符三年(1010),朝廷因淯井盐课过高,"减泸州淯井监课盐三之一"。⑦

仁宗时,单煦知合州,境内赤水县盐井干涸,代为奏蠲其赋。⑧ 天圣二年(1024),夔州路转运使刁湛上言:"云安军所管盐井,岁课甚多,而武臣知军失于钩考,簿书积有所负,请自今选朝臣为知军",得到朝廷批准。⑨ 三年(1025),夔州路提点刑狱盛京上言:"忠州盐井三场岁出三十六万一千四百余斤,近岁转运司复增九万三千余斤,主者多至破产,被系而不能输",朝廷遂下诏"免忠州盐井所增盐"。⑩ 天圣间,吴仅出知绵州彰明县,"蜀人诉盐井虽泉涸官犹捕系,责课入至坏产,或榜死狱中不得免",吴氏乃"请更法,泉竭盐不出则官闭其井,人获利焉"。⑪ 明道二年(1033),臣僚上言"富顺监盐铺衬竹簟烧淋盐货,倍纳课利",朝廷准予减放,"烧煎衬盐竹簟今后并相度年岁远近,令纳盐课,见欠者并除放"。⑫ 庆历六年(1046),朝廷诏"减邛州

---

① 《玉海》卷一八一《食货·盐铁》。
② 《续资治通鉴长编》卷一五"太祖开宝七年七月壬子"条,第321页。
③ 《玉海》卷一八一《食货·盐铁》。
④ [宋]佚名:《宋大诏令集》卷一八三《政事三十六·财利上》,中华书局,2009年,第663页。
⑤ 《玉海》卷一八一《食货·盐铁》。
⑥ 《续资治通鉴长编》卷四八"真宗咸平四年春正月己亥"条,第1045页。
⑦ 《文献通考》卷一五《征榷考二·盐铁矾》,第436页。
⑧ 《宋史》卷三三三《单煦传》,第10714页。
⑨ 《续资治通鉴长编》卷一〇二"仁宗天圣二年六月丁丑"条,第2359页。
⑩ 《续资治通鉴长编》卷一〇三"仁宗天圣三年八月戊午"条,第2386页。
⑪ 《郧溪集》卷二一《尚书都官郎中吴君墓志铭》。
⑫ 《宋会要辑稿》食货二三之三七。

盐井岁额缗钱一百万"。① 同年,益、梓、夔三路转运使上言"皆乞增盐井课,岁可为钱十余万(缗)",三司使王尧臣坚持认为不可,奏言"庸蜀僻远,恩泽鲜及,而贡入常倍,民力由此困。朝廷既未有以恤之,而又牟利焉,是重困也",朝廷采纳其议予以蠲减。② 随后,又下诏"天下茶盐酒税取一岁中数为额,后虽羡益勿增"。③ 嘉祐二年(1057),荣州盐区"鬻盐凡十八井,岁久澹竭,有司责课如初,民破产籍没者三百余家",陈希亮时为判三司户部勾院,代为上言,朝廷"还其所籍,岁蠲三十余万斤"。④ 嘉祐五年(1060),范端知云安军,见云安盐课过重,"议蠲盐课以数万"。⑤

神宗时,李周知云安县,"蠲盐井之征且百万"。⑥ 哲宗元祐元年(1086),陵井监进士黄迁上言:"山泽之利,莫过盐井,向者有司于课税之外,更使一井岁输五十缗,谓之'官溪钱'。兴利者因自堕,而羡利反有所遗,愿蠲除之",朝廷乃诏知监黄廉"体量以闻";继而黄廉又奏:"被旨体量民庶上书,陵井盐愿悉蠲除之。今后开兴盐井,除税课外,不许别收租钱",亦得到批准。⑦ 徽宗宣和二年(1120),程敦书任资州资阳县丞,"盐井日征,有程主计者,欲征倍",程敦书劝谏道:"是盈缩无常,今而盈可也,不幸而缩,吾不可奉上官害民,列其实";在程敦书的坚持下,"有司为正",资阳盐课如旧;程敦书后守普州,州内原先"盐井废,所负不入,系狱者百余家",到任后"论其课当除,卒为免其课九十九万一千余斤,钱五万三千余缗"。⑧ 宣和七年(1125),赵开除成都路转运判官,"又减蒲江六井元符至宣和所增盐额"。⑨

高宗建炎三年(1129),朝廷针对四川官方为增加盐课、不肯封闭废井的行为进行整顿,降诏:"访闻川路盐井有岁久井水耗淡煎盐不成去处,人户乞

---

① 《续资治通鉴长编》卷一五八"仁宗庆历六年五月戊子"条,第3827页。
② 《宋史全文》卷八下《宋仁宗四》,第407页。
③ 《皇朝编年纲目备要》卷一三《仁宗皇帝》,第295页。
④ 《宋史》卷二九八《陈希亮传》,第9920页。
⑤ [宋]曾巩:《元丰类稿》卷四三《库部员外郎知临江军范君墓志诏》,文渊阁《四库全书》本。
⑥ 《宋史》卷三四四《李周传》,第10934页。
⑦ 《宋会要辑稿》食货二四之二六。
⑧ 《嵩山集》卷五二《程邛州墓志铭》。
⑨ 《宋史》卷三七四《赵开传》,第11596页。

封闭井口,缘州县虑减损课额,例不肯相验封闭,人户至有破产,……令逐路漕臣躬亲按视,详加体究,如有抑勒人户不肯封闭官吏,奏劾,取旨施行。"① 绍兴二年(1132),胡元质出任四川制置使,上言四川盐课过重:"臣欲择能吏前往,逐州考核盐井之实盈亏之数,先与推排等第,随其盈亏多寡而增损之,必使上不至于重亏国计,下实可以少纾民力,方可施行。"朝廷采纳其建议,诏令"元质与李蘩同共相度措置,条具闻奏"。② 十七年(1147),朝廷采纳四川宣抚副使郑刚中、总领符行中的奏请,"减四川科敷虚额钱岁二百八十五万缗",其中包括夔路当年盐钱六分之一。③ 二十二年(1152),宋廷因夔路等地盐课过高,"诏岁减夔路及蒲江、淯井两监盐钱八万二千缗有奇,夔路盐每斤减二十钱,共为二万七千余缗";另"蒲江减四万四千余缗,淯井元额八万七千余缗,今减八分之一"。④ 二十五年(1155),宋廷命四川总领符行中等"减两川盐酒重额钱七十四万缗"⑤;同年秋,又诏"减四川绢估、税斛、盐酒等钱岁百六十余万缗,蠲州县积欠二百九十余万缗"⑥。二十六年(1156),知嘉州朱昌裔上书减除四川盐酒所欠旧额:"今每岁共收盐酒课息钱一千一百余万缗,比之旧额,几四五倍,遂至趋办不及,积欠数多,……望将未减额以前旧欠,如非侵欺盗用,并行除放。"朝廷命萧振等"相度以闻"。⑦ 二十七年(1157),朝廷诏"捐蜀中盐井虚额";二十八年(1158),再命尚书省"检会节次行下四川制置等司措置条具减盐酒课息钱"。⑧ 二十九年(1159),朝廷诏减"西和州卖盐直之半"。⑨ 绍兴中,虞祺知大宁监,"时盐利多重征",虞氏"悉蠲放",对众言道:"法无重征,例不可坏也。"⑩

① 《宋会要辑稿》食货二五之三四。
② 《增入名儒讲义皇宋中兴两朝圣政》卷一二《高宗皇帝十二》,第1275页。
③ 《宋史全文》卷二一下《宋高宗十五》,第1427页。
④ 《建炎以来系年要录》卷一六三"绍兴二十二年十二月辛酉"条,第2674页。
⑤ 《宋史》卷一七四《食货上二》,第4225—4226页。
⑥ 《宋史》卷三一《高宗纪八》,第582页。
⑦ 《建炎以来系年要录》卷一七五"绍兴二十六年十二月癸丑"条,第2898页。
⑧ 《建炎以来系年要录》卷一八〇"绍兴二十八年十月己亥"条,第2990—2991页。
⑨ 《宋史》卷一八三《食货下五》,第4475页。
⑩ [清]姚令仪、李元春:嘉庆《补纂仁寿县志》卷四《人物》,台北学生书局据清嘉庆八年(1803)刻本影印本,1979年,第422页。

孝宗乾道元年(1165),朝廷对四川官方强求民间虚额盐的行为进行整顿,降诏:"四川民户盐井,其间有年岁深远,泉脉短缩,寔不可煎输。家贫无以偿纳者,往往虚负折估重额,虽累陈乞栈闭,官司不为施行,理宜矜恤。可令逐路监司将似此去处相度诣寔,依条栈闭施行,不得依前逼抑违戾。"①淳熙三年(1176),邛州蒲江因盐课过高,民不堪其负,朝廷命四川制置使范成大与总领李蘩"疾速相度闻奏";李蘩"遣官核其事,日输不过六十担,担为六十斤,价十有四千,凡减盐十万八千余斤",经过整顿,蒲江"牢盆之精与隆、简无异"。② 四年(1177),新知梁山军钱盈上言:"四川比较茶盐增亏,乞将有余以补亏数,不可以立为增额。"得到批准。③ 六年(1179),四川制置使胡元质、总领程价上言:"四路产盐三十州,……其委实无盐到场之井,即与栈闭,尽令除豁;其有不敷旧额、陪抱输纳者,即斟酌轻重,量与减放,……庶几四川州、县井户民人免四五十年困重额之患",得到朝廷批准。④ 同年五月,朝廷诏蠲四川盐课 10 万缗;十月,再蠲四川盐课 17 万余缗。⑤ 四川制置使胡元质又上言简州"虚额尤多",朝廷令"每岁计豁除折估钱五万四千九百五十余万"。⑥ 十二年(1185),诏减开州温汤盐井"所增盐额一万八千斤"。⑦ 淳熙间,宋元发出任绍熙府应灵县主簿,见"县仰给鬻井,民有逋课莫能偿",询问盐民,皆曰:"井堙已久,徒系我于此,故积负益多";宋氏乃蠲减盐井虚额,"纵遣,听自为约,皆如期毕输"。⑧

光宗绍熙二年(1191),朝廷因"四川盐井多有年深泉脉不发,陈乞栈闭,官司不为施行,虚负重课,累降赦文约束",又"访闻因渲淘旧井,间有

---

① 《宋会要辑稿》食货二七之一八。
② 《鹤山集》卷七八《朝奉大夫太府卿四川总领财赋赠通议大夫李公墓志铭》。
③ 《宋会要辑稿》食货三一之二四。
④ 《宋会要辑稿》食货二八之八。
⑤ 《宋史》卷三五《孝宗三》,第670—671页。
⑥ 《方舆胜览》卷五二《简州》,第933页。
⑦ 《宋会要辑稿》食货二八之二五。
⑧ 《鹤山集》卷五二《果州流溪县令通直郎致仕宋君墓志铭》。

咸脉去处,州县又令别增新额,不与对减见欠之数",诏令"逐路监司相度,将实合栈闭与所添新额取见诣实,依条施行,不得仍前抑勒"。① 三年(1192),诏"岁蠲四川盐酒重额钱九十万缗"②;四年(1193),又诏"四川州县盐、酒课额,自明年更放三年"③。五年(1194),户部上言"潼川府盐、酒为蜀重害。盐既收其土产钱给卖官引,又从而征之,矧州县额外收税,如买酒钱、到岸钱、榻地钱之类,皆是创增",朝廷乃"申禁成都、潼川、利路诸司"。④

宁宗庆元间,赵希馆任夔路转运司帐司,时值大宁监"盐井弊端如蝟,积负至九十余万斤";赵氏"往视之",予以蠲减,"旬月偿及半,逾月则告羡矣"。⑤ 嘉泰二年(1202),陈晔担任四川总领,"又尽除官井所增之额焉"。⑥ 开禧三年(1207),吴猎担任四川安抚制置使,奏请将四川盐课等税由四百万缗减为二百万缗。⑦ 嘉定初,高定子知长宁军,"长宁地接夷獠,公家百需皆仰湑井盐利,来者往往因以自封殖",高氏"争于制置使,得蠲重赋"。⑧ 嘉定七年(1214),朝廷诏"再蠲四川州县盐、酒课额三年,其合输湖、广总领所纲运亦免三年"。⑨

理宗嘉熙二年(1238),诏"四川诸州县盐酒榷额,自明年始更减免三年,其四路合发总所纲运者亦免"。⑩ 景定三年(1262)五月,诏"蠲四川咸酤榷利三年"⑪;同年冬,再诏"蠲四川制总、州县盐酒榷额"⑫。度宗咸淳元年(1265),诏"减四川州县盐酒课,始自景定四年正月一日,再免征

---

① 《宋会要辑稿》食货二八之三四。
② 《宋史》卷三六《光宗纪》,第702页。
③ 《宋史》卷一七四《食货上二》,第4227页。
④ 《宋史》卷一八三《食货下五》,第4476页。
⑤ 《鹤山集》卷四〇《安德军节度使赠少保郡王赵公神道碑》。
⑥ 《建炎以来朝野杂记》甲集卷一五《财赋一·蜀盐》,第300页。
⑦ 《中国盐业史辞典》,第255页。
⑧ 《宋史》卷四〇九《高定子传》,第12318页。
⑨ 《宋史》卷一七四《食货上二》,第4227页。
⑩ 《宋史》卷四二《理宗二》,第817页。
⑪ [元]佚名撰、王瑞来笺证:《宋季三朝政要笺证》卷三《理宗》,中华书局,2010年,第295页。
⑫ 《宋史》卷四五《理宗五》,第882页。

三年";四年(1268),诏"减四川州县盐酒课",并"自咸淳四年始,再免征三年"。①

元代同样注重削减盐课与盐价以减轻盐民负担,意识到"额多,则亭灶之户破产,不能以克而逃移者众,故盐课有亏兑之患;价重,则贩卖私盐者多,小民利于买食,而盐法有涩滞之患。二患交作,而足国裕民之意两失之矣"。② 世祖中统二年(1261),四川中书左丞李德辉"以王相理赋四川",注意削减四川盐课等事项,"凡屯田、征商,与盐、茗、竹木、山泽之产,民已输而算未入官者,皆搜剔之"。③ 至元八年(1271),朝廷下诏"以四川民力困弊,免茶盐等课税,以军民田租给沿边军食",为防官府贪求盐利,明敕"有司自今有言茶盐之利者,以违制论"。④ 泸州境内有南井,至元十五年(1278)平蜀,四川转运司令当地兴工开淘,"自十八年为始,岁以课额一十二万斤";然自至元十九年(1282)后因盐课增加,致使"趁办亏额",朝廷遂于"二十年四月罢之"。⑤ 仁宗皇庆元年(1312),诏"减四川盐额五千引";二年(1313),又诏"免大宁路今岁盐课"。⑥

四、官方对民间食盐商贩的鼓励

宋元政府严格实施食盐专卖措施,"天下盐利皆归县官"⑦,然而专卖的弊端也很明显,通常会阻碍民间正常的食盐流通,导致民食贵盐。为此,官方会不时对食盐专卖予以放宽,鼓励民间商贩,以满足百姓食盐之需。

如宋代夔路地瘠民贫,官方通过鼓励民间食盐贸易以解决生计问题,所谓"先朝以来夔州路减省赋,上供无额,官不榷酒,不禁茶盐,务以安远人为意"。⑧

① 《宋史》卷四六《度宗纪》,第895页、第901页。
② 《全元文》卷一四三四《史伯璇一·代言盐法书》,第46册,第420页。
③ 《全元文》卷三一九《姚遂二十一·少中大夫叙州等处诸部蛮夷宣抚使张公神道碑》,第9册,第659页。
④ 《元史》卷七《世祖四》,第137页。
⑤ 《元一统志》卷五《四川等处行中书省·重庆路》,第527页。
⑥ 《元史》卷二四《仁宗一》,第552页、第557页。
⑦ 《宋史》卷一八一《食货下三》,第4413页。
⑧ 《涑水记闻》卷一五,第143页。

宋代施行"划界行盐",川盐区禁止外盐入境,但官方为照顾民间食盐需要,也会不时允许商贩运盐入蜀。如太宗淳化五年(994),张咏知益州,闻知"民间旧苦盐贵,而廪有余积",于是放开民间商贩,"乃下其估,听民以米易盐,未逾月得米数十万斛"。① 端拱元年(988),朝廷下诏:"西川编户繁庶,民间食盐不足,自今关西阶、文青白盐、峡路井盐、永康崖盐等,勿复禁,许商旅贸易入川,以济民用。"②

真宗景德二年(1005),权三司使丁谓言"川峡粮储充足,请以盐易丝帛",宋廷乃诏"诸州军食及二年、近溪洞州三年者,从其请"。③ 仁宗时,因"益、利盐入最薄,故并食大宁监、解池盐",还诏"商贾转贩给之"。④ 天圣八年(1030),朝廷"禁商盐私入蜀,置折博务于永兴、凤翔,听人入钱若蜀货,易盐趋蜀中以售",然而"自禁榷之后,量民资厚薄,役令挽车转致诸郡,道路縻费,役人竭产不能偿,往往亡匿,关内骚然",且"所得盐利不足以佐县官之急,并边诱人入中刍粟皆为虚估,腾踊至数倍";太常博士范祥乃请"旧禁盐池一切通商,盐入蜀者亦恣不问,罢并边九州军入中刍粟,第令入实钱,以盐偿之",得到朝廷批准。⑤

神宗熙宁三年(1070),朝廷下诏令"尽榷民间食盐",强制销售官盐,造成"商旅不行,官盐复不继,于是民苦食淡",洋州知州文同上言:"尽榷解官盐自出卖,不许商贩,虽利归公上,而民不便之,宜预为津调妮备,则法行之后,售之民间,涓涓不绝,若一日弗继,则人无以食";朝廷采纳其建议,"诏为弛禁",继续允许民间商贩。⑥ 长宁军境有淯井,宋初置监以收课利,实行官搬官卖。熙宁七年(1074),泸州进士鲜于之邵向梓、夔路察访使熊本建言"淯井监盐井止存两灶官自煎,余咸水尽出卖",熊本代为上

---

① 《皇朝编年纲目备要》卷五《太宗皇帝》,第100页。
② 《宋会要辑稿》食货二三之二二。
③ 《宋史》卷一八三《食货下五》,第4472页。
④ 同上书,第4474页。
⑤ 《文献通考》卷一六《征榷考三·盐铁》,第453页。
⑥ 《宋代蜀文辑存》卷二二《范百禄·宋尚书司封员外郎充秘阁校理新知湖州文公墓志铭》,第2册,第549页。

奏后,朝廷采纳了他的建议。① 熙宁间,朝廷因西川"成都路州县户口蕃息,所产盐食常不足"②,通过官运解盐来解决。宋廷置市易司"始榷开封、曹、濮等州及利、益二路,官自运解盐卖之",并规定"其利、益井盐,候官无解盐即听自卖"。③ 九年(1076),侍御史周尹上言官运成本过高,"自陕西至成都二千里,道险不能续运,致成都路盐踊贵",且造成与民争利,请求"罢官运解盐,商贩入川听如旧";朝廷采纳其建议,"诏般解盐依客人例出卖,不得抑配,商贩听如旧"。④

徽宗崇宁二年(1103),宋廷诏"川峡利、洋、兴、剑、蓬、阆、巴、绵、汉、兴元府等州并通行东北盐";四年(1105),改为"梓、遂、夔、绵、汉、大宁监等盐仍旧鬻于蜀",允其民间自由商贩,"惟禁侵解池盐"。⑤

高宗建炎四年(1130),宋廷下诏"罢四川榷盐、榷酤,以安远民"。⑥ 孝宗淳熙六年(1179),金州管内安抚司因置场阻碍民间食盐贩运,四川总领李昌图上请"令民间任便收买食用,庶于客旅通快",得到朝廷批准。⑦ 十一年(1184),朝廷为解决金州食盐商贸问题,又诏:"金州依见行盐法,听客人、铺户从便买卖官盐,不得仍前置场拘榷。如有违戾,许京西提盐司按奏。"⑧ 十四年(1187),有臣僚言:"长宁岁计,独仰盐井,乞与放行邻境出卖。"朝廷"下制置等司措置"后,允其民间商卖。⑨ 宁宗嘉定三年(1210),虞方简出知长宁军,"盐策旧为民害",虞氏放开盐价、鼓励商贩,"不加抑配,而商贾阜通"。⑩

此外,朝廷还会对地方乱设管卡、阻碍商贩的行为进行整顿。如孝宗淳

---

① 《宋会要辑稿》食货二四之六。
② 《续资治通鉴长编》卷二七九"神宗熙宁九年十一月己卯"条,第6827页。
③ 《续资治通鉴长编》卷二六三"神宗熙宁八年闰四月己酉"条,第6443页。
④ 《续资治通鉴长编》卷二七九"神宗熙宁九年十一月己卯"条,第6827页。
⑤ 《文献通考》卷一五《征榷考三·盐铁》,第464页。
⑥ 《建炎以来系年要录》卷二三"建炎四年四月辛卯"条,第663页。
⑦ 《宋会要辑稿》食货二八之九。
⑧ 《宋会要辑稿》食货二八之一二。
⑨ 《宋会要辑稿》食货二八之二七。
⑩ 《鹤山集》卷四〇《长宁军贡院记》。

熙十一年(1184),京西转运副使江溥上言利路金州帅司私自"置场拘买商盐,高价科卖,致商旅坐困,民食贵盐",朝廷诏"金州依法听商人从便买卖,不得置场拘催"。① 光宗绍熙间,朝廷在兴元府驻扎关防军队,号"兴元良家子",这支驻军利用驻扎边防之便,私自设立盐店、盐卡,贪求盐税,阻碍商旅贸易。四川总领杨辅请罢"利州东路安抚司所置盐店六,及津渡所收盐钱,与西路兴州盐店",以使商贸流通。② 绍熙五年(1194),四川总领杨辅又上言"利州东路安抚司所置盐店一处,亦请一体施行",朝廷遂诏罢"利州东、西路盐店七处,良家子拨隶兴元府都统司"。③

元代虽然对四川食盐的控制更加严格,但仍然允许官督商运,通过商贩解盐以解决军粮问题。如宪宗三年(1253),蒙古进攻四川,"择廷臣能理财赋者俾调军食",李德辉被委以筹集粮草的重任。李氏鼓励四川民间商贩粮食入蜀,而以盐偿之,"乃募民入粟绵竹,散钱币,给盐券为直"。在李氏筹划下,民间商贸十分繁盛,"陆挽兴元,水漕嘉陵,未期年而军储充羡,取蜀之本基于此矣"。④ 世祖中统三年(1262),阆州元帅杨大渊乞于"利州大安军以盐易军粮",得到朝廷批准;中统四年(1263),又敕四川总帅汪忠臣、都元帅帖的及刘整等"益兵付都元帅钦察,戍青居山,仍以解州盐课给军粮"。⑤

五、官方对盐区官、私井的整顿

宋元四川盐区除官营盐井外,还存在不少民间私凿盐井。这些私开小井的存在,一方面作为对抗政府高额盐课而存在,另一方面则是应对四川民间食盐匮乏的另类手段。四川官方一方面顾及民众需求,同意保留小井,并纳入税收体系;另一方面则对官井的价高质次进行整顿。通过这种方式,既能增加政府财政收入,又可减少民间的对抗情绪。

---

① 《宋史》卷一八三《食货下五》,第4475页。
② 同上书,第4476页。
③ 《宋会要辑稿》食货二八之三九。
④ 《元史》卷一六三《李德辉传》,第3817页。
⑤ 《元史》卷五《世祖二》,第88页、第90页。

如宋神宗熙宁中,朝廷因"患井盐不可禁,欲实私井,而运解盐以足之",然因顾虑民间反抗,故"朝议未决";神宗以此问修起居注沈括,括回答:"忠、万、戎、泸间,戎界小井犹多,止之实难。若列候加警,恐所得不酬所费。"在沈括看来如尽行封闭民间私井,不仅难以实现,而且阻碍盐民生计,不如纳入征税范围,承认其存在。最终神宗采纳了其建议,"其议遂寝"。①

哲宗元祐元年(1086),殿中侍御史吕陶上言在成都府路"乞开卓筒盐井以济困穷,赖其课入,可助本路之用",同时乞求关闭"兴州青阳镇铜锡场盐官,以减冗滥",得到朝廷批准。② 二年(1087),吕陶先后担任梓州、成都府路转运使,对两路此前封闭小井的做法进行整顿,认为如降低官盐价格,则小井对官井的威胁并不大,"货法已通,今若许复卓筒井,则于蒲江盐,委无妨碍";吕氏认为在卓筒井难以阻止的情况下,应当加以承认,要求"嘉州陵井监今日以前盐井一依梓州一路盐井敕条指挥,其熙宁五年六月十四日中书札子卓筒不许兴开亦乞删去,即于公私实为两便";并将卓筒井纳入税收体系,"窃课卓筒与大井煎盐及所纳课利,其实不异,而卓筒独为碍法,理有未安,欲乞下转运司相度"。③ 四年(1089),吕陶再论陵井监、嘉州等处盐井利害,上书请求承认卓筒井,纳入课税体系:"成都府路见管盐井一百六十余井,立为定额,不问大井及卓筒,并不禁止。若遇咸泉枯竭,许于元井侧近开卓取水,以补元额井数,依条差官榷定认纳课额。"朝廷纳其建议,并下转运司相度执行。④ 五年(1090),梓州路转运判官韦骧亦奏请开放本路卓筒井,征纳课税:"元丰中梓州转运司请止绝阆州栈闭盐井及创开井,恐侵本路盐课,致本州亏减课额。乞验实,如委咸脉变淡,许栈闭及创开别井煎输。"得到朝廷批准。⑤ 徽宗政和元年(1111),成都府路转运司上奏"乞依元符中指挥兴开盐井",亦得到批准。⑥

---

① 《皇宋通鉴长编纪事本末》卷七六《神宗皇帝·周尹措置蜀盐》,第2495页。
② 《续资治通鉴长编》卷三九○"哲宗元祐元年十月癸丑"条,第9496页。
③ 《净德集》卷四《奉使回奏十事状》。
④ 《续资治通鉴长编》卷四二一"哲宗元祐四年春正月乙未"条,第10159页。
⑤ 《续资治通鉴长编》卷四三七"哲宗元祐五年春正月甲午"条,第10549页。
⑥ 《宋会要辑稿》食货二五之五。

高宗绍兴二年(1132),赵开任四川总领,针对四川民间私井众多,采取核实私井、缴纳课额的方法,将其纳入合法盐井之列,"总计始变盐法,尽榷之"。① 然因规定食盐税额过高,反倒刺激民间私开盐井。光宗绍熙三年(1192),杨辅担任四川总领,"因是遣官核去虚额,栈闭助筒二千有奇,申严合同场旧法,禁斥重之逾格者,而重私贩之罚",对官方允许之外的卓筒井进行封闭;宁宗嘉泰二年(1202),陈昱担任总领,又对卓筒井进行整顿;经过官府对私井的调整,"自庆元后,州县及井户稍舒"。②

宋元四川民间私开盐井的原因除高额盐税外,另一重要因素便是是官井所产食盐的价高质次,迫使民间只能私开盐井。对此,官方通过整顿官井、降低盐价等方式减少民间的抵触。

如宋太祖乾德三年(965),因西川官盐价高,"城内民户食盐,伪蜀估定每斤百六十足文",诏令"自今减六十文,诸州取逐处价减三分之一"。③ 开宝七年(974),诏成都府"于见卖盐价内,每斤减钱十文足,以西蜀初平,虑民间难得食盐故也"。④ 哲宗元祐元年(1086),邛州蒲江官盐价高质次,臣僚上言:"邛盐旧价太高,以蒙朝廷权减斤为八十五钱,然污杂湿恶,积弊未除,⋯⋯其污淋等盐八百六十二斤,乞于正额除之,仍宽盐户旧欠,十分除一分。"朝廷采纳其建议,由是"邛民数十年之病,于是悉除,所奏即皆施行"。⑤

宋代眉州彭山县有官掌大井瑞应井,但食盐质量较差,官方予以多次封闭,"元丰、崇宁两尝禁止,以食者多病故也";高宗绍兴末,四川总领所"复弛其禁",不久因"隆、简、嘉、荣之人,病其侵射商贩,因代输课息,再行栈闭"。⑥ 从官方第二次封闭瑞应井的举动看,是为抑制与民间商盐过度争夺盐利,显属为缓和官民冲突而为。光宗绍熙二年(1191),成都府路转运司奏陈彭州、崇庆府、永康军、眉州、成都府属县"合般卖隆州井盐",因官盐定价

① 《建炎以来朝野杂记》甲集卷一四《财赋一·蜀盐》,第300页。
② 同上。
③ 《宋会要辑稿》食货二三之一八。
④ 《宋会要辑稿》食货四三之一九。
⑤ 《续资治通鉴长编》卷三八一"哲宗元祐元年六月甲寅"条,第9274页。
⑥ 《建炎以来朝野杂记》甲集卷一四《财赋一·蜀中官盐》,第301页。

较高而难卖,"缘比年盐价稍贱,艰于变卖",请求降低官井盐价格,"本司已每担减价钱引一道理纳,计减钱引三千六百八十九道",朝廷批准其建议,并下诏令"成都转运司常切遵守"。① 不久,夔州亦上奏请求降低境内官井盐价,"乞将本州奉节、巫山两县转运司科扰盐,每斤减作一百文变卖,所有亏价钱共一千三百二十道,三百六十四文,州司抱认解拨。乞下四川总领所从本州所乞施行",朝廷亦予批准。② 宁宗庆元元年(1195),黎州知州王闻诗上言请求降低邛州蒲江官井盐价,称:"本州系西南极边,止管汉源一县,地瘠民稀,税赋寡薄,岁计元系转运司科拨邛州蒲江井盐一千七百九十六担有奇变卖。自今每斤计钱三百二十文,比年内郡盐价比日前愈更低小,而本州岁额之盐尤发卖不行,科俵于民,虽贫乏下户,计口纳直,各有定额,负盐直而流徙者,不可胜数。"得到朝廷批准。③

元代四川盐区主要设置盐运司管理,"专掌煎熬办课之事"④,虽然禁止灶户凿井私营,但有时也会开例允许民间自煮。如文宗至顺三年(1332),邛州有二井,旧名金凤、茅池,"天历初九月地震,盐水涌溢,州民侯坤愿作什器煮盐而输课于官",元廷诏"四川转运盐司主之",允其官督民营。⑤ 顺帝至元元年(1335),元廷下诏:"四川盐运司于盐井仍旧造盐,余井听民煮造,收其课十之三。"⑥实际也承认了民间小井在缴纳课税的基础上,可以合法经营。

六、官方对服役盐户的优恤

宋元四川服役于官井的灶户大多是从民间强征征调而来,官井灶户生产环境差、劳动强度大,且在被强制生产的情况下服役,劳动效率不高。如果官府压迫过重,则会加剧其反抗。宋高宗绍兴间,四川制置使胡元质曾详论蜀地灶户之艰辛:"蜀盐取之于井,山谷之民相地凿井,深至六七十丈,幸而果得咸

---

① 《宋会要辑稿》食货二八之三四。
② 《宋会要辑稿》食货二八之三五。
③ 《宋会要辑稿》食货二八之四七。
④ 《元史》卷九一《百官七》,第2314页。
⑤ 《元史》卷三六《文宗五》,第801页。
⑥ 《元史》卷三八《顺帝一》,第831页。

泉,然后募工以石甃砌,以牛革为囊,数十人牵大绳,以汲取之。自子至午,则泉脉渐竭,乃缒人于绳令下,以手汲取,投之于囊,然后引绳而上,得水入灶,以柴茅煎煮,乃得成盐。又有小井,谓之'卓筒',大不过数寸,深亦数十丈,以竹筒设机抽泉,尽日之力所得无几。又有凿地不得咸泉,或得泉而水味淡薄,煎数斛之泉,不能得斤两之盐。其间或有开凿既久,井老泉枯,旧额犹在,无由蠲减;或有大井损坏,无力修葺,数十年间空抱重课;或井筒剥落,土石堙塞,弥旬累月计不得取;或夏冬涨潦,淡水入井,不可烧煎;或贫乏无力,柴茅不继,虚失泉利;或假贷资财以为盐本,费多利少,官课未偿,私债已重。如此之类,不可胜计。"①故而官方会不时优恤四川官井盐户,以提高食盐生产效率。

宋太宗太平兴国二年(977),右拾遗郭泌上言官井盐户之艰辛:"剑南诸州官枭盐,斤为钱七十。盐井浚深,鬻盐极苦,樵薪益贵,辇之甚艰,加之风水之虞,或至漂丧。"要求予以体恤,得到了朝廷批准。② 至道三年(997),朝廷赐富义监灶户粳米、衣服,并免其劳役,降诏:"富义监盐匠月粮三分中一分杂子,自今并支粳米,冬衣外仍赐春衣。盐井夫所差百姓,自今悉罢,以本城官健代之,仍月给缗,一切器用以官物充,勿复扰民。"③真宗景德三年(1006),朝廷"增陵井监工役人月给钱米,闻其劳故也"④;四年(1007),对因未完成井盐课额而被籍没住所的盐户加以优恤,诏令"四川盐井户先因逋欠课程,籍其庐舍,并合赐之"⑤。大中祥符元年(1008),宋廷下诏对官井盐户节假日准以休息,"泸州南井灶户遇正、至、寒食各给假三日,所收日额,仍与除放"⑥;六年(1014),下诏四川"诸煎盐井役夫遇天庆等四节并给假"⑦。仁宗明道二年(1033),朝廷"除富顺监井户所欠烧煎借盐筭课利"⑧,对其所未完成的盐课

① 《增入名儒讲义皇宋中兴两朝圣政》卷一二《高宗皇帝十二》,第 526 页。
② 《文献通考》卷一五《征榷考二·盐铁矾》,第 436 页。
③ 《宋会要辑稿》食货二三之二三。
④ 《宋会要辑稿》食货二三之三〇。
⑤ 《续资治通鉴长编》卷六五"真宗景德四年三月庚寅"条,第 1452 页。
⑥ 《文献通考》卷一五《征榷考二·盐铁矾》,第 436 页。
⑦ 《续资治通鉴长编》卷八一"真宗大中祥符六年秋七月丁未"条,第 1842 页。
⑧ 《续资治通鉴长编》卷一一二"仁宗明道二年二月壬子"条,第 2606 页。

予以免除。理宗宝祐元年(1253),桑愈出知泸州,境内南井监"科丁夫充役,后以刑徒推车汲水,熏煎甚苦";为减轻盐工的艰辛,桑愈"改以牛具推车取水",实现以畜力代替人力。①

宋元官方对盐户的优恤还包括减除煮盐之外的其他劳役,如减免灶户缴纳柴薪等。这些额外劳役存在于灶户制盐之外,更加造成盐民的不满和困弊。为此,官方对这些劳役的减除,可有效安抚盐户的怨恨情绪,使其安心从事生产。如宋仁宗嘉祐六年(1061),周湛为夔州路转运使,闻云安盐井"旧岁赋民薪茅,至破产责不已",周氏"蠲盐课而省输薪茅"。② 神宗熙宁四年(1071),文同出任陵州知州,对境内灶户缴纳柴薪提出减免,称:"臣自至当州访得所,以为其民之深害久而不能去者,惟管内仁寿等四县百姓每岁输陵井监煎盐木柴共计三十八万四千二百余束也。……臣尝屡至纳柴之处,见所输之民,无老与幼,皆悉荷负。有县界阔远,奔走百里之外,陟历深阻,忽值霜雪风雨,冲冒寒滑。加以期限相逼,势不能止,攀缘陨越,饮食失所,以至肩踵皲裂,衣裳穿露,身体尪瘠,都无人色";因此文同感叹"比之他州,此方之民实被其苦",奏请朝廷"特下指挥,令本路转运提刑司一就用出卖酒坊体例,先为相度擘划";后朝廷采纳其建议,酌为减除。③ 孝宗时,杨蹇出知富顺监,"下车后留心民瘼,时以仙茅(煮盐所用茅草)病民,白制帅特为蠲除,至今民无仙茅扰者,公之赐也"。④

元代官井盐户固定在盐场上劳动,子孙世袭,虽然主要生产资料及工具由政府供应,但他们除对政府缴纳额盐,还要负担部分差役。⑤ 为提高其劳动效率,元廷亦采取优恤灶户的措施,意识到"官司又与免其别差以优恤之,然则亭灶何至有破产逃移之苦难矣"。⑥ 元代盐场以四川盐井生产最为艰难,"俱在万山之间,比之腹里、两淮,优苦不同"。⑦ 为减轻四川盐民负担,

① 《元一统志》卷五《四川等处行中书省》,第527页。
② 《宋史》卷三〇〇《周湛传》,第9967页。
③ 《丹渊集》卷三四《奏为乞免陵州井纳柴状》。
④ [清]段玉裁、李芝等:乾隆《富顺县志》卷三《宦绩》,清光绪八年(1882)富顺县署重刻本。
⑤ 《中国盐业考古——长江上游古代盐业与景观考古的初步研究》,第568页。
⑥ 《全元文》卷一四三四《史伯璇一·代言盐法书》,第46册,第421页。
⑦ 《元史》卷九七《食货五》,第2502页。

世祖至元十五年（1278），诏"发粟钞赈盐司灶户之贫者"①；仁宗皇庆元年（1312），诏四川盐运司"以灶户艰辛，减煎余盐五千引"②；英宗延祐七年（1320），诏"优复煮盐、炼铁等户二年"③。通过采取优恤官井灶户的措施，对贫困者予以救济，对超负者予以减免，有助于缓解灶户的不满情绪，实现官民盐权博弈的缓和。

小　结

宋元四川食盐作为政府财利之源，一直实施食盐官营，政府为实现对盐税的占有，采取盐权垄断政策；然而食盐作为百姓日常必需之品，也成为民间利益诉求的重要内容，以此与官方的控制意图产生矛盾。该期官方的垄断政策及一些盐政弊端，不可避免的造成了官民之间的盐权博弈。官方为实现对盐利的占有，在民间食盐行销上设置了众多障碍，如私设管卡津要，盘剥盐商兴贩；为保障官盐市场，禁止民间私开盐井；以及强增盐课、提高盐价等。官方的这些垄断行为及不当举措，无一例外的加重了民间的食盐困难，造成了民间盐权的过分被剥夺，激化了官民针对盐权的矛盾与冲突。

民间为寻求盐权利益的满足，针对官方盐权的垄断不断进行反抗，由此形成官民之间的激烈冲突。民间的盐权博弈主要表现在行为层面及社会舆论的营造上，具体行为主要表现为通过偷开私井、贩卖私盐的方式对抗官方垄断。本章在此论及了宋元四川食盐走私的地理分布，是为了更加彰显官民盐权冲突的地理表现以及发生区间。宋元川盐走私皆形成川内与川外两部分，其中川北地区与东、西两川之间的流通是走私的重点，在运输上水运、陆运兼有，且部分呈现出有组织的规模性集体走私。宋元四川民间为寻求食盐利益，另采取偷开私井的方式。民间偷开私井的原因很多，但主要原因

---

① 《元史》卷一〇《世祖七》，第217页。
② 《元史》卷九四《食货二》，第2390页。
③ 《元史》卷二七《英宗一》，第608页。

是官方对盐权的过分垄断及不当政策所致。民间舆论的反抗主要是通过对盐官贪苛、道德败坏的鞭挞,以取得社会各阶层的同情与支持等。

宋元官方为保障四川盐区秩序的稳定,也会通过一些政策调整来缓解民间的对抗。这些措施在法制上主要表现为通过制定合理的盐法,以及对民间私盐贩的整顿,为官民之间的盐权博弈提供一个弹性空间。同时针对民间不堪重负的盐课催征,也予以削减,并进行盐政的整顿。针对"民食贵盐"这一最关乎民间食盐利益的问题,则不时采取放宽盐禁、鼓励民间商贩、整顿官井、削减盐课、降低盐价等措施,同时优恤服务官井的盐户,提高其劳动效率,降低制盐成本。通过官方的调整措施,对双方的食盐利益需求均有所照顾,有利于实现地区盐权秩序的稳定,同时也有利于官民阶级关系的缓和。

第五章　宋元四川豪民、平民盐权博弈

第一节　宋元四川盐区的豪民类型

一、四川盐区豪民群体属性的界定

豪民群体大致出现于唐代,与汉代以来的地方豪强既有类似亦存区别,其出现与唐宋商品经济的发展和土地产权制度的变革密切相关。首先,豪民绝大部分不属于官方,但大多与官方有密切联系。他们或为回乡居家的致仕官员,或为在任官员亲属,更有甚者为宗室姻亲;另有一部分属于大商人、高利贷者,通过其雄厚的资本与官方有着千丝万缕的联系。其次,豪民属于地方富者或富而贵者,但在行为上却多半是"为富不仁",对地方普通平民百姓往往形成剥削与欺压,因此他们又脱离于一般平民阶层。贾芳芳即认为宋代地方豪民主要包括"地主、地主兼商人、官宦、胥吏、讼师、一些经额配之后的恶吏等",她认为宋代豪民与普通百姓的区别:"一是有政治背景,常以此在基层社会作威作福;二是豪民有经济实力,可以借此在基层社会施加影响;三是豪民有武力做威慑、豢养爪牙,用武力欺压良善。"①

---

① 贾芳芳:《宋代地方豪民与政府的关系》,《河北大学学报》2013 年第 4 期。

对豪民群体属性的界定,历来皆有不同的观点。如林文勋认为宋代豪民属于富民阶层的一部分,但又不能完全等同于富民,因为"富民是唐宋时期社会分层和变革的结果,所谓唐宋变革就是从汉唐豪民社会转变为富民社会"。① 梁庚尧认为宋代豪民兼具"豪横"与"长者"双层角色,豪民普遍指居于乡里的官户与士人,"由于他们拥有一般民众所没有的学职,其中一部分人更拥有一般民众所没有的权势与特权,因而可以视为有别于一般民众的一个群体";在梁庚尧看来,豪民在"豪横"与"长者"双重角色的扮演者上,因其权势的缘故其行为更倾向于"豪横",尤其"官户与士人的身份对于豪横的行为具有增强的作用"。② 陈智超亦认为宋代豪民是"民庶地主中的一部分",豪民的主要表现为"豪横","他们取得财富的手段及剥削的份额超过了当时舆论所允许的范围"。③ 王曾瑜从宋朝阶级阶层对豪民进行了分析,在他看来除皇帝及后妃等皇室不属于"民"的色彩外,官户及吏户中的"非贫弱者"皆可称为豪民。④

相较于宋代,目前学界对元代豪民群体的研究较少,甚至可用薄弱来形容。对元代民间社会力量的研究,主要侧重于地方宗族,分析其对地方建设的作用、影响以及与国家政治之间的关系。⑤ 但通过宋元之间的传承关系,可以推测元代豪民的阶级分类与构成相去宋代不远。

综合来看,宋元豪民群体的属性在全国范围内是基本相同的,对四川盐区豪民群体的属性认识,亦大致以上述讨论范围为判断标准。

---

① 林文勋:《中国古代"富民阶层"研究》,云南大学出版社,2008 年,第 26 页。

② 梁庚尧:《豪横与长者:南宋官户与士人居乡的两种形象》,载梁庚尧:《宋代社会经济史论集》,台北允晨文化实业股份有限公司,1997 年,第 475 页、第 499 页。

③ 陈智超:《南宋十二户豪横的分析》,载邓广铭、徐规等:《宋史研究论文集》,浙江人民出版社,1987 年,第 248—250 页。

④ 王曾瑜:《宋朝阶级结构》,河北教育出版社,1996 年,第 301—398 页。

⑤ 元代相关的研究如:苏力《元代地方精英与基层社会——以江南地区为研究中心》(中央民族大学博士学位论文,2007 年)、张国旺《元代榷盐与社会》、陈瑞《元代徽州的宗族建设》(《安徽师范大学学报》2009 年第 2 期)、杨振东《元代"富民"阶层初探》(云南大学硕士学位论文,2011 年)、谭景芳《元代山东宗族研究》(山东师范大学硕士学位论文,2011 年)、陈彩云《元代温州的宗族建设》(《浙江师范大学学报》2011 年第 2 期)等。

二、四川盐区豪民的身份构成

四川自历史上有食盐开采以来,豪民(强)的出现及食盐经营便与其相始终。虽然国家对食盐的掌控多采用官营垄断性质,但多施行于官掌的大井,对地方小井仍然允许民间在缴纳税课的前提下自营,这为豪民介入四川食盐开采及经营大开方便之门。如早在汉代,川东盐产重区临江县(治今重庆忠县)"有盐官,在监、涂二溪,一郡所仰,其豪门亦家有盐井"①,形成豪民(强)盐井与官井并存的局面。宋元随着商品经济的发展,民间追求财富意识的提高,豪民对四川井盐的介入更加积极,成为地方社会的一股重要力量。豪民大多拥有财富与权势的结合,又决定其对四川盐井的争夺多是以"豪横"的身份出现,现将宋元四川盐区豪民的身份类型探讨如下。

(一) 大土地所有者兼营盐业

宋元四川土地兼并严重,造成大土地所有制发达,加之当地生产关系落后,大土地所有者往往役使众多佃户为其劳作,形成在全国极具影响的庄园农奴制。早在宋初,四川的大土地所有制便已经形成,如太宗雍熙间,"川峡豪民多旁户,以小民役属者为佃客,使之如奴隶,家或数十户,凡租调庸敛,悉佃客承之"。② 大土地所有者财利雄厚,役使佃客众多,任加驱使,逐渐养成在地方社会的"豪横"习气。太宗至道二年(996),四川豪民"以财力相君,每富人家役属至数千户,小民岁输租庸,亦甚以为便。上言者以为两川兆乱,职豪民啸聚旁户之由也,遂下诏令州县责任乡豪,更相统制,三年能肃静寇盗、民庶安堵者,并以其豪补州县职以劝之",为此朝廷专门"诏制置剑南峡路诸州旁户"。③ 神宗时,韩琦上奏"西川四路乡村,民多大姓,一姓所有客户动是三五百家,自来衣食贷借仰以为生"④。

---

① 《华阳国志》卷一《巴志》,第 10 页。

② 《宋史》卷三〇四《陈师道传》,第 10065 页。

③ 《宋会要辑稿》刑法二之五。

④ [宋]赵汝愚:《宋名臣奏议》卷一二〇《财赋门·上神宗论条例司画一申明青苗事》,文渊阁《四库全书》本。

综合来看,宋代四川大土地所有者的分布,以夔州路最为集中,而夔路又以施、黔等州为最集中。可见在四川越是经济不发达的地区,越容易形成大土地所有制。如宁宗开禧元年(1205),夔路转运判官范荪上言:"本路施、黔等州荒远,绵亘山谷,地旷人稀,其占田多者须人耕垦,富豪之家诱客户举室迁去";这些豪民对役使佃户的人身控制极为严密,其"豪横"习气暴露无遗,以致朝廷多次下诏"凡为客户者,许役其身,毋及其家属"。① 夔路等地同时又是四川井盐分布的密集区,经营盐井获利十分丰厚,因此成为大土地所有者竞相经营的目标。

在川西地区豪民经营盐井的现象也较普遍。如仁宗时益州路陵州井研县为卓筒井密集区,"盖自庆历以来,始因土人凿地植竹,为之卓筒井,以取咸泉,鬻炼盐色,后来其民尽能此法,为者甚众";当地豪民参与民间盐井经营权的争夺,与官府相勾结"遂与官中略出,少月课,乃倚之为奸,恣用镵琢,广专山泽之利,以供侈靡之费";当地"豪者一家至有一二十井,其次亦不减七八",其所用盐工"每一家须役工匠四五十人,至三二十人者"。② 熙宁间,井研县经营盐井的豪民今"已仅及百家",却已为数不少;豪民役使的工匠或为雇佣失去土地的贫民,"皆是他州别县浮浪无根著之徒,抵罪逋逃变易名姓,尽来就此,佣身赁力",或是直接从经营自己庄园的佃户中召集。③ 漆侠认为"私盐井是由井户经营,多为卓筒小井,卓筒井虽小,但开凿一口井要耗费不少的工本,绝不是一般小所有者力所能及的,而是经济力量强大的富豪们凿建的";在他看来"由于盐井的经营是一小批富豪,他们既不躬亲凿井、汲水,也不打柴、煮卤,所有这些统统都是盐工们承担的。……就川峡路土地关系看,环包这一带盐井地区的依然是庄园农奴制"。④ 按照郭正忠对宋川峡四路的盐井户等级的划分,分别为上等井户、中等井户和下等井户,也称为上等户、中等户和下等户,划分

① 《宋史》卷一七三《食货上一》,第4179页。
② 《丹渊集》卷三四《奏为乞差京朝官知井研县事伏》。
③ 同上。
④ 《宋代经济史》(上册),第823—824页。

井户户等的依据,主要是各户拥有的井灶数量、制盐人手以及相应的年产盐量。① 按照此标准,宋代四川兼营大量盐井的大土地所有者应属乡村上户。

（二）富有资财的士人

宋元因商品经济的影响,财富效益观念在各阶层普遍存在,即便在以读书科考为目的的士人阶层亦不例外。在宋代四川盐区,同样存在兼营盐井经营的资财丰厚的士人家族。如资州盘石人侯铎,其家世代便兼营盐井,后其以科举中试,才放弃经营,"甫冠登第,家旧有盐泉,公既第,即塞井夷灶";侯铎放弃盐井经营时,对外宣称:"吾以食禄,岂复与人争利乎?"②从其言语可以推测,士人型豪民经营盐井同样存在与普通灶户争夺盐利、谋取高额利润的情况。

（三）财利雄厚的大商人、大高利贷者

宋元四川民间食盐买卖多实行通商制、买扑制。买扑实施于宋太祖开宝三年(970),"所谓扑买者,通计坊务该得税钱总数,俾商先出钱与官买之,然后听其自行取税以为偿也"。③ 买扑只能由一小批经济力量雄厚的大商人才能做到,盐利由这一批大商人与封建国家共享。④ 如解州盐池"仁宗时,有大豪焦隐者常诣三司投状,乞买扑解州盐池,岁纳净利"。⑤ 川峡买扑制较为普遍,拥有雄厚资财的大商人大多经营食盐买卖,因此在四川盐区大商人也成为豪民的重要构成,如高宗绍兴二年(1132),"赵应祥总计始变盐法,……令商人入钱请引,井户但如额煮盐,赴官输土产税而已。……井户既为商人所要,因增其斤重以予之"。⑥ 可见,这些参与入中买卖食盐的商人型豪民在四川盐区是不少的。

元初依然盛行买扑制,耶律楚材曾言:"此皆奸人欺上罔下,为害甚大,咸奏罢之。"⑦可见元代四川盐区豪民食盐买扑经营一如宋代。

---

① 《中国盐业史（古代编）》,第142页。
② 《舆地纪胜》卷一五七《资州》,第4749页。
③ ［明］丘濬:《大学衍义补》卷三二《鬻算之失》,文渊阁《四库全书》本。
④ 《宋代经济史》（上册）,第829页。
⑤ ［元］陶宗仪:《说郛》卷四三下《明道杂志》,文渊阁《四库全书》本。
⑥ 《建炎以来朝野杂记》甲集卷一四《财赋一·蜀盐》,第300页。
⑦ 《大学衍义补》卷三二《鬻算之失》。

除大商人外,大高利贷者型豪民在四川盐区,也颇为不少。在宋代官私记载中,高利贷者与大商人、大地主以及品官形势之家都是并列为兼并之徒,或者豪强兼并之列的。① 宋代四川盐区,大高利贷者一般通过把资本借给普通盐民(小手工业者)开凿井盐,乘机进行盘剥。如孝宗淳熙四年(1177),四川制置使胡元质在上奏盐民之艰时,提及这类豪民,"为蜀民之病者,惟茶、盐、酒三事为最,……或假贷资财以为盐本,费多利少,官课未偿,私债已重"。②

（四）猾横胥吏

吏作为宋元形势户的重要构成,依托为官府服务的便利,成为豪民欺压地方民众的重要力量。在四川盐区,猾横胥吏的活动十分活跃,凭借其权势牟取私利、欺压平民灶户的行为极为恶劣。如宋太宗太平兴国三年(978),右拾遗郭泌上言豪民黠吏哄抬蜀中盐价:"豪民黠吏相与为奸,贱籴于官,贵粜于民,至有斤获钱数百者,有司亏失岁额,而民间不得贱盐。"③仁宗天圣、治平间,猾横胥吏强求邛州蒲江官井产量,甚至私自兴狱,行为极其贪酷:"先是官废不修,牙校各征其利,罔上剥下,乱狱滋丰,执事者病焉,复修废官。"④神宗熙宁间,富顺监如有商人请求经营盐井,需向胥吏行贿方可,"吏视贿多寡为先后"⑤。

高宗建炎三年(1129),赵开在担任四川总领时,因猾横胥吏加重盐民负担,向四川宣抚处置使张浚提及:"蜀之民力尽矣,锱铢不可以有加矣,独榷率稍存赢余,而贪猾认为己私,共相隐匿,根冗深固,未易划除。"⑥绍兴间,在邛州盐区,同样有胥吏型豪民的介入,"吏相承为奸"。⑦ 同期,开州境内有著名大井温汤井,由胥吏型豪民掌管,"郡盐井曰'温汤',先是长吏必以

---

①　《宋代经济史》(上册),第1113页。

②　《增入名儒讲义皇宋中兴两朝圣政》卷五五《孝宗皇帝十五》,第1274页。

③　《文献通考》卷一五《征榷考二·盐铁矾》,第436页。

④　《全宋文》卷四六六五《李焘五·蒲井盐官厅壁记》,第210册,第252页。

⑤　《宋史》卷二七六《贾昌衡传》,第4621页。

⑥　[宋]杜大珪:《名臣碑传琬琰集》中卷三二《赵待制开墓志铭》,文渊阁《四库全书》本。

⑦　《建炎以来系年要录》卷一八三"绍兴二十九年八月戊寅"条,3052页。

所亲吏监之"；大宁监盐井的掌管同开州相似，"大宁盐者夔路财货之所出也，吏不得人"；夔州在进行食盐买卖的过程中，胥吏型豪民同样介入，并加以投机，"夔州岁寄籴，和籴军粮使民中米易以盐，吏为奸而盐不可得"。① 理宗端平间，荣州荣德县盐井亦有胥吏干预，并与其他型豪民形成争夺，"井盐为吏克减，行旅不通，则抑遏豪民"。② 宁宗开禧间，夔州食盐产量丰厚，引致境内豪民侵吞，其中仍有胥吏型豪民的身影，"漕置司夔，于属郡有鬻盐之利，岁计取足羡钱犹多，吏或不良，以羡为市"。③

（五）外戚姻亲

豪民相当一部分是官户或富有的吏户，有时甚至与皇族和后族有联系，故其在政治上有依靠。④ 在宋代四川盐区，同样有外戚姻亲背景的豪民，发生过夺民盐井的事件。如真宗时，泸州"州有盐井，蜀大姓王蒙正请岁倍输以自占"，即通过承买的方式向官府缴纳数倍的盐课，以实现收买当地盐井的目的；王蒙正即外戚姻亲，"蒙正与庄献明肃太后连姻，转运使等皆不敢与夺"。⑤ 可见王蒙正欲承买泸州盐井，也是通过强买的方式进行。庄献明肃太后，即真宗刘皇后，"其先家太原，后徙益州，为华阳人"⑥，遂成四川人。王蒙正与刘后有姻亲关系外，刘氏族人其他分布于蜀地者，同样参与对当地盐井的争夺。最有名的便是刘后之兄刘美的族人。刘美"字世济，并州人。美即后之兄也。初事真宗于藩邸，以谨力被亲信。大中祥符二年，护屯兵于汉州，历迁供奉官，徙嘉州"，以此家族居于蜀地；刘美与刘后原无亲属关系，真宗即位后，刘后"以其无宗族，乃更以美为兄弟，改姓刘"，故而刘美获得外戚身份，刘氏族人在蜀地极为豪横；其子刘从德"齿少无才能，特以外家故，恩宠无比"，从德之妻即嘉州王蒙正之女，"蒙正家豪右，以厚赂结纳至郎官"，故而王蒙正敢于强行争夺泸州盐井。⑦

---

① 《安阳集》卷二六《故昭庆军承宣使知大宗正事赠开府仪同三司崇国赵公行状》。
② 《鹤山集》卷八三《朝奉大夫知巴州常君有开墓志铭》。
③ ［宋］真德秀：《西山文集》卷四二《通议大夫宝文阁待制李公基志铭》，文渊阁《四库全书》本。
④ 《宋代地方豪民与政府的关系》，《河北大学学报》2013 年第 4 期。
⑤ ［宋］欧阳修：《文忠集》卷二九《尚书主客郎中刘君墓志铭》，文渊阁《四库全书》本。
⑥ 《宋史》卷二四二《后妃上》，第 8612 页。
⑦ 《宋史》卷四六三《外戚上》，第 13550 页。

刘氏族人还援交朝臣为外援,形成盘根错节的关系。如真宗天禧四年(1020),翰林学士钱惟演"见(丁)谓权盛,附离之,与讲姻好,而惟演女弟实为马军都虞候刘美妻。时上不豫,艰于语言,政事多中宫所决。谓等交通诡秘,其党日固,故刘氏宗人横于蜀,夺民盐井。上以皇后故,欲舍其罪"。① 刘后在真宗驾崩后,"遗诏尊后为皇太后,军国重事,权取处分"②,以此刘氏族人在蜀地更为跋扈。

(六)以豪横身份出现的官员

贾芳芳认为宋代一些豪民政治影响来自家族,如品官之家的官户或富裕的吏户,他们因家族的政治影响而豪横无忌,另一部分人则是寄居地方的官员,他们凭借上下联通的政治影响暴横于基层社会。③ 由此可见,单纯以豪横暴敛与个人身份出现,而非代表官方行为的地方官员也成为豪民的一种类型。如高宗绍兴十一年(1141),李埛任夔路转运判官,"埛暴起新视事,方谋痛征属州,诡为羡财,以献于朝市恩宠,闻知万州有积钱,风取之"。万州知州冯时行为维护当地盐利,认为不可,劝谏到:"州之地不宜稻,而官出盐为直,俾岁糴六千斛输之夔,岂忍如异时吏,私其直而敛于民,鬻盐为钱而自为籴令。将以是奉上官乎?"李埛闻听大怒,"劾于朝,故黜"。④ 从李埛的举动可以看出,其所为完全无视地方百姓负担,任凭私意妄为,是典型的官员型豪横的代表。

第二节 宋元四川豪民对盐区秩序的破坏及与平民冲突

对宋元豪民群体在地方社会影响的研究,学界多重视对其在土地兼并、地方农田、水利设施、民间放贷、民间慈善等领域的作用与形象,或者分析豪

---

① 《皇宋通鉴长编纪事本末》卷二三《真宗皇帝·丁谓事迹》,第630页。
② 《宋史》卷二四二《后妃上》,第8613页。
③ 《宋代地方豪民与政府的关系》,《河北大学学报》2013年第4期。
④ 《建炎以来系年要录》卷一四二"绍兴十一年十月壬申"条,2280页。

民与国家之间的关系,而对豪民在手工业领域中(尤其是盐业)的角色与形象则明显关注不够。目前而言,仅有陈智超、漆侠等少数学者关注过豪民在地方盐业社会中的作用,且更多关注的是对东南海盐社会的影响,而对宋元四川盐业社会的关注则较为少见。① 实际上,食盐作为宋元四川地区最重要的民生资源之一,因四川农业发展总体水平落后于全国(成都平原除外),单纯依靠粮食并不能解决民生问题,故食盐在当地起到更为重要的作用。因食盐在当地的稀缺性(西川地区)和重要性(东川地区),成为引发民间群体争夺的重要资源,四川豪民为实现对地区盐权的争夺,积极介入当地盐业社会,参与民间群体对盐权的博弈。故豪民在四川盐业社会中的角色与作用十分丰富,留下许多生动的资料,官方对其处理方式则为民间盐权秩序的均衡和发展产生了重要影响。

宋代从事食盐经营与活动的除豪民外,更有广大的普通平民灶户,四川井户按其生产互动分类,大致分为五种类型,"一是在官营井监服役的灶户和井夫;二是承包官井而纳课的井灶户,三是向官府纳税的独立井灶户,四是向官井买卤水而自行煎炼的灶户,五是法外经营的井灶户"。② 豪民主要出自第二、三种,即承包官井而纳课,或向官府纳税而独立经营者,但也不排除第五种,进行法外经营;第一、四种主要是无权无势的平民百姓,同时也有部分为第五种,以偷开私井、贩卖私盐成为法外经营者。在四川盐区,平民灶户是豪民与官府共同剥削的对象,因此基于相同的目的,豪民与官府又往往勾结在一起。

元代食盐生产、买卖实施更加严格的官营控制政策,四川茶盐运司所辖盐场的灶户均有专门的户籍。灶户被固定在盐场上劳动,子孙世袭,他们除对政府缴纳额盐,还要负担差役。元代食盐多数情况下不允许民间自行经营,而是由官营工场生产。在这种局面下,元代豪民的作用虽不如宋代明

---

① 目前学界对宋元豪民在食盐社会的影响关注不多,仅在陈智超《南宋十二户豪横的分析》、漆侠《宋代经济史》(上册)、郭正忠《宋代盐业经济史》、李永卉《宋代豪横研究》(安徽师范大学硕士学位论文,2006 年)、张国旺《元代榷盐与社会》等少量论著中有所提及。

② 《宋代盐业经济史》,第 84 页。

显,却仍然存在,尤其在官府允许民间自营的时期。如邛州原有二盐井,宋旧名金凤、茅池,元代湮塞,天历初因地震致盐水涌溢,州民侯坤"愿作什器煮盐而输课于官,诏四川转运盐司主之"。① 从侯坤能够承买邛州盐井的举动看,可视为财力雄厚的豪民。另外,顺帝至元元年(1335),下诏令四川盐运司"于盐井仍旧造盐,余井听民煮造,收其课十之三"。② 这些政策在四川的实施,都为地方豪民介入当地盐业提供了很好的契机。

一、豪、吏勾结破坏四川盐区稳定

梁庚尧认为宋代豪民无论作为豪横型或长者型的人物,他们的存在都与当时政府对地方统治能力不足有关,"如果部分居乡官户与士人作风如此强悍,所以官员若是奉命出知士族众多的大邑,便易有难治之惑",因此如果地方官个性较为软弱,则不免借助豪民的势力来治理地方,"于是不得不循其请托,因而造成那些官户、士人得以武断乡曲的后果"。③ 这就为地方豪民武断乡曲,同官府相勾结欺压地方民众提供了条件。如宋代重庆府,在时人看来向有"有易扰难安之势,盐亭、铁冶多欺孤负弱之奸"④的社会印象。

宋代四川盐区秩序为"监则官掌,井则土民干鬻,如数输课,听往旁境贩卖,唯不得出川峡"⑤,然因豪民的强势介入,造成盐区秩序的混乱,加重盐民的负担。豪民与官吏勾结对盐民的欺压还包括盐额负担的转让,通过官吏运作将盐额转嫁给普通灶户,加重其负担。如仁宗时,荣州盐区豪民勾结官府转嫁灶户盐课的行为十分突出,"有盐井籍民煎输,多至破产,惟有禄之家得免"。王伯琪"以义声著于乡州",想通过官府为民请愿,"请于州,均之官户",因"仕者诬诉之",竟致"赍恨以殁";其子梦易"力成父志",继续为民

---

① 《元史》卷三六《文宗五》,第801页。
② 《元史》卷三八《顺帝一》,第831页。
③ 《豪横与长者:南宋官户与士人居乡的两种形象》,第478页、第526页。
④ 《舆地纪胜》卷一七五《重庆府》,第5128页。
⑤ 《文献通考》卷一五《征榷考二·盐铁矾》,第436页。

请命，"言于州县不听，言于刺史"，皆无理睬，直至言于三司，"三司以闻，还籍没者三百五十五家，蠲岁额三十万斤"。① 由此可见，豪民对地方社会的影响力及与官府勾结欺压盐民程度之深。皇祐间，荣州有盐井40余所，"昔以岁课之重，乃抑乡民以分主之"；因"年祀既远，水泉有盈竭，户力有兴替，得利之多者或所主之户富，得利之寡者或所主之户贫"，故造成豪民对贫困盐户负担的转嫁甚至兼并，"故贫者虽岁破家不能偿官课，而富者日获其赢以肆兼并，荣民苦之久"。②

高宗建炎三年（1129），赵开担任四川随军转运使，见豪民黠吏相勾结，造成盐民困弊迬，遂上言："贪猾认为已私，共相隐匿，根冗深固，未易划除，惟不恤怨詈，断而敢行，庶几可救一时之急，舍是无策矣。"③绍兴中，四川总领王之望同样对四川盐区豪民官吏勾结转嫁盐课、压迫盐民的行为进行揭露："某契勘蜀人所苦，莫甚于盐酒，……前此官吏肆为奸赃，丰盛者以贿幸免，实欠者以贫不沾。此盐酒之法所以益坏，而公私之所以交病也。"④高宗时，邛州盐区豪民欺压剥削盐民的情况尤为突出，时人张上行曾言："此郡昔有四利，今有四害，曰茶、曰盐、曰酒、曰铁，他郡或有其一，或有其二，而吾邛独全。昔以为利，民竞豪富，今以为害，民皆贫薄矣。"⑤另如简州盐区，孝宗淳熙四年（1177），四川制置使胡元质上言："简州最为盐额重大，近蒙蠲减折估钱五万四千余缗，但官司一时逐井除减，使实惠未及下户，富厚之家动煎数十井，有每岁减七千缗者。下等之家不过一二十井，货则无人承当，额徒虚欠，官司督责不免。"⑥因此时人作诗描述这种不平等的现实："凡此憔悴州，居人仰煮卤，煮卤数十耳，余者皆贫窭。"⑦在大宁监，因境内盐泉众多，"利走四方，吴蜀之货咸萃于此，一

---

① 《宋史》卷三七七《王庠传》，第 11657 页。
② 《安阳集》卷四六《侄殿中丞公彦墓志铭》。
③ 《名臣碑传琬琰集》中卷三二《赵待制开墓志铭》。
④ ［宋］王之望：《汉滨集》卷八《论盐酒减放不实朝札》，文渊阁《四库全书》本。
⑤ 《蜀中广记》卷五六《风俗记第二》。
⑥ 《增入名儒讲义皇宋中兴两朝圣政》卷五五《孝宗皇帝十五》，第 1276 页。
⑦ 《舆地纪胜》卷一四五《简州》，第 4309 页。

泉之利足以奔走四方",当地"田赋不满六百硕,借商贾以为国",豪民为
争夺盐利欺压灶户的情况十分严重;早在太宗淳化中,当地便存在"人户
汲泉,强弱相凌,多抵于讼"的情况,至宁宗嘉定中冲突再起,"岁久弊滋,
事闻诸朝",造成较大影响。①

元代同样存在豪民黠吏相勾结,欺压盐民的情况,"黠者行赇而规避,弱
者吞声而受役,倚权上交于台府,发愤变激于里闾。破产立偿,轻生何忍",
造成盐场"利耗民散,亭场空虚"的凋敝景象。②

二、豪民侵夺地方盐利

豪民对四川盐区盐利的直接侵夺或贪污,主要集中在形势户豪民,他们
利用身在官府服务的机会,利用手中权势完成对盐利的占有。豪民贪污民
脂民膏,不仅造成政府财政收入的减少,而且加速当地盐政的腐败。

如宋太宗太平兴国间,臧丙担任大宁监通判,"官课民煮井为盐,丙职兼
总其事";大宁官井煮盐,皆由官府出钱购买柴薪,然而这部分柴薪钱却被胥
吏型豪民侵吞,导致盐额下降,盐课减少,以此牵连他人众多,"先是,官给钱
市薪,吏多侵牟,至岁课不充,坐械系者常数十百人"。③

高宗绍兴间,开州盐井"旧长吏必遣所亲监之,私其处";大宁监亦"部
使者以亲故摄大宁盐场,专其利",这两处地方皆是胥吏型豪民依托官府的
权势对盐利进行侵吞。④ 赵不忧知开州后罢遣长吏亲故,则"盐利倍入,郡
计用饶";后转夔州转运判官,斥去大宁监长吏亲故,"而盐获羡余"。⑤ 宁宗
开禧间,李谌担任夔路转运判官,当时"蜀四路惟夔最崎岖,山峡间民贫寠
然,水耕火耨,官苟无扰,亦仅仅足",在当地财政收入中,主要依靠盐利为大
宗,"漕置司夔,于属郡有鬻盐之利,岁计取足羡钱犹多";然而州内胥吏型豪

---

① 《舆地纪胜》卷一八一《大宁监》,第 5263 页、第 5258 页。
② 《全元文》卷五六〇《陆文圭一·流民贪吏盐钞法四弊》,第 17 册,第 467 页。
③ 《宋史》卷二七六《臧丙传》,第 9399 页。
④ 《宋史》卷二四七《赵不忧传》,第 8758 页。
⑤ 同上。

民趁机贪污盐利，"吏或不良，以羡为市"，李氏只得"悉以代上供之虚桩，补纲运之隐没，几二十万缗"。① 从中既可见当地盐利之丰厚，亦可推想豪民侵吞之巨。

三、豪民强增民间盐额

宋元四川豪民或为商业型，或为胥吏型，为尽可能的谋取食盐私利，对生产盐额的过量苛求是他们的共同之处。而对普通盐民而言，过量的生产指标只会增加其负担，造成盐民的困弊。

如宋太祖开宝七年（974），朝廷诏令"茶、盐榷酤课额少者，募豪民主之"，然而豪民强求产量，导致市场过剩，亏损政府税收，"民多增额求利，岁或荒歉，商旅不行，至亏失常课"。② 高宗时，川盐"自祖宗以来皆民间自煮之，岁输课利钱银绢总为八十万缗"，每年产量、税额皆有定数；然绍兴二年（1132），赵应祥变革四川盐法，"尽榷之，仿蔡京东南、东北钞盐条约，置合同场以稽其出入"；豪民以买扑方式获得食盐经营权后，肆意增加盐额要求，"始，赵应祥之立榷法也，令商人入钱请引，井户但如额煮盐，赴官输土产税而已。然咸脉盈缩不常，久之，井户月额不敷，则官但以虚钞付之，而收其算，引法由是坏。井户既为商人所要，因增其斤重以予之，每担有增至百六十斤者。……盐课益多，遂不可售。而引息土产之输无所从出，由是刿缡相寻，公私皆病"。③ 豪民为强求盐民产量，还私自兴狱，扰乱地方治安。如邛州浦江县盐井："自天圣、治平之数，皆合一郡而言之，不独蒲江，蒲江实占其数十分之七少赢。先是官废不修，牙校各征其利，罔上剥下，乱狱滋丰，执事者病焉，复修废官。"④

四、豪民对灶户进行资本盘剥

陈智超在研究宋代豪民的豪横表现时，认为除在地方武断乡曲外，另一

---

① 《西山文集》卷四二《通议大夫宝文阁待制李公墓志铭》。
② 《续资治通鉴长编》卷一七"太祖开宝七年七月壬戌"条，第383页。
③ 《建炎以来朝野杂记》甲集卷一四《财赋一·蜀盐》，第300页。
④ 《全宋文》卷四六六五《李焘五·蒲井盐官厅壁记》，第210册，第252页。

重要表现便是放高利贷。① 在宋元时期,豪民是城乡放贷的重要力量。在四川盐区普通盐民(小手工业者)自己开凿一口盐井费时、费力,经费亦成问题,为高利贷的进入创造了条件。不少盐民为独立经营盐井,在财力不足时便会想到高利贷,豪民便趁机放贷,进而剥削甚至控制盐民,扰乱正常的盐区秩序。如宋孝宗淳熙四年(1177),四川制置使胡元质上奏:"盐之为害尤甚于酒,蜀盐取之于井,山谷之民相地凿井,深至六七十丈,幸而果得咸泉,然后募工以石甃砌,以牛革为囊,数十人牵大绳,以汲取之。……或假贷资财以为盐本,费多利少,官课未偿,私债已重。如此之类,不可胜计。"②

五、豪民哄抬地方盐价

宋元由于商品经济的发展促进了豪民效益观念的增长,这为其道德失范提供了前提。豪民在四川盐区利用食盐在民间的稀缺性,任意哄抬盐价、囤积居奇,尤其在市场盐价高涨时推波助澜,致令民苦食淡。虽然说经济活动的自由是豪民"自我实现、发挥社会财富创造潜能的根本条件,但要实现的同时也要遵循利他的规则,不能无节制";豪民的这种道德失范固然与其自身道德意识薄弱有关,但主要还是"建立在宋代社会结构缺陷上的社会失范机制所导致的"。③ 奚建荣认为首先地方官吏作奸犯科,纵容了豪民的道德失范;再者市场监管制度不完善也为豪民以不道德的行为从事经济活动提供了机会。④

宋代四川盐价承五代旧制,"官鬻之,开宝七年诏斤十钱,又令斡鬻,其羡利者,但输十之九"⑤,然因盐利税入丰厚,豪民为争夺高额盐利,采取囤积居奇、哄抬盐价等手段,导致民食贵盐。如太宗太平兴国三年(978),右拾遗郭泌提及四川盐区"豪民黠吏相与为奸,贱籴于官,贵粜于民"⑥,不仅造

---

① 《南宋十二户豪横的分析》,第 254 页。
② 《增入名儒讲义皇宋中兴两朝圣政》卷五五《孝宗皇帝十五》,第 1244 页。
③ 《中国古代"富民"阶层研究》,第 283 页。
④ 同上。
⑤ 《文献通考》卷一五《征榷考二·盐铁矾》,第 436 页。
⑥ 《全宋文》卷四六六五《李焘五·蒲井盐官厅壁记》,第 210 册,第 252 页。

成政府税收减少,而且造成民食贵盐。宁宗庆元间,文、龙州蕃部氏、羌民族常至汉地浊水寨互市,买卖"茶、盐、粮、米之属",二州豪民为营利,把持地方贸易且囤积食盐等物资,"寨有土豪三、四,受而储之";这些豪民除牟取暴利外,还寻衅滋事,挑动民族冲突,"或告以土豪既擅博易之利,顾又反挑夷人生事招衅",导致庆元二年(1196)、六年(1200)蕃部连寇清川、平郊二寨,"自是茶、盐、粮、米之属皆不可得,夷人困怒",嘉泰元年(1201)春又掠平郊寨。①

六、豪民收容爪牙肆行盐区

王善军认为豪民在地方社会能够强取豪夺,破坏封建经济秩序、扰乱社会,一方面凭借其强横的宗族势力,一方面则利用基层社会的地痞无赖,结交同党为羽翼,蓄养无赖为爪牙;周谷城亦认为奸民愿为豪势之家的走狗,豪势之家的子弟横行乡里,这又是中国历史上极普遍的现象。②

宋元四川民间盐井的经营除豪民为一重要群体外,另有许多是小本经营的平民灶户。虽然他们与豪民皆是向官府纳税的独立井灶户,但因其无权无势而成为豪民及其爪牙欺压的对象。豪民经营盐井一般役使众多的雇工进行,而平民盐户有时还需要亲力亲为,这也决定了两者地位的不平等。如宋代普州人梁子英,煮荣州盐井,在资州城外 30 里赤土培之侧有洞穴,相传深不可测,"尝率同辈数人,具三日糗粮,持桦炬入焉"。③ 从梁子英的行为可以看出,普通灶户与豪民的区别。

宋神宗时,井研县豪民参与卓筒井经营,"访闻豪者一家至有一二十井,其次亦不减七八",每一家"须役工匠四五十人,至三二十人者";这些雇工"皆是他州别县浮浪无根著之徒,抵罪逋逃变易名姓,尽来就此,佣身赁力",很容易被豪民收养为羽翼加以利用;在豪民的利诱下,这些流亡者可以变为欺压其他灶户的工具,"平居无事,则俯伏低折,与主人营作,一不如意,则递

---

①　《建炎以来朝野杂记》乙集卷二〇《边防·龙州蕃部寇边》,第 892 页。
②　王善军:《强宗豪族与宋代基层社会》,《河北大学学报》1998 年第 3 期。
③　《夷坚志》甲志卷一八《赤土洞》,第 158 页。

相扇诱,群党哗噪,算索工直,偃蹇求去",加之其习气"聚墟落、入镇市,饮博奸盗,靡所不至";当地社会对其无可奈何,"虽知其如此横猾,实亦无术可制,但务姑息,滋其狡暴"。① 另在嘉州及荣州亦有此种情况,在豪民的收买与纵容下,"此辈当不肯更顾一役之利,必能相与唱和,跳梁山谷间,化为盗贼耳"②,成为当地豪横的重要势力与民间危害群体。

宋代豪民还无视国家盐法,纠集群党爪牙贩卖私盐。如孝宗乾道七年(1171),有臣僚上言:"利路关外诸州连接敌境,军兴以来,归正、忠义之人与逃亡恶少之徒,皆兴贩解盐为业,比之官价廉而味重,人竞贩卖,啸聚边境,动辄成群。"私盐贩卖原为流民之人为糊口而不得已为之,然有豪民"忠义、归正之人有官者""无官之人与夫恶少"介入后,收集流亡,牟取私利,成为故意冲击正常食盐市场的违法行为。③ 豪民为组织群党贩卖解盐,结成大规模的武装贩运集团,成为严重危害地方社会的暴力与走私毒瘤。如高宗时,豪民群党贩卖私盐,连官府都畏而避之,"解池盐,……边人多盗贩者,往往十百为群,遇巡尉出逻,则蹋开生路以避之,有司亦不敢问,第遥护之出境而已"。④

元代同样存在豪强大姓利用党徒走私食盐的情况,这种类型的走私占有很大比重,且其特点有一定广泛性。⑤ 豪民利用党徒进行食盐的走私,不仅破坏了国家正常的食盐销售市场,而且打击了盐民生产的积极性,造成的危害极为严重。

七、豪民依靠权势强夺盐井

宋代外戚姻亲在四川堪称势力最大的豪民,他们依靠皇权为政治背景,对蜀地盐业的危害远甚于其他类型的豪民。如真宗时刘立之通判泸州,"州

---

① 《丹渊集》卷三四《奏为乞差京朝官知井研县事伏》。
② 同上。
③ 《宋会要辑稿》食货二七之二九。
④ 《建炎以来朝野杂记》甲集卷一四《财赋一·解盐》,第301页。
⑤ 《元代榷盐与社会》,第189页。

有盐井,蜀大姓王蒙正请岁倍输以自占",王蒙正凭借外戚姻亲身份,公然夺取泸州盐井,因"蒙正与庄献明肃太后(真宗刘后)连姻,转运使等皆不敢与夺";幸而泸州通判刘立之未趋炎附势,秉公执法,言道:"倍输于国家犹秋毫耳,奈何使贫民失业,遂执不与",王蒙正夺取盐井的事才未能成功。① 然而刘立之的不惧权势仅是全凭官员自身的道德操守,如有趋炎附势或自身软弱不能治者,如上述转运使之类官员,则外戚姻亲对四川盐业的危害是可以预见的。尤当真宗崩后,"遗诏尊(刘)后为皇太后,军国重事,权取处分"②,此时刘氏族人在蜀地"横于蜀,夺民盐井"③,对四川盐业社会的破坏作用更大。

宋代外戚姻亲型豪民除直接参与蜀地盐井争夺外,还干预地方与盐案有关的司法,更加扰乱了蜀地盐区秩序的稳定。如真宗天禧初,章频为三司度支判官,奉命审理邛州牙校贪污盐井课额一事,刘后之兄、皇城使刘美"依倚后家受赇",公然将牙校释放;章频"请捕系",真宗"以后故不问",而章频亦因"忤旨,出知宣州"。④

第三节　宋元官方对四川豪民、平民盐权冲突的调整

宋元豪民对四川盐业的介入,扰乱了四川食盐生产、销售等正常的运转秩序,造成了地方税收的减少和百姓的困弊。官方为了增加财政收入以及缓和阶级关系,也会顾及平民的食盐诉求,对豪民进行一定的限制。而中央对地方官打击豪民的做法也会予以一定程度的支持,这其中既有安定地方社会的考虑,更多的则是能够保障国家行政秩序的正常运转。因此宋元官方对四川盐区豪民的限制,便成为稳定封建统治、缓和豪民与平民之间盐权

---

① 《文忠集》卷二九《尚书主客郎中刘君墓志铭并序》。
② 《宋史》卷二四二《后妃上》,第8613页。
③ 《皇宋通鉴长编纪事本末》卷二三《真宗皇帝·丁谓事迹》,第630页。
④ 《宋史》卷三三一《章频传》,第9933页。

冲突必须考虑的重要内容。

一、官方限制豪民放债及经营场务

宋代官方对豪民尤其是官户曾作过不少禁约,其中与地方经营有关的主要为禁止"官守乡邦",本地人不得本地任职;禁止放债取息;禁止经营场务、河渡、坑冶等;禁止私营纺织业等。① 这些禁约对外戚宗亲及在任官员以豪民身份经营地方场务起到明显的制约作用。如真宗时,刘立之担任泸州知州,境有外戚姻亲王蒙正"以财雄巴蜀,而与庄献太后有连",王蒙正欲强购泸州盐井,并"多赍金帛,挟太后指以请",因其权势背景过于显赫,"事下转运使,转运使不敢抗,因以属州";但知州刘立之严守外戚宗亲不得经营场务的禁约,言道:"井盐非王氏之旧,欲夺贫民以厚豪族,虽岁加数倍之输,于朝廷犹秋毫耳,而贫民必有失业者,非王政也";最终因刘氏的坚持,王蒙正强买泸州盐井的打算没有成功,"事遂止"。②

但宋代禁约对具有外戚姻亲背景的豪民与民间商业型豪民的制约作用有限,尤其当官方允许食盐民间商办时,豪民的介入尤为强势,甚至得到朝廷的允许。如太宗太平兴国二年(977),朝廷平定四川,"始分西川为东西两路,各置转运使、副使",有司便上言:"煮盐之利,以佐用度,非申明禁法,则豪民专之,山泽之出,不能尽征于王府矣。"③

然而宋廷又制定一系列措施,采取"重农抑商"政策,在全国盐区对经营食盐的商人型豪民加以约束,以分其利。一方面可增加政府财政收入,另一方面抑制其经商活动对普通盐民的剥削。如仁宗庆历三年(1043),朝廷诏令产盐、茶诸路(含四川)"条茶盐等利害",核心便是"议欲弛茶、盐之禁及减商税"。范仲淹以为此举对地方商贾有放纵之嫌,且减少国家财入,遂上言:"茶、盐商税之入,但分减商贾之利,固于商贾未甚有害也。今国用未省,岁入不可阙,既不取之于山泽及商贾,必取之于农,与其害农,孰若取之商

① 《宋朝阶级结构》,第275页。
② 〔宋〕刘敞:《公是集》卷五一《先考益州府君形状》,文渊阁《四库全书》本。
③ 《续资治通鉴长编》卷一八"太宗太平兴国二年春正月丙午"条,第398—399页。

贾。今为计,莫若省国用;国用有余,当先宽赋役,然后及商贾,弛禁非所当先也。"后来朝廷采纳范仲淹的建议,放弃原来提案,"其议遂寝"。①

孝宗淳熙四年(1177),四川制置使胡元质在提到四川盐户在经营盐井时"或贫乏无力,柴茅不继"等原因,不得不接受当地豪民高利贷盘剥,称"如此之类,不可胜计";胡元质要求朝廷能够择能吏前往,逐州考核,"必使上不至于重亏国计,下实可以少纾民力,方可施行";朝廷采纳了其建议,诏令"元质与李蘩同共相度措置,条具闻奏"。② 以上这些举措对豪民经营场务及放债等可能扰乱四川盐区的行为都是有力制约。

元代同样对豪民放债及经营场务进行了限制,其政策大体与宋代相一致,目的同样在于维护盐区秩序的稳定。如世祖至元二十六年(1289),朝廷下诏:"禁江南、北权要之家毋沮盐法"③;仁宗延祐元年(1314),下诏"禁诸王、驸马、权势之人增价鬻盐"④。

二、官方实施盐法的变革

谷更有等人认为豪民对国家政权具有极强的破坏作用,首先表现在直接与官府对抗;其次更多表现为豪民与不法胥吏、官僚因缘为奸,共谋私利,造成国家的内耗和民怨沸腾。⑤ 宋元因豪民黠吏对四川盐区秩序的介入或破坏,造成封建统治受到损害,地方百姓不满高涨。为了维护统治利益,官方亦会对不法的豪民进行严惩;同时对盐法进行改革,以缓和豪民与平民的对抗。

如宋太祖开宝七年(974),朝廷允许"茶、盐榷酤课额少者,募豪民主之",然而豪民强求产量,导致市场过剩,政府税收减少,"民多增额求利,岁或荒歉,商旅不行,至亏失常课";朝廷于是诏"以开宝八年额为定,勿辄增其额"。⑥

---

① 《皇朝编年纲目备要》卷一二《仁宗皇帝》,第 266 页。
② 《增入名儒讲义皇宋中兴两朝圣政》卷五五《孝宗皇帝十五》,第 1276 页。
③ 《元史》卷一五《世祖十二》,第 327 页。
④ 《元史》卷二五《仁宗二》,第 567 页。
⑤ 谷更有、尹子平:《宋代豪民与官吏勾结对国家的内耗性分析》,《河北师范大学学报》2004 年第 4 期。
⑥ 《续资治通鉴长编》卷一七"太祖开宝七年七月壬戌"条,第 383 页。

太宗太平兴国三年（978），右拾遗郭泌上言："剑南诸州官粜盐，斤为钱七十，盐井濬深，煮盐极苦，樵薪益贵，辇置弥艰，加以风水之虞，或至漂丧，而豪民黠吏相与为奸，贱籴于官，贵粜于民，至有斤获钱数百者，有司亏失岁额，而民间不得贱盐"。郭氏要求朝廷通过动用行政手段削减豪民把持的盐价，满足百姓日常需求，"望稍增旧价，为百五十文，则豪猾无以规利，民有望以给食矣"，得到批准。①

另如宋代邛州蒲江县盐井，仁宗天圣、治平间"官废不修，牙校各征其利，罔上剥下，乱狱滋丰，执事者病焉"；神宗熙宁六年（1073），对盐价予以削减；哲宗元祐时"遣使访民疾苦，又特减熙宁三十二万五千三百二十有六"。② 高宗建炎三年（1129），赵开出任随军转运使、四川总领财赋，见四川宣抚处置使张浚唯务追求盐额，造成豪横胥吏欺压盐民，便予劝谏："惟不恤怨詈，断而敢行，庶几可救一时之急，舍是无策矣。"③绍兴二年（1132），赵开改革盐法，"其法实祖大观东南、东北盐钞条约，置合同场、盐市，验视称量，封记发放，与茶法大抵相类"，纠正豪民扰乱四川盐场秩序的危害。④ 绍兴间，西和州"盐官井岁产盐七十余万斤，半为官吏柴茆茒之费，半鬻于西和成凤州"，当地胥吏为贪求盐利提高其价，"每斤为直四百，民甚苦之"；朝廷闻知后，"诏减西和州官卖盐直之半"。⑤ 光宗绍熙三年（1192）夏，赵汝愚为吏部尚书，奏言继续实施赵开盐法，"赵开盐法最为精密，……乞下总领所参照旧法施行"，得到批准。⑥

元代承宋之旧，为减轻四川盐民负担，约束豪民对灶户的剥削，也曾削减盐额与盐课，并制止与民争利。如世祖至元八年（1271），诏以"四川民力困弊，免茶、盐等课税"，同时明申："有司自今有言茶盐之利者，以违制论。"⑦至

---

① 《文献通考》卷一五《征榷考二·盐铁矾》，第436页。
② 《全宋文》卷四六六五《李焘五·蒲井盐官厅壁记》，第210册，第252页。
③ 《名臣碑传琬琰集》中卷三二《赵待制开墓志铭》。
④ 同上。
⑤ 《建炎以来系年要录》卷一八三"绍兴二十九年八月戊寅"条，3067页。
⑥ 《建炎以来朝野杂记》甲集卷一四《财赋一·蜀盐》，第300页。
⑦ 《元史》卷七《世祖四》，第137页。

元二十六年(1289),尚书省臣上言"南、北盐均以四百斤为引,今权豪家多取至七百斤,莫若先贮盐于席,来则授之为便",得到了朝廷的批准。①

三、官方严惩豪民对盐课的转嫁

宋元食盐因税利丰厚,在政府允许民间自行煮盐时要求缴纳课额,豪民为争夺更多的盐利,同时又想尽量少的缴纳课额,以实现利润的最大化。因此豪民在四川盐区除利用权势直接侵吞盐额外,另将自己承担的盐税课额强行转嫁给普通盐民,造成灶户的额外重负。这些行为严重破坏了政府的税收政策,故官方对此加以整顿。

如宋太宗太平兴国间,臧丙通判大宁监,当地胥吏侵吞灶户柴薪钱,"吏多侵牟,至岁课不充";臧丙改用当面付灶户钱,使其自行购买柴薪的方法,"召井户面付以钱,既而市薪山积,岁盐致有羡数"。② 淳化中,大宁监盐区"咸泉涌出,土人以竹引泉置镬煮盐",为争夺盐利,豪民欺压灶户的情况十分严重;时值雷说担任知监,"见人户汲泉,强弱相凌,多抵于讼,乃于穴傍创为石池以潴之,外设横板三十窍,承以修竹,谓之笕筒,所谓盐有九色"。③ 雷说设笕筒以分盐泉的做法,有助于合理分配当地盐泉的使用。

仁宗皇祐二年(1050)春,韩公彦就知荣州事,"郡有盐井四十余所,昔以岁课之重",当地豪民与官员勾结转嫁盐额给贫困灶户,导致贫者愈贫、富者愈富,形成井盐课额分配秩序的严重不公。韩公彦上任后予以痛加整顿,"公彦既至,知其敝,曰:'吾境之民皆王民也,奈何使其有幸、不幸以至此,而有不变之哉?'乃集其众使自疏之,于是类其井得利之多寡以相附之,量其民户等之高下以相参之,民以为均而课入亦办"。事后,韩公彦整顿豪民压榨灶户的举动获得朝廷赞赏,"事下三司,以为当朝廷嘉奖"。④ 神宗熙宁间,

---

① 《元史》卷一五《世祖十二》,第 326 页。
② 《宋史》卷二七六《臧丙传》,第 9399 页。
③ 《舆地纪胜》卷一八一《大宁监》,第 5268 页。
④ 《安阳集》卷四六《任殿中丞公彦墓志铭》。

贾昌衡担任梓州路转运判官,当地"贾人请富顺井盐",需要先向胥吏行贿,"吏视贿多寡为先后",昌衡加以严禁,"一随月日给之"。①

高宗绍兴七年(1137),赵开担任成都路转运判官,针对胥吏侵吞邛州蒲江县盐额的做法,"减蒲江六井元符至宣和所增盐额,列其次第,谓之'鼠尾帐',揭示乡户岁时所当输折科等实数,俾人人具晓"。此举有效制止了胥吏的侵吞,"乡胥不得隐匿窜寄"。② 二十九年(1159),费行之任邛州知州,"邛州岁以盐市民绢四万二千有奇,一绢之直为盐十五斤",为争夺盐利,"吏相承为奸"。费行之"增其二,尽以予民,且除其负四万五千缗",朝廷"知其材,复进用之",擢升为夔州路转运判官。③ 绍兴间,赵不忧知开州,"开在巴东穷陋处,郡盐井曰'温汤',先是长吏必以所亲吏监之,相为利",赵氏"罢不用,民以宽省",因政绩突出转知夔州。当时夔州和糴军粮"使民中米易以盐",豪民又介入其中"吏为奸而盐不可得"。赵氏令"鬻盐糴旁郡",转升夔路转运判官。大宁盐为"夔路财货之所出也",然时因"吏不得人,私贩卤折,且部使者以亲旧摄官而佐以转运司吏故,利不专于上,而因缘侵刻",赵氏"首斥去,悉委大宁监,而课其最负,未几告羡"。④

孝宗淳熙四年(1177),朝廷针对简州盐额过高、豪民将盐额强行转嫁灶户的行为进行整顿,削减其额外负担,下令四川制置司"再将向来已减之数,重行均减。其上户至多者,每岁不得减过二千贯,其余类推,均及下户"。⑤ 宁宗嘉定中,大宁监豪民争夺盐权冲突再起,惊动朝廷,"乃遣荣州资官令孔嗣宗措置,有不便于民者,悉除去。止存坑户租盐三色,除去四色,民以为便至"。孔嗣宗重新确立了当地盐权分配的原则,有助于解决豪、民之冲突,"今凡盐出津四分,官取其一,谓之抽分,尚孔长官三七分之除意也"。⑥ 理宗端平二年(1235),常有开担任荣州荣德县令,当地豪

---

① 《宋史》卷二七六《贾昌衡传》,第4621页。
② 《宋史》卷三七四《赵开传》,第11596页。
③ 《建炎以来系年要录》卷一八三"绍兴二十九年八月戊寅"条,3052页。
④ 《水心集》卷二六《故昭庆军承宣使知大宗正事赠开府仪同三司崇国赵公行状》。
⑤ 《增入名儒讲义皇宋中兴两朝圣政》卷五五《孝宗皇帝十五》,第1276页。
⑥ 《舆地纪胜》卷一八一《大宁监》,第5268页。

民侵吞盐额,并相互争夺盐利,"井盐为吏克减,行旅不通,则抑遏豪民",常氏"检枙吏奸而除其害"。①

四、官方约束豪民爪牙对盐区的扰乱

宋元豪民的"豪横"不仅表现于权势与财富,还在于网罗地方奸猾的无产游民为羽翼,凭借其爪牙的横行霸道在民间形成一股强势的、不安全的社会力量。在四川盐区,官府对于这种具有集团性的豪民团体,虽然会有所纵容,但多数情况下出于维护封建统治的目的,会加以约束。

如宋代在县级政权中,设有县尉这一职位,其职责便是加强地方治安,"掌阅羽弓手,戢奸禁暴";高宗后,沿边诸县又"以武臣为尉,并带兼巡捉私茶、盐、矾"。② 县尉的设置对豪民横行乡里及在地方走私贩卖食盐等不法行为都是一个有力的震慑。同时地方还有巡检司的设置,"或数州数县管界、或一州一县巡检,掌训治甲兵、巡逻州邑、擒捕盗贼事",又有"巡捉私茶盐等,各视其名以修举职业,皆掌巡逻几察之事",对地方豪民走私亦能起积极遏制作用。③

此外,宋代对豪民纵容爪牙为害盐区的活跃地区,会通过选择精明强干的官员赴任,进行打压整顿。如神宗时,陵州井研县豪民经营井盐者有百家之多,操纵他州流亡之徒为己之利横行井地,欺压灶户,"聚墟落、入镇市、饮博奸盗,靡所不至"。时任陵州知州文同向朝廷请求任命强干之人为知县,"欲乞朝廷指挥,下本路转运提点刑狱司,相度许令二司今后于京朝官,中举清强明断有吏干之人为知县,仍乞令陵、嘉、荣等三州各出三五十人兵士,俾兼领之。所贵借此威灵厌伏其众,自然群小之心有所畏戢",得到朝廷批准。④

宋廷还对豪民为害盐区治理不力的官员进行惩罚、更换,以督促其打击力度。如孝宗淳熙十年(1183),有臣僚上言万州南浦县渔阳盐井"从来以南浦县主簿兼监,盐井去县八十余里,主簿例多恩科老缪之人,不能钤制奸

---

① 《鹤山集》卷八三《朝奉大夫知巴州常君有开墓志铭》。
② 《宋史》卷一六七《职官七》,第 3979 页。
③ 同上书,第 3983 页。
④ 《丹渊集》卷三四《奏为乞差京朝官知井研县事伏》。

黠,缘此每年拖欠不下四五万斤",要求"乞将渔阳盐井专差监官一员,而以南浦县尉兼主簿",得到了朝廷批准。①

豪民对四川盐区秩序的另一重要危害即无视国家盐法,纠集群党贩卖私盐。如宋太祖开宝三年(970),因成都府钱、帛、盐、货采用纲运转输,而押纲使臣并随船人兵"多冒带物货私盐及影庇贩鬻,所过不输税算";朝廷下诏"自今四川等处水陆纲运,每纲具官物数目给引,付主吏沿路验认,如有引外之物,悉没官"。② 孝宗乾道间,豪民组织群党爪牙,在利州(东、西)路关外诸州贩运私盐,"啸聚边境,动辄成群",朝廷一方面对其加以怀柔,准其"忠义、归正之人有官者,朝廷量加优恤,或为添差之类,俾稍沾寸禄;无官之人与夫恶少逃亡,谕以祸福,悉令归农,给关外诸州官田,贷之粮食,薄其赋役,使之各有常产";另一方面则对其不听劝告者予以严惩,"督责州县严行禁止,晓谕诸军无复兴贩,则我之井盐无壅滞之患",诏令兴、凤两州两都统安抚司、总领所"约束禁止,无致少有违犯,及分委官前去断闸私小路,不通人迹往还,仍将出成官兵分认地分,剽画界至,守把捕捉";官员如有渎职则加以责罚,"若有透漏其本地分,当职官重作行遣"。③ 淳熙元年(1174),宋廷再次强调对豪民纠集爪牙贩运私盐的行为严惩,如榷货务上言"迩来私盐盛行,已督责巡尉禁绝私贩,访闻尚有豪猾专务胁持尝买私盐人随门强售",请求"乞自今降指挥以前,曾卖私盐罪犯一切不问,官司不得追究;若再犯,即依法科罪。如自能执捕贩私盐人赴官陈首,除免罪外,更与依推赏",得到批准。④

小　结

宋元四川盐区的豪民群体成为民间社会力量的重要构成,豪民虽大多

---

① 《宋会要辑稿》职官四八之七九。
② 《宋会要辑稿》食货四二之一。
③ 《宋会要辑稿》食货二七之二九。
④ 《宋会要辑稿》食货二八之二。

不属官方,却与其保有或多或少的联系,以此成为介入地方社会的重要力量。宋元豪民的存在成为民间群体的重要构成特点之一,豪民、平民盐权博弈主要表达的是四川盐区民间的群体互动方式,豪民积极介入川盐的经营,但其行为主要表现为"豪横",以此与普通平民灶户产生冲突。

宋元四川盐区豪民的行为因与官方的联系程度差异而有不同的表现,如商人型豪民主要通过经济活动完成对民间盐权的侵夺,而外戚型豪民则直接通过姻亲背景进行暴力的争夺盐井。豪民对四川盐区社会的危害产生了恶劣影响,对官方确立的正常盐业秩序亦有冲击与破坏,不仅造成了政府税收的减少;更多的是造成普通民户的负担,加重其困弊,因此豪民、平民盐权的博弈始终是该期民间社会的博弈主体。

宋元豪民对四川盐业的危害作用,包括既破坏了四川食盐正常的生产、流通秩序,造成普通盐民的沉重负担;同时也破坏了政府的盐法及相关制度,造成了政府财政收入的减少。因此官方需要通过实施相关措施加以调节,以此缓解豪民、平民之间在四川盐区社会的激烈博弈。官方在法制上主要通过颁布禁令的方式,对豪民从事食盐经营进行严格限制;在盐政上,则通过变革盐法,弥补豪民在地方侵夺民间盐权的漏洞;在社会治安层面,通过对豪民黠吏纠集爪牙危害盐区秩序的行为进行惩治。通过这些措施的运用,以缓和四川盐区民间群体围绕食盐所产生的矛盾与冲突,并进而确立民间盐权的分配秩序,以实现民间盐权分配利益格局的均衡。

第六章　宋元四川"夷汉"族群盐权博弈

第一节　宋元四川盐权博弈的"夷人"族群分布

探讨宋元四川盐权冲突的族群分布,首先需要注意"官方"的角色象征,从其族群身份看,史料中并无过多的将汉族(元代则为蒙、汉联合体,下同)单独作为一个群体进行阐述,主要记载的是其"官方"(包括中央与地方)作为代表,与"夷人"(少数民族)进行盐权的博弈;在"夷人"看来,"官方"在当地首先是汉族利益的代表,是作为汉族的政府在当地进行食盐的控制与管理。因此,本节所述的"夷汉"盐权博弈便主要发生在汉族官方与当地"夷人"族群之间。其次研究四川的族群关系,还要注意区分蒙古族与其他少数民族的区别。蒙古族在元代虽然分屯四川各地,与其他民族杂居,但主要是元政府出于维护地区统治的目的,其身份同其他四川少数民族存在差异;元朝是蒙古民族建立的政权,蒙古族作为全国的统治民族,拥有比汉民族更高的社会地位,本身就是王朝的统治基础,因此在食盐利益处理中与王朝互为一体;另外元朝虽为蒙古族建立,但在地方上(包括四川)的统治却仍需依靠广大的汉民族帮助,以此形成蒙汉联治为主体的统治模式,因此元政府同样是汉民族上层阶级利益的代表。故本节所论述的少数民族主要为四川自古以来长期定居的被中原王朝统称为"西南夷"的被统治族群。

宋元四川食盐资源在汉族与少数民族区皆有分布,宋人沈括曾载:"盐之品至多,前史所载夷狄间自有十余种,中国所出亦不减数十种。"①从四川盐区所在的环境看,多处大山深谷,"四川盐井,俱在万山之间"②,而这些地区恰是众多西南少数民族聚居区,"西南诸蛮夷,重山复岭,杂厕荆、楚、巴、黔、巫中,四面皆王土"③。宋代对这些少数民族聚居地实行三种治理模式,或设置汉族正州管理,如施州、黔州、长宁军等;或设置少数民族经制州,如思州、珍州、播州;或直接实行羁縻统治,如黔州、黎州所领诸羁縻州等。宋代以"积贫、积弱"著称,实际上对少数民族区的统治力有限,基本由少数民族自行管理地方事务,"树其酋长,使自镇抚,始终蛮夷遇之"。④元代对四川少数民族的控制能力要强于宋代,在民族地区设置众多宣慰司、安抚司、宣抚司、元帅府等管理,但治内仍要依靠少数民族自行管理,成为后世"土司"的来源。

从四川"夷汉"族群盐权博弈发生较为激烈的地理位置看,宋代主要在夔州路东南部、梓州(潼川府)路南部以及益州(成都府)、利州(西)路西部;元代主要在川南一带,这些地区恰是四川少数民族最为集中的地区,即历史上"西南夷"的重要聚居地。这些地区少数民族大多不能自身产盐,但却又有相当高的食盐需求,又因靠近汉族盐区,因此成为盐权博弈最激烈的地区,所谓"自黔、恭以西,至涪、泸、嘉、叙,自阶又折而东,南至威、茂、黎、雅,被边十余郡,绵亘数千里,刚夷恶獠,殆千万计"。⑤从少数民族的食盐解决途径看,井盐主要分布在四川盆地,并为汉族政府控制,盆地四周少数民族的食盐必须仰赖汉族所产食盐供应,尤其夔州路施、黔州和梓州(潼川府)路叙、泸州等地的少数民族。因此在夔州地区和泸南地区,宋代四川政府同少数民族之间的食盐纠纷,常常是民族矛盾尖锐、干戈不息的主要原因。⑥宋

---

① 《梦溪笔谈》卷一一《官政一》,第98页。
② 《元史》卷九七《食货五》,第2502页。
③ 《宋史》卷四九三《蛮夷一》,第14172页。
④ 同上。
⑤ 《宋史》卷四九六《蛮夷四》,第14244页。
⑥ 《四川通史》(第四卷),第286页。

元四川"夷汉"盐权博弈中的少数民族主要有施州蛮、黔州蛮、渝州蛮、泸州蛮、叙州蛮、摩沙夷、虚恨蛮以及文、龙州蕃部等,其具体分布如下:

一、川东南区少数民族

施州蛮:宋代为夔路"徼外熟夷,南接牂牁诸蛮,又与顺、富、高、溪四州蛮相错,盖唐彭水蛮也"①,施州自身并不产盐,而周边相邻的夔、忠、黔3州及云安军皆为夔路产盐重区,因此4地食盐成为施州蛮争夺的对象。如真宗咸平中,"施蛮尝入寇",朝廷"诏以盐与之,且许其以粟转易",冲突方息,"蛮大悦,自是不为边患"。②

黔州蛮:乃唐代"南宁州、牂牁、昆明、东谢、南谢、西赵、充州诸蛮也",宋代主要分布黔州(绍庆府)及所领羁縻州等地,"其地东北直黔、涪,西北接嘉、叙,东连荆楚,南出宜、桂";其部族众多"随畜牧迁徙亡常,喜险阻,善战斗,部族共一姓,虽各有君长,而风俗略同"。③ 宋初以来,黔州蛮主要有"龙蕃、方蕃、张蕃、石蕃、罗蕃",号"五姓蕃","皆常奉职贡,受爵命"。④ 宋代黔州本即盐产地,因此黔州蛮参与的食盐冲突便局限在本州。如太宗至道二年(996),黔州上言"蛮寇盐井,巡检使王惟节战死"。⑤

渝州蛮:为"古板楯七姓蛮,唐南平獠也",其地"西南接乌蛮、昆明、哥蛮、大小播州,部族数十居之"。宋英宗治平中,熟夷李光吉、梁秀等三族据其地,各有众数千家,因与汉人争夺土地"间以威势胁诱汉户,有不从者屠之,没入土田",官军追捕,"辄遁去,习以为常",造成"远近患之";直至神宗熙宁三年(1070),夔州路转运使孙固、判官张诜发兵定其地,"平荡三族,以其地赋民",冲突方息;八年(1075),朝廷于其地建南平军,"以渝州南川、涪州隆化隶焉"。⑥ 南平军本即夔州路盐产区,因此渝州蛮引发的族群盐权博

---

① 《宋史》卷四九六《蛮夷四》,第14243页。
② 同上。
③ 同上书,第14242页。
④ 同上书,第14242页。
⑤ 《宋史》卷五《太宗二》,第97页。
⑥ 《宋史》卷四九六《蛮夷四》,第14242页。

弈主要发生在当地。宋廷置南平军后,为考虑当地少数民族食盐需求,熙宁间曾命大宁监每岁拨发食盐前来接济。①

二、川南区少数民族

泸州蛮:亦称淯水夷,宋代为泸州"羁縻十州五囤蛮也,杂种夷獠散居溪谷中"。② 泸州蛮以乌蛮部(今彝族)最强,仁宗庆历初,泸州上言:"管下溪峒十州,有唐及本朝所赐州额,今乌蛮王子得盖居其地,部族最盛。"乌蛮有二部,分别为晏子及斧望个恕,"晏子所居,直长宁、宁远以南;斧望个恕所居,直纳溪、江安以东,皆仆夜诸部也";同时也以二部对泸州、长宁军(原为泸州淯井监,徽宗升为长宁军)盐区的威胁最大,晏子"距汉地绝近",可就近侵入淯井监;而斧望个恕"近纳溪,以舟下泸不过半日",对泸州盐区构成威胁。③ 宋代川南区族群盐权博弈主要是泸州蛮与汉人及其官方的互动,其中尤以乌蛮二部为重,如神宗熙宁七年(1074),淯井蛮出兵侵夺泸州及淯井监食盐。④

叙州蛮:宋代共分3部,西北曰"董蛮",正西曰"石门部",东南曰"南广蛮";从其地理分布看,董蛮在马湖江右,乃"唐羁縻驯、骋、浪、商四州之地",该部首领为董氏,宋初曾来贡马,自称"马湖路三十七部落都王子";徽宗大观三年(1109),董蛮首领罗永顺、杨光荣、李世恭等各以其地内属,宋廷诏建"滋、纯、祥三州",后皆废;熙宁、绍圣中,该部数次入寇汉地抄掠;徽宗政和五年(1115),朝廷曾在叙州建砦防御,但"蛮寇掠如故"。⑤ 南广蛮在叙州庆符县以西,"为州十有四";石门蕃部与临洮土羌接,为"唐曲、播等十二州之地",其俗"椎髻、披毡、佩刀,居必栏棚,不喜耕稼,多畜牧",该部在叙州蛮中最为凶悍,"其人精悍善战斗,自马湖、南广诸族皆畏之"。⑥ 叙州诸

① 《续资治通鉴长编》卷二七〇"神宗熙宁八年十一月丙午"条,第6629页。
② 《宋史》卷四九六《蛮夷四》,第14245页。
③ 同上。
④ 《续资治通鉴长编》卷二五二"神宗熙宁七年夏四月辛卯"条,第6174页。
⑤ 《宋史》卷四九六《蛮夷四》,第14239页。
⑥ 同上。

蛮从族性划分,与吐蕃诸部相同,同为青羌族群,因毗邻叙州盐区,高宗绍兴间多次前往争夺食盐。[1]

摩沙夷:汉为定笮县,隶越巂郡;唐立昆明县,属巂州,天宝末没于吐蕃;后复属南诏,改香城郡;元世祖至元二十七年(1290),以其地位闰盐县,立柏兴府,隶罗罗宣慰司(后划归云南行省)。[2]柏兴府本即食盐产地,"邑民取盐,先积薪以火烧过,以水洗灰,即成黑盐,炼之又白",蜀汉时"为氐豪所据,蜀将张嶷杀其豪帅,遂擅盐铁之利"。[3]元代先后开凿黑、白两盐井,引发官方争夺,造成当地族群食盐冲突较为激烈。[4]

三、川西区少数民族

虚恨蛮:属吐蕃诸部中青羌奴儿的一个部族,宋代居住四川黎州西部界外。孝宗淳熙十二年(1185),青羌奴儿部落以虚恨蛮最强,"破小路蛮,并其地,与黎州接壤,请通互市";四川制置使赵汝愚上言"黎州三面被边,若更通虚恨蛮,恐重贻他日之忧,不若拒之为便",朝廷"以其知大体,从之"。[5]宋廷虽然拒绝虚恨蛮通互市的要求,但还是允许其定期上贡,以岁赐食盐等物加以羁縻。然自宁宗庆元四年(1198)后,朝廷便终止其食盐等岁犒,由此引发双方冲突。[6]

文、龙州蕃部:属吐蕃诸部的一支,"皆氐羌遗种也",宋代位于二州西部界外;文、龙州蕃部在宁宗庆元间常至汉地进行互市,换取食盐,然而时间不长,朝廷便关闭互市;二州夷人为食盐需求,在庆元、嘉定间连续多次侵犯。[7]

---

① 《宋代蜀文辑存》卷四七《喻汝砺·论蜀事四可忧并陈经画二策疏》,第4册,第332页。
② 《元史》卷六一《地理四》,第1477页。
③ 《太平寰宇记》卷八〇《剑南西道九·巂州》,第1619页。
④ 《中国盐文化史》,第298页。
⑤ 《宋史》卷四九六《蛮夷四》,第14238页。
⑥ 《建炎以来朝野杂记》乙集卷二〇《边防·癸酉虚恨之变》,第890页。
⑦ 《建炎以来朝野杂记》乙集卷二〇《边防·龙州蕃部寇边》,第892页。

第二节　宋元四川"夷汉"盐权博弈中的族群冲突

　　宋元四川境内"夷汉"族群的盐权冲突主要基于两种原因:一是少数民族区并不产盐,其食盐需求主要依靠汉族的食盐开采,而作为汉族代表的"官方"为实现食盐利税的垄断,或限制贸易规模,或提高盐价,使少数民族单纯依靠正常的买卖途径难以满足日常之需。少数民族在求盐不得,贸易主动权又被官府牢牢控制的情况下,只能通过激烈的对抗加以解决,如暴力的争夺盐井。二是少数民族区产盐,但因技术的落后导致不能开采,或开采程度有限,而汉族因拥有较为先进的开采技术,或为生计,或为财利等原因,进行移民式的大规模对少数民族盐地的涌入,形成食盐开采的垄断。汉族及其官方的进入,一方面直接剥夺少数民族原有的食盐开采权,造成其盐权的丧失;另一方面对少数民族的居住格局造成巨大冲击。

　　宋元四川大部分产盐区为夷汉杂居的居住格局,形成少数民族居山区,汉民族居河谷平地的居住格局;而山区恰是当时食盐开采的核心区,随着汉民族的大量涌入,少数民族被逐渐边缘化,在当地由主体族群转而变为边缘族群。如涪州汉夷居住格局为"巴夏居城郭,蛮夷居山谷",仁宗康定间有程运使在武龙县白马津山区发现盐泉,迁忠州井灶户 10 余家教以煮盐之法,"末几有四百余灶,由是两岸林木芟薙,悉成童山"。[①] 汉族因开采食盐大量涌入,使山区的少数民族被边缘化在所难免。另如黔州(绍庆府),为"古蛮蜑聚落",境内"蛮、僚杂混",因当地食盐的开采,汉人的涌入造成"盐烟溪瘴锁诸蛮"。[②] 为了食盐诉求和应对被边缘化,少数民族也必然群起抗争,以求与汉民族争夺盐权与居住格局的均衡。由此形成四川盐区少数民族与汉族的冲突与对抗。

----

　　① 《方舆胜览》卷六一《涪州》,第 1067 页、第 1069 页。
　　② 《方舆胜览》卷六〇《绍庆府》,第 1056 页。

一、川东南区"夷汉"族群盐权博弈的冲突

宋代川东南区族群食盐冲突主要是施州蛮、黔州蛮、渝州蛮等同汉人及其官府的对抗。如太宗淳化四年(993),施州、黔州等"峡路蛮扰边",朝廷命丁谓领峡路转运使,前往体量;丁谓探知蛮人数次入寇的原因是匮乏食盐,"蛮地饶粟而常乏盐",采取"以粟易盐"的贸易措施,"蛮人大悦",动乱方息。① 太宗至道二年(996),黔州蛮为争夺食盐,再次主动挑起与官府的对抗,黔州地方官上言:"蛮寇盐井,巡检使王惟节战死。"②真宗时,施州蛮因食盐匮乏再次叛乱,朝廷命转运使寇瑊权领施州,前往措置;寇瑊再次借鉴丁谓的做法"请募人入米,偿以盐",最终通过满足其食盐需求而平息动乱。③

英宗治平中,渝州蛮熟夷李光吉、梁秀等为阻止汉人进入本区,强迫没收当地汉人已垦田土,并逼其"往往投充客户,谓之纳身"④;在渝州蛮的"反汉化"行动下,不断对邻区汉地形成侵扰。神宗熙宁三年(1070),朝廷命夔州路转运使孙固等"以祸福开谕,因进兵,复宾化砦,平荡三族,以其地赋民",后以宾化砦升为隆化县,隶属涪州,另建建荣懿、扶欢两砦;朝廷补当地土人王才进充巡检,"委之控扼";王才进死后,因"部族无所统",又"数出盗边"。⑤ 八年(1075),渝州南川县僚人木斗叛,朝廷诏熊本为夔路安抚使,"破贼木斗,以溱州地归得五百里为四砦九堡,建南平军"⑥;后又以渝州南川、涪州隆化县多渝州蛮,朝廷将其拨隶南平军⑦。

元代川东南族群食盐冲突主要发生在绍庆路,即原宋黔州蛮地区。元代绍庆路仍为川东南重要盐产地,如彭水县伏牛山"左右有盐井",其食盐开采一如宋代。⑧ 元代汉族民众为开发山区食盐,大量涌入;同时官府为

---

① 《宋史》卷三〇一《寇瑊传》,第 9988 页。
② 《宋史》卷五《太宗二》,第 97 页。
③ 《宋史》卷四九六《蛮夷四》,第 14239 页。
④ 同上书,第 14242 页。
⑤ 同上书,第 14242 页。
⑥ 《舆地纪胜》卷一八〇《南平军》,第 5229 页。
⑦ 《宋史》卷四九六《蛮夷四》,第 14242 页。
⑧ 《大元混一方舆胜览》卷中《四川等处行中书省》,第 298 页。

征收盐课,也鼓励汉民对原少数民族(主要为今苗族)聚居区的进入,甚而动用武力进行"赶蛮(苗)拓业"。"赶苗拓业"或"赶蛮夺业"虽不见于正史记载,但在当地民间族谱、墓碑、传说中大量存在,少数民族在被边缘化后,"劫后余生者大多逃往他乡,少数避进山林,隐姓埋名,谎称汉民";汉民在官方组织移民进入盐区后,所信奉的盐神皆为汉族神灵,而苗族等少数民族自认其始祖为蚩尤,在盐产地被夺后,仍旧把蚩尤当作"咸泉龙王"供奉。① 在元代"赶蛮拓业"的族群冲突中,少数民族在汉族官府的武力压迫下,只能选择背井离乡,再无宋代黔州蛮主动抢夺汉地盐井的气势,只能从族群记忆及盐神信仰中表达内心的反抗。

二、川南区"夷汉"族群盐权博弈的冲突

宋代川南族群食盐冲突主要发生在泸州、淯井监,表现为泸蛮与汉人的对抗。如仁宗庆历四年(1044)夏,梓、夔钤辖司言"泸州淯井监夷人攻三江寨",威胁当地盐井,朝廷诏"秦凤部署司发兵一千人及选使臣三人,驰往捕击之"。② 真宗时,泸州蛮人寇淯井监,抢夺食盐,梓州路转运使以刘平权泸州事,率土丁三千击将其击败,"夷人惩前败,不敢扰边"。③ 大中祥符元年(1008),泸州言江安县蛮人为争夺食盐,杀伤戎州内属户,同巡检、殿直任赛领兵追捕遇害,朝廷遣内殿崇班、阁门祗候侍其旭"乘传诣戎、泸,招抚蛮人";侍其旭至泸州后,"蛮人即来首罪,杀牲为誓",然而因官方加强盐井控制,致使冲突再起,"旭按行盐井,蛮复拒之";侍其旭组织武力镇压,"率部兵百余,生擒其首领三人,斩数十级,而部下被伤者几二十人";然而夷人并未降服,侍其旭只得请言增兵:"蛮人僻在岩险,未即首罪,尚集徒党拒扞。望发兵三五千,与近界巡检并赴淯井监胁诱。如尚敢陆梁,即因而讨之";朝廷乃"发陕西兵尝经战阵者

① 《彭水县志》,第730页。
② 《续资治通鉴长编》卷一四八"仁宗庆历四年夏四月丁巳"条,第3592页。
③ 《宋史》卷三二五《刘平传》,第10499页。

付之,缘边给兵器",并实施招安,诏令侍其旭等:"有来招安者勿杀,如敢抗拒,即进兵讨伐。"①这次汉夷针对食盐而起的对抗持续时间较长,直至一年后才被朝廷平定下去。

大中祥符六年(1013),晏州多刚县夷人豆望行牌率众劫渭井监,"杀驻泊、借职牟言,大掠资畜",知泸州江安县、奉职文信领兵追讨遇害,"民皆惊扰"。②泸州蛮继上次抢夺泸州盐井后,仅仅四年时间,为争夺食盐,再次发兵渭井监。朝廷命梓州路转运使寇瑊召诸州巡检会集泸州江安县,"集公私船百余艘,载粮甲,张旗帜,击铜锣鼓吹,自蜀江下抵清浮坝,树营栅",并遣人前往"招安近界夷族,谕以大兵将至,勿与望等同恶";不久,纳溪、蓝顺州刺史个松,生南8姓诸团,乌蛮狙广王子,南广溪移、悦等11州刺史李绍安,山后高、巩6州及江安界娑婆村首领皆来乞盟,名曰"打誓",其内容"用夷法,立竹为誓。门横竹,系猫、犬、鸡各一于其上,老夷人执刀剑",相约"誓与汉家同心讨贼",并"刺猫、犬、鸡血,和酒而饮"。③从结盟中寇瑊给以"盐及酒食、针梳、衣服"后夷人"大喜"来看④,"打誓"的实现也是朝廷食盐羁縻的结果。寇瑊此次进讨拒绝实施诏安,上言:"斗望尝以二年春烧渭井监,杀夷民,更赦贷其罪,而复来寇边,声言朝廷且招安,得酒食。若不讨除,则戎、泸、资、荣、富顺监诸夷竞起为边害";朝廷准其发嘉、眉两州兵助阵,"以震惧之";又发陕西虎翼、神虎等兵三千余人,令戎、泸州都巡检使王怀信与瑊"商略进讨";这场冲突又持续了近半年时间,直至年底,王怀信等上奏"蛮寇悉平",朝廷"诏奖之,令籍立功将士以闻"。⑤

仁宗庆历四年(1044),泸州夷人寇三江砦,朝廷命"渭井监官兵击走之";这次夷人对泸州盐区的侵扰断断续续,持续了很长时间,直至皇祐元年(1049),梓州转运司方上言"渭井监夷人平"。⑥嘉祐二年(1057),梓、夔路

① 《皇宋通鉴长编纪事本末》卷二五《泸蛮之叛》,第723页。
② 《皇宋通鉴长编纪事本末》卷二六《晏夷豆望行牌之变》,第731页。
③ 同上。
④ 同上。
⑤ 同上。
⑥ 《宋史》卷一一《仁宗三》,第218页、第227页。

三里村夷人又为抢夺食盐,"寇淯井监"。①

　　神宗熙宁六年(1073),淯井监有夷人数百名"自三里囤突出劫夺客船钱银,及虏掠人兵三十余人",朝廷命梓、夔路钤辖司钤辖张承祐与走马承受张宗望率兵往江安县会合讨伐。② 这次夷汉冲突看似是因夷人抢劫过往船舶钱银引起,实际真正的原因仍是食盐,梓州通判张子瑾随之上奏解释冲突的缘起:"晏州六县种夷约二千人,自井溪来驻思、晏等处,今罗个募村夷人斗设言:'十州五囤旧纳盐井柴茆煎盐,自官中卖井,我失卖茆之业;又令我纳米折茆,所以结集夷众于石纲溉劫人船,并三壕面与官军战,两有死伤,今欲与官设誓。'"③可见此次泸州蛮主动挑起冲突,主要是官府出卖当地盐井,致使向以销售煮盐柴薪为生的少数民族失业,因此通过抢掠客船的方式发泄不满。这次冲突持续时间较长,宋军久平不下,"又闻结集猖獗日甚,虽闻诸郡官兵会合,未见克捷"。④ 直至熙宁八年(1075),泸州夷人得个祥献长宁、晏、奉、高、薛、巩、淯、思峨等 10 州,冲突方息,宋廷以其献纳地置淯井监(为政区名,非盐井所置淯井监),隶泸州。⑤

　　熙宁八年淯井监夷人献其"羁縻十州盐池"予朝廷,"官后为淯井监"。⑥实际这也隐含了族群盐权博弈的紧张。与以往单纯的夷人侵入汉地争夺食盐不同,这次则是官方对夷人盐区食盐的主动侵夺。因为宋代少数民族归附王朝的统治并非那么自愿,"宋朝征服每以武力镇压相威胁,封建王朝在泸州僚人(即泸州蛮、淯井监夷人)地区的武力推进是以牺牲僚人的民族意愿为代价的"。⑦ 从淯井监"于泸、叙两间深入夷地一百二十里"⑧分析,可以推测这次夷人主动献纳盐池是以官军武力相威胁为背景,也是川南族群

---

① 《宋史》卷一二《仁宗四》,第 241 页。
② 《续资治通鉴长编》卷二四四"神宗熙宁六年四月己酉"条,第 5936 页。
③ 同上。
④ 同上。
⑤ 《宋史》卷八九《地理五》,第 2219 页。
⑥ 《舆地纪胜》卷一六六《长宁军》,第 5018 页。
⑦ 刘复生:《西南史地与民族:以宋代为中心的考察》,巴蜀书社,2011 年,第 163 页。
⑧ 《舆地纪胜》卷一六六《长宁军》,第 5020 页。

食盐冲突的另一种表现。

徽宗政和五年(1115),晏州夷再次进犯泸州,宋军出击,"拓地千里,建置五城,悉隶泸州,接连交广,外薄南海,控制十州五十余县,团、纯、滋、祥州、长宁军属焉",宋廷以"边寄宜重,依河东代州置沿边安抚司"。①

高宗绍兴五年(1135),因四川总领所"行盐酒之策",一味贪求盐利,对潼川府路南境少数民族食盐需求处理失当,造成"失羌夷之和";同年,叙州诸羌入寇,"攻陷诸寨,官吏歼夷,百姓奔遁",造成极大动乱。②

元代川南族群食盐冲突主要发生在柏兴府,该地为摩沙酋世代所居,地有黑、白盐井,皆非汉人发现,然代表汉人的官方却欲强行占有,自三国蜀汉时当地"夷汉"食盐冲突便较为剧烈。当地有笮夷开发盐井,"有盐池,积薪,以齐水灌而后焚之,成盐",少数民族为控制盐井,不肯上缴汉人官府,引致官方前来争夺,"汉末夷皆锢之,张嶷往争,夷帅狼岑、槃木王舅不肯服,嶷擒挞杀之,厚赏赐,余类皆安,官迄有之"。③ 通过蜀汉将领张嶷用武力强夺盐井,既可看出食盐对"夷汉"双方的重要,同时也可看出汉族的介入是引发当地族群食盐冲突的重要原因。

唐中期该地被吐蕃攻陷,目的仍是抢夺食盐,"蕃唯利是贪,数陷盐井",后"南诏逐吐蕃而据昆明",成为唐、吐、南三方食盐角逐之地;所谓"夷有则汉争,汉有则夷锢,虽盐井乃祸水也"。④ 宋代"太祖玉斧划河,一削羁縻之地",大理占据该地称贺头甸,然盐井却早已荒废,"重还混沌之天,盐步安在,久不知其所者"。⑤

元世祖至元十年(1273),其盐井摩沙酋内附,后设为柏兴府。据传元代柏兴府盐泉被一牧羊女重新发现,后世流传为"开井姥姥"的传说,其盐泉开发过程同样体现了族群盐权博弈的激烈。相传"开山姥姥"为塌耳山夷女,

---

① 《宋会要辑稿》职官四一之九四。
② 《宋代蜀文辑存》卷四七《喻汝砺·论蜀事四可忧并陈经画二策疏》,第4册,第332页。
③ 《华阳国志》卷三《蜀志》,第42页。
④ 《盐源县志》,第2页。
⑤ 《盐源县志》,第499页。

在牧羊时发现"羊饮于池,迹之,见白鹿群游,尝其水而咸,指以告人,因掘井汲煎,获盐甚佳,即今之白盐井也"。① 牧羊女发现盐泉后,民间百姓纷纷前来煮盐,但却遭到官府的争夺,将其杀害。牧羊女的遇害有两个版本,一是土司因其不将盐泉报官,致使民间私自煮盐而将其杀害;二是土司怕其发现盐泉后会将汉族商人及其官府引入,而把她杀害。② 从牧羊女遇害的第二个版本看,当地土司虽有"官"的属性,但与汉人官府相比,自身又是少数民族利益的代表。当地盐业被发现后,土司鉴于历史时期汉人官府前来争夺的教训,认为将牧羊女杀害就可避免汉人对盐区的占有,实际上正暗含了当地"夷汉"族群食盐冲突的紧张,以及少数民族在同汉族盐权博弈时的弱势地位。

三、川西区"夷汉"族群盐权博弈的冲突

宋代川西族群盐权博弈主要发生在文、龙二州及嘉定府等地。文、龙州蕃部为氐羌部族,剽悍善斗,宁宗庆元间即多次劫掠汉地,如庆元二年、六年连寇二州"清川、平郊二寨",宋军兴州都统制郭杲调大军击之,"则已去矣";朝廷为满足其食盐需求,允许开设互市相交易,"夷人常至浊水寨互市",寨有大商人从中经营食盐等物买卖,"夷人恃以为命";后官方以商人"既擅博易之利,顾又反挑夷人生事招衅",乃将商人迁至他处,夷人"自是茶盐粮米之属皆不可得";因官方未能处理好少数民族的食盐需求,造成"夷人困怒,嘉泰元年春遂掠平郊寨"。③

宋代黎州西界外有虚恨蛮,为食盐之需,入侵汉地较为频繁,"嘉祐间,虚恨一再寇边,历治平、熙宁以迄绍圣,入寇无虚岁";徽宗政和间,虚恨蛮乞求入汉博易,朝廷因其屡次侵扰没有允许,而"寨将惧其侵边,始创为茶、盐等犒遗,蛮酋因以为例,岁辄邀求,名曰'年计'"。④ 自此,官府只要食盐等

---

① 光绪《盐源县志》卷一〇《人物志·仙释》。
② 李绍明:《少数民族对开发盐业的贡献》,载《四川井盐史论丛》,第117页。
③ 《建炎以来朝野杂记》乙集卷二〇《边防·龙州蕃部寇边》,第892页。
④ 《宋会要辑稿》蕃夷五之五七。

岁赐欠缺便成为虚恨蛮入寇的理由。高宗绍兴十二年(1142),虚恨蛮首领历阶等领众又侵犯嘉州中镇等寨,"掳掠寨将茹大猷等入蕃部",官军为此"防拓累年,耗费不赀";后都王历阶遣蛮将军叶遇等286人送还"茹大猷并土丁人等",嘉州只得"以等第激犒盐、茶"。① 绍兴末,官府停止食盐等供应,又招致再次寇掠,潼川府路提刑司措置"令还所掠保护、笼蓬等四寨,支犒银、布、茶、盐、锅、铛之属各有差,谓之四寨贴补,间一给之,而寨将之私赂不与焉",再次恢复食盐等物供给;此后虚恨蛮一遇食盐等物匮乏,便"时有侵掠",名曰"索税",实际要求官方"所给不过生绸、茶、盐"。② 朝廷也只得允许地方官府岁以食盐等物羁縻,换取地方安定。

然自宁宗庆元后,朝廷停止了食盐等赏赐,同时又不允许开互市,导致虚恨蛮乏盐。嘉泰二年(1202)夏,蛮人都王崖烈至嘉定府峨眉县中镇寨上缴贡物,请求官方发放庆元四年以来所欠5年的犒物;成都路提刑司答应只给4年犒物,"蛮人数来,欲得本年犒物,官执例不予",遂之冲突,"蛮人怒,掠边民十四人而去";六年(1213)冬,虚恨蛮又犯中镇寨;七年(1214)春,虚恨都王遣其徒库崖前来所要12年所欠岁犒,"凡为绢二千四百匹,盐、茶四千七百斤,银百两,铁釜二百,牲酒之属不与焉",因官方不允许,又多次发生冲突。③

第三节　宋元朝廷对四川"夷汉"族群盐权博弈的调整

一、设立义军进行食盐羁縻

宋代为加强地方,除设置禁、厢军外,另有乡兵,"乡兵者,选自户籍,或土民应募,在所团结训练,以为防守之兵也"④。四川乡兵最显著的特点是

---

① 《宋会要辑稿》蕃夷五之五七。
② 《宋会要辑稿》蕃夷五之一○三。
③ 《建炎以来朝野杂记》乙集卷二○《边防·癸酉虚恨之变》,第890页。
④ 《宋史》卷一九○《兵四》,第4706页。

少数民族所占比例较大,如夔州路义军称土丁、壮丁,由"州县籍税户充,或自溪洞归投。分隶边砦,习山川道路,遇蛮入寇,遣使袭讨,官军但据险策应之。其校长之名,随州县补置,所在不一"。① 宋廷对四川义军的设置,一方面利用其熟悉地利,加强对西南"夷人"族群的镇守,起到"以夷制夷"的作用;另一方面,则通过以食盐作为重要军俸开支,满足其食盐需求,起到羁縻作用。如夔路义军的俸禄"职级已上,冬赐绵袍,月给食盐、米麦、铁钱;其次紫绫绵袍,月给盐米;其次月给米盐而已,有功者以次迁"。②

夔路义军从其布防看,基本处于"夷汉"族群盐权博弈的活跃地区,由此可见宋廷食盐羁縻的重要用意。如渝州怀化军、溱州、江津、巴县设置巡遏将等,"巡遏、把截将岁支料盐、袄子须三年其地内无寇警乃给,有劳者增之。州县籍土丁子弟并器械之数,使分地戍守";涪州,仁宗嘉祐中,"补涪州宾化县夷人为义军正都头、副都头、把截将、十将、小节级",其俸禄"月给盐,有功以次迁,及三年无夷贼警扰,即给"。③ 由此可见,宋廷对夔路义军食盐的发放需要在 3 年无少数民族侵扰的前提下,正是起到一种激励作用。另外,夔路施、黔、思 3 州亦置有义军、土丁,总隶夔路都巡检司。④ 从"夷汉"族群食盐博弈的地域看,3 州恰是夔路食盐冲突最为剧烈的地区,更需招募少数民族进入义军,加强羁縻。如黔州盐产丰富,彭水县置有左、右两盐监,官方遂在其地置义军二千九百,"招谕夷自将其众者五百七十"。⑤

其他如梓州(潼川府)路泸州、叙州、淯井监皆是川南重要盐产地,宋廷置有"泸南夷义军","泸南夷义军者,泸、叙、长宁沿边诸堡寨皆有之,每郡多至四、五千人,夷军,夷族也。义兵者,边民也",宋廷通过赐予食盐起到巩固边防及食盐羁縻双重作用。⑥ 徽宗政和四年(1114),朝廷以泸州淯井监

---

① 《宋史》卷一九一《兵五》,第 4744 页。
② 同上。
③ 同上。
④ 同上。
⑤ 《方舆胜览》卷六〇《绍庆府》,第 1056 页。
⑥ 《建炎以来朝野杂记》甲集卷一八《兵马·泸南夷义军》,第 419 页。

升长宁军,独立建置,其辖属安宁县"所管十姓、十九姓僰、戎皆义军也",其义军之长"咸命以官,得世袭,岁给盐绢及冬夏犒设"①;七年(1117),宋廷再诏泸南义军:"泸南城寨招安、把截将之类,……今后如实历五年满日,能弹压边界,别无生事,招安将合出官者,特与出官,蕃官巡检等与转一官,量增盐、彩"②。

　　事实证明,宋廷在四川设置少数民族义军进行食盐羁縻的举措,对四川盐区的稳定具有积极意义。如夔路施、黔"比近蛮,子弟精悍,用木弩药箭,战斗骄捷,朝廷尝团结为忠义胜军,其后,泸州、淯井、石泉蛮叛,皆获其用"。③ 少数民族原被视为边缘族群,但加入义军后,满足食盐需求,更能起到"华夏"自我认同与弹压地方动乱的作用。仁宗天圣元年(1023),顺州蛮田彦晏、承恩等入寇施州宁边寨,朝廷因夔路"见集施、黔州义军,令差都指挥使牟汉卿、秦施煦等捉杀到溪峒子弟,夺器甲甚众",下诏褒奖,"其得功人赏以盐、彩"。④ 神宗熙宁六年(1073),泸州羁縻晏州6县夷人武装"自淯井谋入寇",朝廷命都官外郎熊本"察访梓州路常平等事,并体量措置泸州淯井监夷事";熊本奉命调用黔州弩手,号"忠胜义军",来泸州军前效用;在与来犯夷人武装的战斗中,黔州义军"出力死战",以致对方心有余悸,隔溪喊话:"相与无怨,何致力也?"黔州义军回骂道:"朝廷遣我击贼,不知其他!"。因黔州义军英勇善战,"以药箭射贼,当之者立死",对方甚为忌惮,"贼恶之,曰:'此黔州弩手箭也!'"⑤熙宁九年(1076),因交趾(今属越南)入侵广西,宋廷令夔州路转运判官董钺募施、黔二州义军千人赴安南招讨司,"仍令人给路费钱十千,以盐折之"。⑥ 另如长宁军义军"集夷为军,自大中祥符以来,每有边事则屯集名夷义军为用,屡获功赏"。⑦

---

① 《方舆胜览》卷六五《长宁军》,第1139页。
② 《宋会要辑稿》方域一九之二一。
③ 《宋史》卷四九六《蛮夷四》,第14242页。
④ 《宋会要辑稿》蕃夷五之八一。
⑤ 《皇宋通鉴长编纪事本末》卷八八《平淯井蛮》,第2815页。
⑥ 《续资治通鉴长编》卷二七四"神宗熙宁九年夏四月丁酉"条,第6706页。
⑦ 《方舆胜览》卷六五《长宁军》,第1139页。

此外,四川厢军作为"诸州之镇兵",其用途"以分给畜牧缮修之役,而诸州则各以其事属焉";厢军在宋代中后期沦为杂役军,不再从事轮戍作战,成为地方色彩浓厚的军种,"虽无戍更,然罕教阅,类多给役而已"。① 宋代四川少数民族众多,因此此厢军中也有一定比重,厢军俸禄同样注重食盐的供给,如将校月俸钱"自十五千至三百五十,凡十七等,有食盐;……厢兵阅教者,有月俸钱五百至三百,凡三等,下者给酱菜钱或食盐而已"。② 因此,在四川盐区的族群博弈中,厢军所起的作用同义军是相同的,只是规模及人员较少,作用并不明显而已。

宋廷对少数民族军人的食盐羁縻,除直接作为军俸发放外,另对其随军家属也发放一部分,以为生活之需。如仁宗康定元年(1040)秋,宋廷下诏"诸军戍边,其在营家属并给以茶、盐"③;皇祐二年(1050)春,诏施州"自今归明军校死者,许子孙代守边,仍先给食盐,其衣袄须三年乃给之"④。

二、加强盐区民族聚居地防御

宋元四川盐区境内少数民族众多,单纯的武力征讨劳师费众,并不能有效阻止其对食盐的争夺,这些族群"长啸而起,出则冲突州县,入则负固山林,致烦兴师讨捕,虽能殄除,而斯民之荼毒深矣"。⑤ 因此,朝廷在盐区民族聚居地实施最有效的措施便是加强防守,通过派军驻守、修整城池、提高守官待遇等措施,减少与少数民族的对抗,以缓和双方的紧张关系。

宋真宗大中祥符三年(1010)春正月,泸州蛮人寇,朝廷闻"泸州三月即苦瘴毒,诏孙正辞、侍其旭等及二月即领军马分屯近郡",采取守势,以防御为主,下诏"如戎人尚敢抗拒,量留兵守要害,以御之"。⑥ 四月,因戎、泸州

---

① 《宋史》卷一八九《兵三》,第4640页。
② 《宋史》卷一九四《兵八》,第4841页。
③ 《续资治通鉴长编》卷一二八"仁宗康定元年秋七月丁巳"条,第3205页。
④ 《续资治通鉴长编》卷一六八"仁宗皇祐二年春正月丁未"条,第4031页。
⑤ 《宋史》卷四九三《蛮夷一》,第14172页。
⑥ 《续资治通鉴长编》卷七三"真宗大中祥符三年春正月"条,第1651页。

蛮人抢劫淯井监食盐,有臣僚上言"盖淯井监深在溪洞,官府少人往来,致兹稔恶",朝廷遂诏"江安县监军量分兵巡警之"。① 七年(1014)三月,朝廷平定泸州蛮对泸州淯井监的抢掠,戎、泸州巡检使王怀信等上请在淯井监筑城,称"泸州溪洞,悉已宁静。淯井监旧无城隍,今请发泸州军士浚隍筑城",得到批准。② 同年秋,宋廷诏泸州淯井监驻泊并监井使臣"自今能抚绥蛮人,边界无事,代还日,当议甄奖";同时在益、彭二州拣选本城军士,升为禁军,使戍戎州,名曰"宁远";另将此前平定泸州蛮的官军中拣选"勇悍千人,分五部,以隶禁军,为宁远指挥,使守淯井监"。③ 九月,梓州路转运使寇瑊又请令峡路钤辖司发弩弓手禁军50人,前往屯泸州淯井监,亦得到批准,诏令"泸州淯井监戍兵自今分番而进,以其地多瘴疫故也";十一月,阁门祗候马守遵上言:"戎、泸夷汉杂居本路,钤辖在遂州,缓急不能捍御",朝廷遂在梓州路盐区置戎、泸、资、荣州、富顺监都巡检使一员,加强防御。④ 天禧元年(1017),梓州路承受臧沪上言:"戎、泸、资、荣州、富顺监都巡检使公署在戎州,去淯井监远逾百里,夷寇惊扰则应援不及,望徙置江安县。"朝廷考虑其便利之需,予以批准。⑤

神宗熙宁四年(1071),朝廷讨平渝州蛮叛乱,"既讨定李光吉、王衮旧地,置荣懿、扶欢两寨";其外有铜佛坝,因其"近南接西南乌蛮、昆明、哥蛮、大小播州等蕃界,数十部族据之",乃以"大使臣为梓夔路都监、知军兼沿边都巡检,稍置官属,并领荣懿、扶欢二寨,增置开边、通安、安稳三寨,以为控扼"。⑥ 六年(1073)秋七月,宋廷因"淯井监夷寇未平,议者多言东军不谙山川道路,请益土兵",遂诏泸州"增置宁远一指挥,其戎州宁远第一、第二、第三指挥各招及五百人,第三指挥仍应副泸州差使";八月,又诏"戎、泸州江安县各置武宁军人指挥,以四百人为额"。⑦ 七年(1074)夏,梓、夔路察访司上言提高泸

① 《皇宋通鉴长编纪事本末》卷二五《泸蛮之叛》,第723页。
② 《续资治通鉴长编》卷八二"真宗大中祥符七年三月辛卯"条,第1867页。
③ 《续资治通鉴长编》卷八三"真宗大中祥符七年秋七月"条,第1889—1894页。
④ 《皇宋通鉴长编纪事本末》卷二六《晏夷豆望行牌之变》,第731页。
⑤ 同上。
⑥ 《续资治通鉴长编》卷二七〇"神宗熙宁八年十一月丙午"条,第6629页。
⑦ 《续资治通鉴长编》卷二四六"神宗熙宁六年秋七月"条,第5892页、第6001页。

州夷区官员待遇,以措置守备事宜:"泸州江安、合肥县深在瘴地,夷汉事多,乞自今知县并依戎、泸州通判例酬奖,如无第二任知县人,候到任三年,与减磨勘三年。"得到朝廷批准。① 十年(1077)冬,梓州路转运司上言加强泸州夷区城防修筑:"泸州江安县及安夷寨控扼蛮獠,最为险,要乞修筑城寨。"亦得朝廷批准。② 元丰元年(1078),泸州蛮乞弟"率众犯边,纵火掠人",梓州路转运司以其"虽已遁归,虑复来寇",次年上言在泸州盐区留军驻防:"乞增禁军及召施、黔州义军赴江安县纳溪寨为守备,候团结夷人子弟可用,及边事帖息,渐减放。"朝廷批准其请求,令留施、黔州义军二百人。③

徽宗宣和元年(1119),宋廷以泸州"西南要会,控制一路,边阃之寄,付畀非轻,可升为节度,仍赐名'泸川军'";次年诏以泸州守臣带潼川府、夔州路兵马都钤辖、泸南沿边安抚使。④ 泸南沿边安抚使"领泸、叙、长宁军三郡,自元丰间乞第扰攘之后,三郡所隶堡寨官皆沿边安抚使辟置",以加强川南盐区的防御。⑤

高宗绍兴三十二年(1162),因长宁军深入川南夷区,"以盐官置监,深介夷腹中",成为"夷汉"盐权冲突的频发地:"泸南边面阔远,有警则长宁常为兵冲",朝廷遂以其守臣加"沿边都巡检使"衔,使加强防守。⑥

宁宗嘉定中,虚恨蛮因官方终止互市,不能得盐,而入侵嘉定府中镇寨;事后,朝廷加强当地防务,"选马氏一人为寨将,佃户为土丁防守边面",又选"土丁之壮健者二千人月廪之,俾守诸寨,岁赏钱二万四千缗";蛮人闻之,"知边头有备,惮之,自是不复轻抄掠矣"。⑦

三、鼓励"夷汉"食盐贸易

宋元朝廷为加强西南边防,派驻军队前往驻守,而军粮的运输因道路险

---

① 《续资治通鉴长编》卷二五二"神宗熙宁七年夏四月辛卯"条,第6617页。
② 《续资治通鉴长编》卷二八五"神宗熙宁十年冬十月癸巳"条,第6980页。
③ 《续资治通鉴长编》卷二九六"神宗元丰二年春正月壬子"条,第7207页。
④ 《宋会要辑稿》方域七之五。
⑤ 《宋代蜀文辑存》卷七二《李寅仲·论沿边堡寨官状》,第6册,第125页。
⑥ 《舆地纪胜》卷一六六《长宁军》,第5020页。
⑦ 《建炎以来朝野杂记》乙集卷二〇《边防·癸酉虚恨之变》,第890页。

远成为地方重要负担。西南少数民族拥有粮食却缺乏食盐,因此朝廷鼓励地方官府通过食盐交易对方粮食,既免于往来搬运之苦;又能满足少数民族的部分食盐需求,减少冲突,实现双赢目的。当然,四川官方同少数民族"以盐易粮"的贸易确立也是一个循序渐进的过程,作为一种食盐博弈的双赢模式,最终为双方食盐冲突的缓和起到了重要作用。

宋真宗咸平五年(1002),朝廷因川东南施州蛮入寇夔路盐区,"屯兵备溪蛮,岁仰它州馈饷,峡民甚苦之";权施州知州寇瑊请行"和籴"之法,"而偿以盐,兵食遂足";夔路转运使丁谓也赞成同少数民族"以盐易粮",上言:"溪蛮入粟实缘边寨栅,顿息夔、万诸州馈饷之弊,臣观自昔和戎安边,未有境外运粮给我戎兵者,请以其事付史馆。"①此外,夔路地区"以盐易粮"的做法还得到了朝廷积极支持。先前,施州蛮多次入寇,真宗召问夔路巡检使侯延赏:"蛮人何欲?"延赏对曰:"蛮无所求,所欲唯盐耳!"真宗表示同意:"此亦常人所须也,何以不与之?"遂下诏丁谓"即取诏传告陬落",施州"群蛮感悦",与官军相盟约,称:"自今有入寇者,众杀之";又表心迹:"天子济我以盐,我愿输以兵食"。②夔路实施"以盐易粮"后,不仅使少数民族满足食盐需求,宣誓效力朝廷,而且解决了当地驻军粮饷,"自是边谷有三年之积焉"。③

此后夔路还借鉴"以盐易粮"模式,相继延伸出诸多其他贸易方式。如真宗景德二年(1005),权三司使丁谓上言:"往者川峡诸州屯兵,调发资粮颇扰,而积盐甚多,募南人输粟平其价,偿之以盐,今储粟渐充,请以盐易丝帛";朝廷同意以盐换取对方丝帛,下诏"诸州军粮及二年,溪洞州及三年,从其请"。④仁宗时,夔州路食盐仍旧"并给诸蛮",通过贸易所得盐利充当地方贡赋的重要筹措,"计所入盐直,岁输缗钱五分,银、绸绢五分";同时"又募人入钱货诸州,即产盐厚处取盐,而施、黔并边诸州,并募人入米",又充当以盐易货或以盐易米(此前主要为以盐易粟)的重要等价物。⑤

---

① 《续资治通鉴长编》卷五二"真宗咸平五年七月己亥"条,第1142页。
② 同上。
③ 同上。
④ 《续资治通鉴长编》卷六〇"真宗景德二年五月戊辰"条,第1341页。
⑤ 《宋史》卷一八三《食货下五》,第4473页。

与川东南稍有不同,川南盐区在鼓励"夷汉"食盐贸易上主要发展"以盐易马"。神宗元丰间,泸州蛮乞第"既效顺,愿岁进马,以见向化之心",宋廷予以准许,并以食盐、银等物回赐,后发展为"盐马贸易";自徽宗政和后,泸州"每岁冬至后,蛮以马来,州遣官视之。自江门寨浮筏而下,蛮官及放马者九十三人,悉劳飨之,帅臣亲与为礼,诸蛮从而至者几二千人,皆以筏载白椹、茶、麻、酒、米、鹿豹皮、杂毡、兰之属,博易于市,留三日乃去",双方围绕"盐马贸易"发展成为多民族货物交易的繁荣互市;少数民族前来售马,"自蛮长已下,所给马直及散犒之物,岁用银帛四千余匹两,盐六千余斤",即使"马之死于汉地者,亦以其直偿之"。① 宋廷通过"慷慨"的"盐马贸易",实现了泸州盐区的安定,满足少数民族的食盐需求,有助于各民族互通有无及民族关系的发展。宁宗嘉定间,长宁军夷人阿祥部"每年春冬赴官中马,止请盐彩",朝廷允许与其发展"盐马贸易"。② 夔路地区亦曾有过"盐马贸易",如理宗绍定二年(1229),忠州曾以"博马盐"给南平军,交易当地少数民族马匹。③ 只是贸易规模相比川南要小的多,为时也不长,没有发展成定期交易。

四、实施怀柔政策放宽盐禁

宋元朝廷鉴于少数民族因食盐需求而屡起冲突,除武力镇压、加强盐区防御外,另通过怀柔政策,对其投顺、纳贡者皆赐予食盐,对靠近盐井的少数民族则部分放开盐禁,允其通过贸易解决食盐需求,以缓和冲突。

宋真宗大中祥符二年(1009),泸州因"近界诸蛮交相侵夺,请益兵御之",朝廷下诏"远方之人,但须抚慰,使安定耳",没有实施武力镇压。④ 四年(1011),夔州路转运使上言:"近置暗利寨,有为恶蛮人能率属归投者,署其首领职名,月给食盐。"建议通过食盐吸引少数民族投顺,得到朝廷批准。⑤ 九年

---

① 《建炎以来系年要录》卷六四"绍兴三年四月戊申"条,第1095页。
② 《宋会要辑稿》蕃夷五之四一。
③ 《鹤山集》卷八三《知南平军朝请江君墓志铭》。
④ 《续资治通鉴长编》卷七一"真宗大中祥符二年三月甲寅"条,第1605页。
⑤ 《续资治通鉴长编》卷七六"真宗大中祥符四年十二月壬寅"条,第1743页。

（1016），朝廷命夔路转运使对蛮人上贡代为回赐食盐等物，"诏溪峒蛮人因朝奉遣回者，并令夔州路转运使勘会，贡方物者，人赐彩三匹、盐二十斤；无方物者，人彩二匹、盐半斤"。①

泸州盐区宋初以来因"控西南诸夷，远逮爨蛮，最为边隅重地"，其守臣率用武臣。② 然而在民族关系复杂区任用武臣，多用武力解决问题，很难缓和当地冲突。仁宗初，朝臣以"泸州接西南夷，常用武人为守，而夷数怨叛"，认为"武人不习夷情以生患，宜得能吏通判州事"；刘立之以材选，通判泸州，上任后实施抚绥政策，"明约束，止侵欺"，宣称："必使信自我始"；刘氏通过整顿盐井，制止地方豪强对盐井的争夺，使当地食盐问题得到较好处理，由是"夷人安之"。③ 天圣二年（1024），朝廷因夔路溪峒蛮人"每年一次上京进奉人数不少"，一方面造成"往来搔扰官私"，诏令夔州路转运使在地方回赐，"只作在彼意度"；另一方面，"以蛮人进奉涉路冲寒，多有死亡"，诏其"自今或只将进奉土贡物纳于施州，贡表诣阙，其差来蛮人，依元定数即就施州给赐例物，发回溪峒"；同时规定夔路官府在代替朝廷回赐时，如少数民族"若愿得食盐，亦听就近取射数目，比折支与"，以满足其食盐需求。④

神宗熙宁七年（1074），市易司因四川民间井盐私开甚多，侵射官盐，"欲尽填私井而运解盐以足之"；神宗以此询问修起居注沈括，沈括考虑到民间私凿小井多分布在少数民族区，如果全部封闭致其乏盐，必起冲突；而如果全部派兵防守，又得不偿失，因此建议放开盐井："忠、万、戎、泸间夷界，小井尤多，不知虏盐又何如止绝？ 如此，后夷界更须列堠加警，则恐所得不补所费。愿敕计臣、边吏深较其得失之多寡，然后为之。"⑤最后，神宗在权衡利弊后，采纳了沈括的建议。八年（1075），宋廷讨平渝州蛮叛乱，以渝州南

① 《宋会要辑稿》蕃夷五之七九。
② 《舆地纪胜》卷一五三《泸州》，第4585页。
③ 王禄昌、高觐光等：民国《泸县志》卷二《职官志·治绩》，台北学生书局据1938年铅印本影印本，1985年，第290页。
④ 《宋会要辑稿》蕃夷五之八一。
⑤ 《续资治通鉴长编》卷二五五"神宗熙宁七年八月"条，第6240页。

川县铜佛坝置为南平军。夔路安抚使考虑到本地夷人食盐之需,上表请求"乞权拨大宁监每岁应副陕西及成都府盐,赴新建军寨",得到批准。① 元丰四年(1081),因泸州蛮乞弟叛乱,朝廷以食盐等赏赐西南蕃罗氏鬼主首领沙取以兵助阵官军,称"沙取若能谕乞弟早降,朝廷当厚加爵赏。如有未肯降,沙取能掩杀赴官,即赏真金五百两、银五千两、锦帛五百匹、彩绢五千匹,更当优加官爵,其下得力蛮兵赏盐万斤、牛百头"。②

哲宗元祐六年(1091)春,夔州路转运司乞请以食盐等物赏赐境内夷人上贡,称"施、黔州蛮人入贡,乞就本州投纳贡布,止具表状闻奏,仍厚为管设,或以盐,或以钱,等第给赐,遣归溪洞",得到朝廷批准。③

徽宗政和六年(1116),朝廷在权衡泸州盐区使用文、武官员任职的利弊后,认为文官更易贯彻朝廷在民族地的抚绥政策,下诏自该年始"更置儒守"。④

高宗绍兴十七年(1147),泸南沿边安抚司上言夷人首领落抵替宋守边,准予食盐等犒赏:"武翼大夫、忠州刺史、西南蕃都大巡检使落抵自援名目以来,把拓边界,别无误事,欲依政和八年已降指挥:'蕃官夷界巡检如寔历五年任满,能弹压边界,别无生事,与转一官,量给盐、彩'",得到朝廷批准;三十年(1160),泸南沿边安抚司上言西南蕃都大巡检使落抵去世,乞令其子判孺承袭,宋廷予以批准,并加封判孺"补武略郎,充西南蕃都大巡检使,每年支盐一千斤,彩绢四十匹"。⑤

孝宗乾道六年(1170),泸南安抚司上言"本州寨旧例年支蛮人犒设紬一十九匹三丈,并猪、酒、茶、盐等。近刘显等于乾道三年擅与蛮人增添绢一百十匹、茶四百二十五斤,并猪、酒、盐等,次年蛮人遂欲用为久例。显又擅立誓,书写合用文据有'永远支给'之文,窃虑遽然灭落,别致生事",要求削

---

① 《续资治通鉴长编》卷二七〇"神宗熙宁八年十一月丙午"条,第6629页。
② 《续资治通鉴长编》卷三一五"神宗元丰四年八月丙子"条,第7632页。
③ 《续资治通鉴长编》卷四五四"哲宗元祐六年春正月乙酉"条,第10889页。
④ 《舆地纪胜》卷一五三《泸州》,第4585页。
⑤ 《宋会要辑稿》蕃夷五之三九。

减刘显等人擅增食盐等犒物,免至蛮人贪求;然朝廷在综合考虑后,出于抚绥夷人的考虑,不再削减致其生怨,但规定此后不再增加,下诏"欲照应已增数目应副,仍令本司严行束约,已后年分不得擅增"。① 宁宗庆元后,黎州檄外虚恨蛮常来纳贡,宋廷同以食盐作为重要犒赐,成为解决其食盐需求的一个重要途径。②

小　结

宋元四川境内少数民族众多,其食盐产区很大一部分又为少数民族聚居区,使"夷汉"族群针对盐权的互动不可避免。本章所探讨的族群盐权博弈主要表现在汉族及其官方与西南传统少数民族之间,两者博弈的缘起主要基于两点:一是西南少数民族自身不能产盐,需要依赖汉地盐区的食盐供给,而汉族官方的盐权垄断造成少数民族食盐的匮乏,以此引发冲突与对抗;二是西南少数民族身居盐区,但因食盐生产技术落后于汉族,导致汉族大量涌入开采或暴力争夺盐井,迫使少数民族在当地沦为边缘化状态,为保护盐权和应对边缘化而寻求反抗。

宋元四川"夷汉"族群盐权博弈的核心区主要分布在川东南、川南以及川西三大区域,对这些地区族群地理分布的论述主要是解析族群博弈的对象及发生区间。西南少数民族与汉族及其官方的盐权博弈主要表现为两点:一是通过邻近汉族官方所控盐井的地理优势,组织武装对其进行军事掠夺,以寻求盐权利益的满足;二是通过在盐区内的"反汉化"手段来摆脱被边缘化的趋势,进而实现对当地盐权的拥有。

宋元四川盐区"夷汉"盐权的博弈,呈现出由对抗到缓和这一变动过程。汉族官方对西南少数民族的盐权争夺,原先主要采用武力镇压的方式来解

---

① 《宋会要辑稿》蕃夷五之四〇。
② 《建炎以来朝野杂记》乙集卷二〇《边防·癸酉虚恨之变》,第890页。

决,但这种方式的弊端很明显,少数民族并不能真正停止对汉地盐区的侵夺。后来汉族官方意识到族群盐权博弈"双赢"的重要性,通过反攻为守、义军支盐、设置互市、放宽盐禁、加大政治赐盐等方式,通过食盐利益的部分让步满足少数民族的食盐诉求;同时对汉地的盐业发展也是一个有益补充。官方这些措施的实行,有效缓解了各民族之间因食盐争夺而产生的冲突与对抗;而在盐区防御的强化,则有利于遏制少数民族的不当利益诉求,实现四川盐区社会秩序的安定团结。宋元四川盐区"夷汉"族群在经过激烈的盐权博弈后,最终通过双方的共同妥协与让步,实现了地区盐权分配利益的均衡及分配秩序的稳定。这种"双赢"结果的实现,有助于民族关系的处理及边疆开发,其做法及经验也为后世所借鉴。

第七章 宋元四川盐神信仰圈的 分布及信仰博弈

　　宋元四川作为全国最重要的井盐产区,盐业对当地经济、政治、文化、民族关系等方面皆起着重要的作用,食盐作为当地一种重要的民生资源,与人们的生活息息相关,自古就存在各种盐神信仰,在全川形成一个广大的信仰文化圈。同时食盐作为国家财利之源,也一直是王朝权力展现和垄断的异宠,盐神信仰也是国家权力渗透的重要一环。对官方而言,"川峡四路盐课,县官之所仰给"①,为控制食盐财利之源,需在信仰中塑造诸多官方盐神作为食盐发现者或权威符号,意图在意识形态中强化其对食盐制售垄断的合理性;而食盐作为"食用之品,无论贫富在所必需,人人皆当食盐"②,也成为民间利益诉求的重要内容,由此自造一批平民盐神用以证明其同样拥有盐权的合理性。

　　宋元四川盐神信仰的博弈,主要体现为官民双方意识形态的冲突与妥协,这种信仰博弈代表了双方盐权纷争的过程,最终通过博弈实现了地区盐权分配秩序的均衡。同时,宋元四川盐区社会群体间的盐权博弈,更多强调在行为层面,在文化层面则较少涉及,而文化层面的盐权博弈尤以盐神信仰最为显著,且这方面更多体现在官民双方的互动中。虽然有关官民盐权博

----

① 《续资治通鉴长编》卷一五八"仁宗庆历六年五月戊子"条,第3827页。
② 《四川盐政史》卷一。

弈的论述前章已经进行过详细探讨,但仍多集中在行为层面,部分涉及社会舆论。本章的重心集中探讨食盐文化中的群体博弈,因此通过官民盐神信仰博弈,一方面是借官民两个群体为例,探讨社会群体间食盐文化现象中的博弈表现;另一方面,通过对官民盐神信仰的探讨又可以弥补双方盐权博弈在意识形态中的欠缺,并可与前章相呼应。

第一节　宋元四川盐神信仰圈的地理分布

宋元四川盐神信仰从内容看,主要分为对开业祖师、盐泉发现者、盐政施惠者三类崇拜,其人物既有现实原型也有神化虚构;此外还祭祀盐井(水)龙神。对民间盐户而言,盐神崇拜"除了能够加强人们对具有危险性、不确定的工作和行业充满信心与乐观之外,还起到了整合有组织的职业团体的作用"。[①] 对官方而言,盐神崇拜仪式强调"官方和政治秩序的运作",民间社会"对上天具有凌驾神明和人类的至高无上权力的普遍接受,为皇权在政治上整合这个庞大的国家提供了一种重要的宗教基础",因此"统治阶层可以通过诸多地方宗教传统隶属于中央的控制,来促进帝国的团结"。[②] 而官民双方对盐神的推崇,亦有助于地区信仰圈的形成。

一、宋代四川盐神信仰圈的地理分布

（一）益州（成都府）路盐神信仰

陵州（陵井监、仙井监、隆州）:祀奉天师张道陵。陵州取陵井为名,相传陵井为东汉天师张道陵所开,故予祭祀。宋代祭祀之地称"天师庙",后改为"至道观"。[③] 天师庙又称"张道陵祠"或"中女祠","盖井神张道陵祠,在仁

---

① （美）杨庆堃著、范丽珠等译:《中国社会中的宗教:宗教的现代社会功能与其历史因素之研究》,上海人民出版社,2007 年,第 80 页。

② 《中国社会中的宗教:宗教的现代社会功能与其历史因素之研究》,第 137 页。

③ 《舆地广记》卷三〇《成都府路下·仙井监》,第 873 页。

寿县西一百步,陵开凿盐井人得其利,故为立祠";张陵即张鲁之祖父,"学道鹤鸣山,人从受道者出五斗米,故时人号为米贼,亦曰'五斗米道'"。① 此外,陵州还信奉玉女盐神,建有"玉女祠"。② "玉女祠"在陵州城南10公里丽甘山,"山下盐井是十二玉女故迹,以玉女美丽,井水味甘,合而为名也"。③ 卤水龙王,当地认为龙王主宰当地卤水的兴旺,如果龙王不存,盐水亦将枯竭。相传后蜀显德中,"一白龙自井随霹雳而出,村旁一老父泣曰:'井龙已去,咸泉将竭,吾蜀亦将衰矣。'"④聂神祠,在仁寿县,祭祀地曰"聂社","又云古盐井号'聂甘井',井傍有神祠,号曰'聂社'。"⑤井镬山神,在井研县,"县北二里,井镬山神,唐僖宗入蜀时,见命祠之,其山俯临镬井,因以为名,盖盐神也"。⑥ 贵平县祭祀汉代朱辰,建"唱车庙"祀奉,"在旧县南九里,汉朱辰为巴郡守,有惠于人,吏人送辰到蜀,回至此为辰立庙。以其山近盐井,闻推车唱歌之声为名,今盐井推辘轳皆唱为号令"。⑦

祭祀天师的仪式为:盐井提取卤水前要焚香祭拜,乞求天师保佑平安,尤其在卤水不丰或发生盐井事故时更是如此;另外在盐井淘洗前,要"歌唱喧聒",以驱散井下"精灵",保证工期平安完成。宋代道教典藏《云笈七签》予以详细记载:"今陵州盐井,直下五百七十尺,透两重大石,方及咸水。每年一度,淘洗其中,须歌唱喧聒,然后入井。不然必见玉女,裸居井中,见者多所不利。井既深,不可数入,或绲索断损,皮囊坠落,唯于天师前,炷香良久,玉女自与挂之,依旧不失。"⑧宋代陵州营造天师、玉女显灵的记载,表明当地盐神信仰极为盛行。州城北至道观之后有焰阳洞,"昔天师既誓玉女于井,因藏去其衣,锁之石室,或谓之藏衣洞";太祖乾德三年(965),陵州井监

---

① 《舆地纪胜》卷一五〇《隆州》,第4483页。
② 《舆地广记》卷三〇《成都府路下·仙井监》,第873页。
③ 《蜀中名胜记》卷八《川西道·成都府八》,第122页。
④ 《玉壶清话》卷三《陵州盐井》,第27页。
⑤ 《蜀中名胜记》卷八《川西道·成都府八》,第122页。
⑥ 《蜀中广记》卷六六《方物记第八·川西井》。
⑦ 《太平寰宇记》卷八五《剑南东道四·陵州》,第1692页。
⑧ 《云笈七签》卷一一九《陵州天师井填欠数盐课验》。

史马全章"梦一紫衣束带巍冠者,状若道流,揖之俱行,至崖壁所告曰:'此焰阳洞也,闭塞多年,能开发护持,可以福利邦国'"。① 以此,焰阳洞成为天师指引民众开发盐井的地理坐标。

简州:信奉艾、谭、惠、孟四姓盐神,在石桥井建"海潮寺";其信仰源起为"土人相传,其地旧无盐井,有四人来教民辨土色度深浅,授以凿井之术,盐利遂兴,因德而祀焉"。② 另,清乾隆《简州志》载:"四神庙在石镇,父老相传,艾、谭、惠、孟四人始凿井,有利于民,殁而祀之。"③

邛州:蒲江县祭祀三位女性盐神,称为"圣姑",建"三夫人祠"。④ 火井县,祭祀天师袁天纲。袁天纲,益州成都人,"尤工相术,武德初,蜀道使詹俊赤牒授火井令"⑤;火井县崇祀遗址有相台山,"州西八十里,即火井令袁天纲登山相视县治处"⑥。袁天纲因相察盐井,教导民众煮盐而被祭祀。

(二) 梓州(潼川府)路盐神信仰

梓州(潼川府):境有富国监,"本郡县富国镇新井盐场,皇朝置监领其事"⑦,监内祭祀盐神新罗僧。相传梓州旧无盐井,"唐时,一新罗僧游蜀至此,指其地凿之,盐泉涌出,因置寺,有塔,奉其遗躯"⑧,宋代仍然加以崇祀。新罗僧原无姓名,明代讹传为一新,如曹学佺所记:"有僧一新者,不知何代人,指地教人凿井,咸泉涌出为利无穷,及卒,土人置寺奉其遗躯,为塔祀之。每岁暮春,鹦鹉群飞塔上,至宋犹然。"⑨永泰县信奉徒女(女刑徒),在徒女山建"徒女祠","徒女山,在县东二十五里,故老相传昔有女徒千人于通泉县康督井配役,遇贼于此山,乃于山顶置栅御捍,遂破其贼,俗为之置祠"。⑩

① 《蜀中名胜记》卷八《川西道·成都府八》,第 119 页。
② 民国《犍为县志》卷一三《盐务志》,第 1655 页。
③ 《中国盐业史辞典》,第 136 页。
④ 《宋会要辑稿》礼二〇之八一。
⑤ [后晋]刘昫等:《旧唐书》卷一九一《袁天纲传》,中华书局,1975 年,第 5092 页。
⑥ 《读史方舆纪要》卷七一《四川六·邛州》,第 3359 页。
⑦ 《舆地纪胜》卷一五四《潼川府》,第 4629 页。
⑧ 同上书,第 4637 页。
⑨ 《蜀中广记》卷六六《方物记第八·川北井》。
⑩ 《太平寰宇记》卷八二《剑南东道一·梓州》,第 4631 页。

遂州(遂宁府):蓬溪县盐场祭祀道人常铁冠,"常铁冠,不知何许人,天圣间寓蓬溪赤城山,县东五里有盐井,或咸水短少,井民勾氏以告常,曰:'此一虾蟆作祟,塞水眼耳。'即为出仪文三卷,醮之,其水如血者累日,咸源复通,后用其仪文祷井屡验"。① 常氏因铲除危害盐井的鬼怪,重为百姓带来衣食之源而被祭祀。

长宁军:境有淯井,在军之西北,信奉牧人为盐神。据宋《长宁军图经》:"初人未知有井,俄有牧人辨其咸,告之有司,乃置监鬻盐,其井不凿而自成。"②牧羊人因放牧发现盐泉而被祭祀。淯井另信奉蜀汉丞相诸葛亮,"(井)在县北宝屏山下,古老云昔诸葛孔明登山,谓此处当出一宝,否则产英贤,及下山见井,曰:'此足以当之矣。'"③淯井还祭祀盐溪龙神,"井在监城北井之上,咸脉有二,一自对溪报恩山趾度溪而入,尝夜有光如虹乱流而济,直至井所;一自宝屏随山而入,谓之'雌雄水'"。当地据此塑造有雌雄二龙,建"龙君庙","淯井监盐泉有雌雄水,监中雌雄龙君,取雌雄水之义"。④ 为渲染雌雄二龙的灵异性,称"泉有二脉,一咸一淡,取以煎盐,塞其一,则皆不流。又谓之'雌雄井',宋置淯井监,以收盐利"。⑤ 在强调雌雄交互感应产生盐水的塑造上,又可看出生殖崇拜的寓意,即盐泉的产生亦是"万物有灵"的造化。

长宁军另祀奉黄、罗二姓盐神,其信仰有两个版本,一为罗姓夷人开凿,后为黄姓汉人占有报官,"古老相传,以为井初隶夷之罗氏,汉人黄姓者与议,刻竹为牌,浮大溪流,约得之者以井归之,汉人得牌闻于官,井遂为汉有,今监中立庙祀之"⑥;一为黄、罗二姓为牧羊人,因放牧共同发现盐泉而被祭祀,"初人未知有井,夷人罗氏、汉人黄姓者因牧而辨其咸,佥议刻竹为牌,浮于溪流,约得之者以井归之。汉人得牌闻于官,井遂为汉有。后人立庙祀黄、罗二神"⑦。

---

① 《蜀中广记》卷六六《方物记第八·川北井》。
② 《方舆胜览》卷六五《长宁军》,第1139页。
③ 《蜀中广记》卷六六《方物记第八·川南井》。
④ 《舆地纪胜》卷一六六《长宁军》,第5023页。
⑤ 《读史方舆纪要》卷七〇《四川五·叙州府》,第324页。
⑥ 《舆地纪胜》卷一六六《长宁军》,第5022页。
⑦ 《蜀中广记》卷六六《方物记第八·川南井》。

两个版本相似之处是汉人黄氏与夷人罗氏通过协议的方式打赌，最终盐井为汉人官方占有。

富顺监：在监郭下井地祀奉金川神，"盖盐井神也，伪蜀封为金川王"；宋代建"金川庙"加以祭祀，又称"惠泽庙"。① 相传金川神姓王，又有井神梅泽，"地主金川神，姓王；井主姓梅，梅本夷人，在晋太康元年因猎，见石上有泉，饮之而咸。遂凿石至三百尺，盐泉涌出，煎之成盐，居人赖焉，梅死官为立祠"；富义井祭祀玉女，"富义井俗谓之'玉女泉'"，"井深二百五十余尺，凿石以达盐泉，世俗谓之'玉女泉'"。②

（三）夔州路盐神信仰

夔州：奉节县臭盐碛信奉丐神。相传"有一乞丐于河边碛坝掬蓄水饮之，其味甚咸，举以告人，好事者汲而煎之，果成颗粒，但味涩而臭，故名其池曰'臭盐碛'"。③ 乞丐因发现臭盐碛，而被当地祀奉为盐神。

云安军：祭祀西汉高祖刘邦及大将樊哙。相传汉高祖元年（206），皇帝刘邦由将军樊哙陪同，入蜀地朐忍县（今重庆云阳县西）募兵招贤。樊哙在当地射猎，见一白兔，跟踪发现卤水，高祖即令当地隐士扶嘉掘开汲卤煮盐，建成白兔井。④ 刘邦与樊哙因发现盐泉，并凿井煮盐，而被当地灶户供奉，建"高祖庙"加以崇祀。⑤ 云安盐场另信奉汉代扶嘉。扶嘉，"本朐忍人也。初，嘉母于汤溪水侧遇龙，后生嘉，长占吉凶，巧发奇中，常游丰沛，高祖见而奇之。高祖为汉王，与相遇，嘉复劝定三秦。高祖以嘉志在扶翼，赐姓扶氏，为廷尉，食邑朐忍县。嘉临终有言曰：'三牛对马岭，不出贵人出盐井。'嘉既没之后，盐井溢焉"。⑥ 因扶嘉预测当地盐泉，并开凿白兔盐井而被祭祀，"扶嘉隐汤

---

① 《舆地纪胜》卷一六七《富顺监》，第5052页。
② 同上。
③ 《中国井盐科技史》，第279页。
④ 云阳县志编纂委员会：《云阳县志》，四川人民出版社，1999年，第309页。
⑤ 刘卫国：《渝东盐场的民俗节》，《盐文化研究论丛》第1辑，巴蜀书社，2006年，第25页。
⑥ 《舆地纪胜》卷一八二《云安军》，第5281页。

溪,尝论其地当出盐井,后果得咸源,是为云安监。民资其利,立庙云"。① 宋代在云安县北为其建"汉廷尉神祠"。②

盐井九龙神,相传为扶嘉之女所生,为云安九口盐井之神,建"龙君庙"加以祭祀。③ 据宋代《云安军图经》:"汉扶嘉者,其女出游于溪畔,恍惚有娠,年余生一物,无手足眼目形像。嘉怒,擘为九段,投之溪中,须臾化为九龙。嘉异之,禁云安人不得于溪中取鱼。临终有记云:'三牛对马岭,不出贵人出盐井。'没后,其女示以井脉处所,掘开遂得盐水。……今为九井之神。"④经后人考证,九龙神所象征的九口盐井即上温井、下温井、东井、南井、西井、北井、石渠井、浣纱井、土窝井。⑤

大宁监:境内有宝山盐泉,汉代即被渲染为甚有灵异,"汉永平七年尝引此泉于巫山,以铁牢盆盛之,水化为血,卒罢其役"。⑥ 宋代宝山盐泉祭祀袁姓猎人,建"猎神庙"加以祭祀,"古老相传云,宝山盐泉其地初属袁氏,一日出猎见白鹿往来于上下,猎者逐之,鹿入洞不复见,因酌泉知味,意白鹿者,山灵发祥以示人也"。⑦ 对袁姓猎人的信奉另有一版本为:"相传唐时有袁氏子逐鹿至此,鹿匿穴中,袁用锄挖之,泉水涌出,其色白,其味咸,遂因之而成。"⑧大昌县信奉盐井龙王,宋代建"三龙王祠","大宁井庙三:一曰'盐溪龙王',二曰'盐水龙王',三曰'古祠龙王'",又称"涌咸源盐井三神祠"。⑨

忠州(咸淳府):境有磉井、涂井盐场,信奉盐神为东汉杨震。杨震,字伯起,弘农华阴(今陕西华阴市)人,少好学,博览群经,被誉为"关西孔子"。安帝时,中常侍樊丰贪侈骄横,他多次上书切谏,被樊丰所诬罢官,愤而自杀。⑩

---

① 《宋会要辑稿》礼二〇之一六八。
② 《宋会要辑稿》礼二〇之一六七。
③ 《渝东盐场的民俗节》,第 25 页。
④ 《蜀中广记》卷七九《神仙记第九》。
⑤ 《云阳县志》,第 309 页。
⑥ 《舆地纪胜》卷一八一《大宁监》,第 5265 页。
⑦ 同上书,第 5266 页。
⑧ [清]严如熤:《三省边防备览》卷一〇《山货》,清道光剑州卫氏蜀雅堂刻本。
⑨ 《宋会要辑稿》礼二〇之一四六。
⑩ [南朝宋]范晔:《后汉书》卷五四《杨震传》,中华书局,1965 年,第 1759 页。

相传杨震曾任荆州刺史,尝溯江而上至此发现盐泉,因而被祀为当地井神。据忠州《井庙碑》:"神尝刺史荆州,溯江至此,憩于南城寺,谓人曰:'江北二三里间,安得有宝气耶?'至涂山见白鹿饮泉,曰:'宝气在此矣。'土人从所指处凿磐石而得盐泉。"①此外,忠州还将管仲作为崇拜偶像,称"吾国盐法,权与管子,乃言盐利者之祖",至清代发展为两井盐场的井民在每年农历二月初二日举办管仲会。②

达州:境有宣汉井场,在通明县走马山,祭祀盐井龙王,称"宣汉盐井龙王祠"。③ 通明县盐场有斑鸠井,祭祀陈、罗二姓猎人,斑鸠井一说开凿自唐宋,据清《城口厅志》:"斑鸠井在八保明通井岩畔,其卤源自穴中流出,相传有陈、罗二人捕猎至此,见白斑鸠飞入岩穴,白水流出,尝之味咸,遂煎成盐,至今尚有、陈、罗二人遗像。"④二人因发现盐泉成为该井的井祖,并由灶户供奉。

黔州(绍庆府):境内彭水县伏牛山左右有盐井,宋代"州人置灶煮以充食用"。⑤ 伏牛山有老郁井,东汉始建,祭祀猎人为盐神,"相传有人在附近猎白鹿,鹿受伤后奔至此倒伏而发现盐泉,成井后呼为'倒鹿井',后人以地名谐音改称'老郁井'";盐井得到开发后,"历代州县官员多次到此祭祀"。⑥ 在伏牛山之右有飞井,亦称公母井,信奉拟人化的男、女盐神,称"溪中复有石穴似女阴形(母井),水从中泡淳而出,其气腥膻不可闻,与飞井(公井)如妃,偶月必相交。飞井之水悬空远喷,入于石穴中,见之者名有疾患,俗名之'公母井'。"⑦其信仰方式与长宁军淯井雌雄二龙神相同,带有典型的生殖崇拜,反映了古人"万物有灵""感应而生"的思想。郁山盐场祭祀盐水龙王,建有"广龙神祠"。⑧ 因黔州境内少数民族众多,"杂居溪洞,多是蛮僚"⑨,他们拥有

① 《蜀中名胜记》卷一九《上川东道·重庆府三》,第 276 页。
② 《渝东盐场的民俗节》,第 25 页。
③ 《宋会要辑稿》礼二○之一二六。
④ 《渝东盐场的民俗节》,第 24 页。
⑤ 《舆地纪胜》卷一七六《黔州》,第 5150 页。
⑥ 《彭水县志》,第 254 页。
⑦ 同治《酉阳直隶州总志》卷九《物产志》,第 504 页。
⑧ 民国《犍为县志》卷一三《盐务志》,第 1655 页。
⑨ 《舆地纪胜》卷一七六《黔州》,第 5148 页。

与汉族不同的盐神信仰,如境内苗族信奉"咸泉龙王"——蚩尤,因"苗族始祖为蚩尤,当地把其当做'咸泉龙王'供奉,认为蚩尤部落是郁山盐泉的开发者"①。彭水县郁山镇盐井建有"蚩尤庙","一名咸井龙王庙",为"众商民之所建也"。② 伏牛山盐井另祭祀东汉大将马援。马援,字文渊,东汉扶风茂陵(今陕西兴平县东北)人,光武帝时拜为伏波将军。建武二十三年(47),武陵五溪蛮叛,马援率军南征。③ 因"马援讨平武陵蛮,驻师于伏牛山下",而被祀奉为盐神,"吏以故事请祀于井"。④

开州:境有温汤井,祭祀温、汤二姓盐神。温汤井位于温泉镇汤溪河边,"相传为温、汤二姓猎人见山羊在老林河边饮水,前往观察,见岩石缝隙流出泉水,掬饮味咸且微温,遂淘沙筑函,舀卤回家煎制成盐。以温、汤二姓最先发现此卤,故名'温汤井'"。⑤ 可知,二姓盐神原型为猎人,因发现当地盐泉而被祭祀。

二、元代四川盐神信仰圈的地理分布

（一）成都路盐神信仰

成都路:崇祀天师张道陵。成都路,宋为益州路,后称成都府路;元初抚定,立总管府,领成都府、崇庆、威、茂、简、汉、彭、绵、隆州等地,其产盐区仍主要为原宋隆(元并入仁寿县)、简等州,依然崇祀天师张道陵。据元代《成都路正一宫碑》记:"蜀之山川,高厚而深远,故其生物也特异。文武材能豪杰之士,世世不乏,然犹不足尽其神气之秘缊。于是,有神人仙者,图赤斧之流,出乎其间。而世所共知者,汉正一天师张陵遗迹,几遍西南,事最著。其兴利若盐井之属,至于今赖之"⑥,可知天师信仰在元代西川盐井地区仍较为普及。

（二）夔州路盐神信仰

云阳州:崇祀汉代扶嘉,其信仰记载与宋代相同:"初,嘉母于汤溪水侧

① 《彭水县志》,第 730 页。
② 同治《酉阳直隶州总志》卷九《祠庙志三》,第 207 页。
③ 《后汉书》卷五四《马援传》,第 846 页。
④ 同治《酉阳直隶州总志》卷二一《艺文志一·祀四井前记》,第 528 页。
⑤ 《川东盐业与三峡库区的盐业遗址》,《四川文物》1997 年第 2 期。
⑥ 《全元文》卷八八六《虞集七三·成都路正一宫碑》,第二七册,第 435 页。

遇龙,后生嘉,众问吉凶,巧发奇中。高祖为汉王时,嘉劝定三秦,高祖以嘉志在扶翼,赐姓扶氏,为廷尉,食邑朐忍。嘉临终曰:'三牛对马岭,不出贵人出盐井。'"①在云阳县北云安场乌牛山下建有"扶嘉庙",加以祭祀。②

大宁州:元代大宁州盐神龙王信仰依然存在,并经历明代,至清代发展为龙君会,日期为每年农历六月十三,由会首主持,亦称头人,头人每十户为一组,各组轮流一年一换;届时由当值组的十位头人负责筹集资金,主持祭祀仪式及各项活动,并大摆酒席,以示庆贺。③

(三)柏兴府盐神信仰

柏兴府:境内闰盐县有盐井,祭祀开山姥姥(或称开井娘娘)。相传为元代一位因放牧发现当地盐泉的少数民族妇女,建有"开井娘娘庙",加以崇祀。据光绪《盐源县志》记载:"开山姥姥,塌耳山夷女,少韬晦,不自修饰,誓不适人,年及笄,唯司牧羊之役,羊饮于池迹之,见白露群游,尝其水而咸,指以告人,因掘井汲煎,获盐甚佳,即今之白盐井也,后无疾而逝,身有异香,至今祀之。"④后人对开井娘娘的族属进行了考证,认为其属当地纳西族族支纳日族即今摩梭族人。⑤ 另在黑盐井祭祀蒙古族牧羊人,同因发现盐泉而被祭祀,"相传蒙古族牧羊人于元世祖至元年间发现盐泉,始凿井煎盐"。⑥

第二节　宋元四川盐神信仰圈内官民冲突

一、官方盐权控制下的盐神信仰垄断

宋元四川严格施行食盐官营政策,"川峡承旧制,官自鬻盐"⑦,官府掌

---

① 《大元混一方舆胜览》卷中《四川等处行中书省》,第 292 页。

② [明]吴潜、傅汝舟等:正德《夔州府志》卷五《祀典》,台北新文丰出版公司据明正德八年(1513)刻本影印本,1985 年,第 50 页。

③ 《渝东盐场的民俗节》,第 24 页。

④ 光绪《盐源县志》卷一〇《人物·仙释》。

⑤ 《中国盐业史辞典》,第 58 页。

⑥ 同上书,第 515 页。

⑦ 《宋史》卷一八三《食货五下》,第 4472 页。

握当地盐权分配权;民间仅在官府允许下有条件的(需交纳盐课)分得少量盐权。如宋代四川盐区在官方盐权的垄断下,形成"大为监,小为井,监则官掌,井则土民干鬻,如其数输课"①的分配格局。这种盐权分配秩序完全是官方主导的产物,官方在利用权力加强垄断的外在表现下,另需在意识形态中通过盐神的塑造完成垄断的舆论合理。

（一）以帝王将相为原型的盐神塑造

杜赞奇认为中国许多宗教信仰的源泉主要源于天人合一的官僚体系,"神位如同官位,只是由那些已故去的文臣武将充任而已"。② 宋元四川官方在塑造盐神时,即通过以代表自身利益的帝王将相为原型,将其创造成当地食盐的发现者。官方盐神塑造的首选往往是政府控制的产盐重区,通过对其盐神的塑造,造成自身占有的事实合理,民间再进行盐权的争夺就丧失了法理依据;而官方则由此实现了对食盐的垄断,造成在当地盐权分配的绝对主导权。

如宋代云安军以盛产"伞子盐"而闻名,盐神被塑为西汉高祖刘邦、大将樊哙及廷尉扶嘉。以扶嘉为例,因其代表官方开井煮盐,被塑为盐神,称扶氏"既神悟前知,能晓地理,脉水泉",死后"盐井溢焉,故盐监人相传嘉为井神"。③ 徽宗崇宁三年(1104),朝廷为扶氏神庙赐额"丰利";政和六年(1116),封为"昭利侯"。④ 后又加封为"昭利广济王"。⑤ 宋代忠州盐神被塑为春秋时齐国相管仲与东汉荆州刺史杨震。以管仲为例,因其"倡行官山海盐策,尤为千古盐宗",是最早制定盐业专卖政策之人,代表了官方利益而被塑造为盐神。⑥ 宋代陵州贵平县奉祀汉代巴郡守朱辰,因其"有惠于人";邛州火井县奉祀县令袁天纲,因其相察盐井、教民煮盐;绍庆府彭水县奉祀

---

① 《宋史》卷一八三《食货五下》,第4472页。
② (美)杜赞奇著、王福明译:《文化、权力与国家:1900—1942年的华北农村》,江苏人民出版社,1994年,第124页。
③ 民国《云阳县志》卷二四《士女·先贤》,第935页。
④ 《宋会要辑稿》礼二〇之一四六。
⑤ 《中国盐业史辞典》,第246页。
⑥ 《渝东盐场的民俗节》,第25页。

大将马援,因其平定盐区叛乱等。

由此可见,宋元官方对蜀中盐神的塑造乃通过以帝王将相为原型的事迹附会来实现,虽然这些神祇与产盐区的关系是否成立尚待商榷,但无一不是作为官方代表而出现,并以此体现官方对当地盐权支配的权威。

（二）以帝国象征为符号的盐神塑造

在宋元四川盐区,官方为规避赤裸裸的利益表白,还采取了另一类策略化的方法,即将帝国象征的符号塑为盐神,以隐喻食盐占有的合理,其中主要通过龙和道教首领人物来表现。

“龙”在封建社会是帝国的象征,它处于一个由国家承认的权威体系当中,代表着帝国利益的在场。盐卤与水有关,而水传说中又归龙管,如此官方便顺利地将盐神与龙联系在一起,使其成为体现自身利益的隐喻。官方通过营造“龙”在四川盐区的出现,使得“自然的卤水经历了文化的过程,这表明帝国的进入对当地来说意味着一套隐喻帝国等级秩序的象征符号的进入”。① 官方通过将龙与自身权力的展示等同起来,以此完成对当地盐权垄断的“合法化”程序。

如宋代大宁监是宋代川东最著名的产盐区,成为官方符号介入的重点区域。五代时,大宁便被渲染为“盐井水中往往有龙,或白或黄,鳞鬣光明”。② 宋初仍然加以塑造,“识者曰：‘龙之为灵瑞也,负图以升天,今乃见于卤中……’”③太宗淳化间在盐泉出口嵌以铁龙头,龙口下有池,曰“龙池”,旁塑“龙君庙”,庙内奉祀三位龙神。④ 真宗大中祥符二年（1009）,三龙神一并封王,分称“普济”王、“善利”王、“广惠”王,庙号改为“涌盐源盐井三神祠”;徽宗政和五年（1115）,又御赐庙额“宝源”;高宗绍兴二十年（1150）,又加封三龙神为“普济瑞泽王”“善利灵助王”“广惠阜成王”。⑤

① 《微“盐”大义:云南诺邓盐业的历史人类学考察》,第252页。
② 《太平广记》卷四二四《龙七·盐井龙》,第3455页。
③ ［宋］孙广宪:《北梦琐言》逸文卷四,上海古籍出版社,1981年,第168页。
④ 《川盐纪要》,第204页。
⑤ 《宋会要辑稿》礼二〇之一二六。

宋代云安军盐场祭祀盐井九龙神,相传为廷尉扶嘉之女所生,掌管当地九口盐井。官方通过赐封,使其地位得与扶嘉比肩。宋代为扶嘉修造"汉廷尉神祠"时,九龙神也一并得到祭祀,"又锡九龙以王号,今为九井之神"。① 达州因盐被誉为"在诸郡为最优"②,产盐区通明县宣汉井场祀奉"盐井龙王",官方在此建"宣汉盐井龙王祠",高宗绍兴十八年(1138),赐庙额"惠济";孝宗乾道二年(1166),加封为"显应侯"。③ 长宁军为川西最著名的盐产地,境有淯井,"其井不凿而自成",成为官掌著名大井;官方以淯井盐泉有雌雄二水,虚构有雌雄二龙护佑,乃于监中奉祀"雌雄龙君"为盐神。④ 另外,黔州彭水县郁山盐场宋代建有"广龙神祠",祀为盐神;陵州祀奉卤水龙王等。

宋元官方盐神的塑造,除"龙"符号外,上层道教的象征亦与之同,索安士曾言:"自汉末道教产生伊始,帝国权威的神化与象征便是其核心,鬼神与世俗官府平行,实则统一在同一个结构中。"⑤帝国凭借上层道教为喉舌获得"君权神授"的舆论,反过来道教获得官方的授权肯定,道教首领人物受到敕封,本身就隐含了帝国权力的渗透。受到敕封的道教人物(如张道陵被封为"天师"等)同样代表了帝国的利益,他们的活动同样具有官方权力在场的暗性展示。官方将敕封的道教首领人物塑为盐神,能够更隐喻的体现对地方资源的垄断,因道教在民间的信仰基础更广,更能为官方起到政策宣传和民心教化(宣传并承认食盐官有)的作用。

如宋代陵州境有陵井,"纵广三十丈,深八十丈,益部产盐甚多,此井最大"。⑥ 陵井的开凿相传与道教始祖张道陵有关,"汉时有山神,号'十二玉女',为道人张道陵指陵上开盐井,因此陵上有井,名'陵井'"⑦;因张道陵"开凿盐井,人得其利,故为立祠"⑧,被官方祀为盐神。为强调道教的神异

---

① 《中国盐业史辞典》,第246页。
② 《方舆胜览》卷五九《达州》,第1041页。
③ 《宋会要辑稿》礼二〇之八一。
④ 《舆地纪胜》卷一六六《长宁军》,第5021页、第5025页。
⑤ (美)韩明士著、皮庆生译:《道与庶道:宋代以来的道教、民间信仰和神灵模式》,江苏人民出版社,2007年,第48页。
⑥ 《舆地纪胜》卷一五〇《隆州》,第4473页。
⑦ 《太平寰宇记》卷八五《剑南东道四·陵井监》,第1695页。
⑧ 《舆地纪胜》卷一五〇《隆州》,第4483页。

色彩,以突出帝国的权威象征,张氏开井被渲染为:"天师以后汉建武十年生于吴之天目山,天师平西蜀,妖鬼不复为人害。永寿中,老君下降,涌出玉局为天师重演正一明威之旨,过阳山见白气属天,指其下有盐泉";陵井开凿后,朝廷专置陵井监管理,神宗时郡守文同"奏易州名以避真人(道陵)之讳",又改为仙井监,无不体现官方之色彩。①

二、民间盐权诉求下的盐神信仰自救

宋元在官方盐权垄断下,四川民间食盐诉求很难得到满足,民众除在行为层面上(如偷开私井、贩卖私盐等)与官府展开盐权争夺外,同样通过塑造平民盐神与官方展开意识形态的博弈。王斯福认为:"地方性崇拜的庙宇和节庆就是一种自我组织以及庇护的混合体,……感谢地方性保护神将'灵验'赐予地方,由此而保护了地方以及他们自己的'福气'。"②宋元四川民间塑造的盐神与官方在内容和形式上都有很大不同,神祇生前并未出将入相,只因代表了民众利益而受到祠祀,其原型主要有盐工、猎人、牧人等。

(一) 以盐工为原型的盐神塑造

宋代四川盐工多由民间征集或刑徒充任,他们作为民间人物,是食盐的直接开采者,被塑为盐神可更直白表达民间获取盐权的渴望。如陵州陵井"以大牛皮囊盛水引出之,役作甚苦,以刑徒充役"③,陵井被官方定为张道陵所开,"古老传云'十二玉女'尝与张道陵指地开井,遂奉以为神"④,民间却因"玉女"帮助天师开井奉其为盐神,在陵井旁建"玉女庙"⑤。因宋代四川开凿盐井的盐工中妇女占有相当比重,如梓州盐亭县有女徒山,"故老相传,昔有女徒千人于通泉县康督井(盐井)配役,遇贼于此"⑥,可知陵州民间

---

① 《舆地纪胜》卷一五〇《隆州》,第 4487 页。
② (英)王斯福著、赵旭东译:《帝国的隐喻:中国民间宗教》,江苏人民出版社,2011 年,第 233 页。
③ 《舆地纪胜》卷一五〇《隆州》,第 4473 页。
④ 《太平广记》卷三九九《井·盐井》,第 3206 页。
⑤ 《舆地纪胜》卷一五〇《隆州》,第 4481 页。
⑥ 《蜀中广记》卷六六《方物记第八·盐谱》。

所祀的"十二玉女"实际正是女刑的化身。梓州永泰县信奉徒女为盐神,也是以服役的女性刑徒为原型。①

宋代邛州蒲江县盐井乃祥符中县民王鸾所开,"利入至厚"②,为保障民间盐权的拥有,当地同样以盐工为原型塑造三位女性盐神,称"三夫人祠"③。富顺监"县界有富世盐井,井深二百五十尺,以达盐泉,俗呼'玉女泉',以其井出盐最多,人获厚利,故曰'富世'"。④ 因盐井"皆妇人推车汲水",民间亦崇祀"玉女"盐神,并以神名命泉。⑤

宋代简州号称"简之郡,产盐惟最"⑥,民间信奉艾、谭、惠、孟氏四位盐神,"其地旧无盐井,有四人来教民辨土色度深浅,授以凿井之术,盐利遂兴,因德而祀焉"。⑦ 从宋代涪州食盐的开采看,"民未知烹煎之法,乃于忠州迁井灶户十余家,教以煮盐之法"⑧,可以推知简州四姓盐神能够教民凿井之术,同是盐工的化身。他们因为百姓带来衣食之源,成为体现民间利益的代表。

（二）以猎人为原型的盐神塑造

宋元四川食盐产地多居山区,而猎人作为山区的重要活动群体,被塑为盐神可直接营造为当地盐泉的发现者,以此表达民间盐权的享有。如宋代大宁监宝山盐泉,太祖开宝六年(973)官方置监以收课利,垄断了当地盐权。民间为表达盐权抗争,塑造猎人袁氏为盐神,以隐喻官方垄断的不合理。袁姓猎人被认定为当地盐泉的最初拥有者,因打猎中追逐白鹿而发现当地盐泉。⑨ 为纪念猎人发现盐泉的功绩,民间造"猎神庙"加以崇祀,以表达民间的利益诉求。

---

① 《太平寰宇记》卷八二《剑南东道一·梓州》,第4631页。
② 《方舆胜览》卷五六《邛州》,第995页。
③ 《宋会要辑稿》礼二〇之五九。
④ 《读史方舆纪要》卷七〇《四川五·叙州府》,第3322页。
⑤ 《太平寰宇记》卷八二《剑南东道一·梓州》,第1655页。
⑥ 《舆地纪胜》卷一四五《简州》,第4297页。
⑦ 民国《犍为县志》卷一三《盐务志》,第1655页。
⑧ 《舆地纪胜》卷一七四《涪州》,第5085页。
⑨ 《舆地纪胜》卷一八一《大宁监》,第5265页。

其他如宋代开州境内温汤井信奉温、汤二姓盐神,原型同样为猎人,因在打猎途中见山羊在盐泉饮水,跟踪发现盐泉①;黔州彭水县伏牛山老郁井为猎人在此猎白鹿而发现,被民间奉为盐神②;达州通明盐场,民间祭祀陈、罗二姓猎人为盐神③;富顺监所祀梅泽神,原型为猎人,因打猎而发现盐泉④。

（三）　以牧人为原型的盐神塑造

宋元四川盐区牧人的象征意义与猎人相同,民间通过营造牧人在放牧时发现盐泉,进而寓意盐权的民间享有。如宋代长宁军所奉黄、罗二姓盐神原型即为牧羊人,因放牧途中发现盐泉而被祭祀。⑤ 元代柏兴府,白盐井信奉"开山姥姥",其原型为纳日族牧羊女,在放牧时发现盐泉,为凸显其灵异性,塑造"早晚有群鹰飞舞以朝其井"的景象;黑盐井信奉盐神为蒙古族牧羊人,同因放牧发现盐泉而被崇祀,为彰显其灵异性,称"早晚有鹦鹉成群朝井络"。⑥

除上述民间盐神的三大原型外,还有下层宗教人物、乞丐等,他们或以其灵验性为民造福,或将盐泉告知百姓而被信奉。如宋代遂州蓬溪县盐场祭祀道人常铁冠,他解决民间盐井阻塞的障碍,百姓称"后用其仪文祷井屡验"⑦;梓州富国监祭祀新罗僧,他教导民众煮盐,为彰显其灵异性,民间称"每岁暮春,鹦鹉群飞塔上,至今犹然"⑧;夔州奉节县臭盐碛信奉丐神,相传乞丐因发现盐泉,告知当地百姓而被崇祀⑨。

通过比较看,宋元四川民间盐神的塑造主要以盐工或猎人、牧人为原型,通过盐工产盐或猎人(牧人)寻盐的叙事结构制造民间盐权的享有,这正

---

① 《川东盐业与三峡库区的盐业遗址》,《四川文物》1997 年第 2 期。
② 《彭水县志》,第 254 页。
③ 《渝东盐场的民俗节》,第 24 页。
④ 《舆地纪胜》卷一六七《富顺监》,第 5052 页。
⑤ 《蜀中广记》卷六六《方物记第八·川南井》。
⑥ 光绪《盐源县志》卷二《舆地志·堤堰》。
⑦ 《蜀中广记》卷六六《方物记第八·川北井》。
⑧ 《舆地纪胜》卷一五四《潼川府》,第 4637 页。
⑨ 《中国井盐科技史》,第 279 页。

是民众在盐神信仰中博弈于官方所通常使用的策略。

第三节　宋元四川盐神信仰圈内官民博弈的调整

一、官方对民间盐神信仰的改造与承认

宋元四川民间盐神作为官方利益的对立面出现后,官方为了维护食盐支配权,争夺盐利,需要通过权力对其进行改造。在官民盐神信仰的博弈中,官方始终占据主动,但为了稳定在当地的统治,官方又不得不对民间的利益进行妥协。官方需要在符合自身利益的前提下对民间盐神通过赐封、转变、转换等方式予以改造和承认。

（一）官方对民间盐神的改造与容纳

韩森在研究宋代民间信仰中认为:"地方官需要依靠地方精英征集赋税、安定地方,也可能会支持同一个神祇,以便构成合作。"①然而,宋元官方对民间神祇的承认,并非不加辨别的全盘接受,因为"神祇是官僚还是个人化的保护者,一直取决于信仰者、陈述者在何种语境以及出于何种目的"。②

如宋代陵州盐场,同一地区存在官民两种盐神信仰,各自表述着对当地盐权的拥有。对此官方先通过贬斥民间盐神,然后再赐予封号以"收编",最后将其纳入官方控制之下。在陵州民间,"玉女"盐神一直是赐福的美好象征,如丽甘井的得名:"昔有'十二玉女'于此山服盐泉,'玉女'美丽,盐亦甘好,因名。"③玉女的信仰要早于天师张道陵,从陵井的得名可以得知:"昔张道陵此处得盐井,因被纸排车,引役人唱排车乐,愿心齐力,祀'玉女'于井内'。"④但张道陵信仰形成后,很快在官方的支持下成为主流,而玉女则被

---

① （美）韩森著、包伟民译:《变迁之神:南宋时期的民间信仰》,浙江人民出版社,1999年,第92页。

② 《道与庶道:宋代以来的道教、民间信仰和神灵模式》,第1页。

③ 《舆地纪胜》卷一五〇《隆州》,第4481页。

④ 《太平寰宇记》卷八五《剑南东道四·陵州》,第1693页。

斥为淫祠,其至沦为与鬼怪同伍。如对玉女形象的篡改:"玉女无夫,后每年取一少年掷盐井中,若不送水即竭。又蜀郡西山有大蟒蛇吸人,上有祠号曰'西山神',每岁土人庄严一女置祠旁,以为神妻,蛇即吸将去,不尔则乱伤人。周氏平蜀,许国公宇文贵为益州总管,乃改画为神婚,合媒婚姻,择日设乐送玉女像以配西山神。自尔之后,无复此害。"①官方先通过营造一种恐怖气氛以示对民间信仰"非法"的蔑视,如此官方的介入便顺理成章。天师井的创开过程便体现了这种控制思想:"天师井,本狼毒井,东汉张道陵所开,有毒龙藏井中,及盐神'玉女'十二为祟,天师以道力驱出毒龙,禁'玉女'于井下,然后人获咸泉之利。"②官方的这种控制方式,诚如石泰安所言道教对地方民众信仰的打压:"法师控制的不只是恶鬼及其信众,也包括来源不明或地位较低的神祇,同为官方所服务。"③为求当地盐权秩序的稳定,官方亦不能无视民间的利益表达,因此对"玉女"亦未完全否定。"玉女"被"天师"的控制,暗示着民间盐神沦为官方的附庸,然后官方加以改造,封为"灵真夫人"。④"玉女祠"建于"天师庙"之侧,得到官方并列承认,实际也是一种官方对民间盐权利益的妥协。最终官民通过盐神博弈,在实际的盐权分配中也寻得秩序的认同:"置灶煮盐,一分入官,二分入百姓家"。⑤

另如宋代邛州蒲江县盐井供奉的平民神祇"三夫人",先被官方改造为"圣姑",高宗绍兴三十一年(1161),朝廷赐庙额"博济",以此纳入官方供奉体系;孝宗乾道八年(1172),又分别加封为"灵惠""协惠""赞惠"三夫人。⑥

元代柏兴府白盐井盐神"开山姥姥",在民间记忆中是因发现盐泉而被官方杀害,以彰显官府对民间盐井的暴力争夺。官方因其发现盐泉"诚有功德于民,而亦裕于国家之赋课者也"⑦,并未将其否定,同样采取改造手段。

① 《舆地纪胜》卷一五○《隆州》,第4483页。
② 同上书,第4497页。
③ 《道与庶道:宋代以来的道教、民间信仰和神灵模式》,第48页。
④ 《舆地广记》卷三○《仙井监》,第873页。
⑤ 《太平广记》卷三九九《井·盐井》,第3206页。
⑥ 《宋会要辑稿》礼二○之五九。
⑦ 光绪《盐源县志》卷一二《艺文·记》。

先是将牧羊女塑造成"贞烈成性",使其符合封建伦理的楷模;其去世亦非被杀害,而是"无疾而逝,身有异香",以此湮灭官方争夺盐井的事实。[1] 最后,官方将牧羊女册封为"开井娘娘",使其实现了由民间盐神转变为官方所祀盐神的转化。

（二）官方对民间盐神直接赐予封号承认

宋元官方对民间盐神的另一方式是不加改造,直接授予封号,使其转变为官方认可的盐神。赵世瑜等人认为宋代以来国家往往通过赐额或赐号的方式,把某些比较流行的民间信仰纳入国家信仰即正祀的系统,将地方神连同信众一起"收编",有利于进行社会控制。[2] 对官方而言,"不论动机如何,封赐神祇作为朝廷最初进入该领域的一种路径,被认为在地方社会是强有力的"。[3]

如宋代富顺监民间盐神为王、梅二人,王氏在后蜀时被官方封为"金川王",建"金川庙"加以崇祀,梅氏因猎发现盐泉,"梅死官为立祠";宋代继续"奉王、梅二公之神,其盐井之鼻祖,与馨香牢醴、卜筮走望咸在焉,谓之'井祖'"。[4] 孝宗淳熙中,"封金川庙为永利侯,梅泽神为通利侯"[5],反映官方对其认可的程度已经很高,使其脱离了平民神祇的色彩。官方加赐平民神祇封号的原因"与其说是人与神之间的合作,倒不如相信他们所说的,是为了官府的利益而控制神祇威灵的一种努力"[6],最终还是为了官府自身利益。

（三）官方对民间盐神寓意符号的转化

宋元官方对民间盐神的第三方式是对民间象征符号的转换。如宋代川东盐区,在民间看来多是猎人(牧人)通过"白鹿引泉"而发现盐井。而"鹿"正是民间的象征,代表了民众的祈福心理。尤其"白鹿"作为一种瑞兽[7],被

---

① 光绪《盐源县志》卷一〇《人物志·仙释》。
② 《小历史与大历史:区域社会史的理念、方法与实践》,第200页。
③ 《道与庶道:宋代以来的道教、民间信仰和神灵模式》,第201页。
④ ［清］罗廷权、吕上珍等:同治《富顺县志》卷三〇《盐政》,清同治十一年(1872)刻本。
⑤ 《舆地纪胜》卷一六七《富顺监》,第5052页。
⑥ 《变迁之神:南宋时期的民间信仰》,第92页。
⑦ 关于"白鹿"为瑞兽的解释见《抱朴子·玉册篇》:"鹿寿千岁,满五百岁则其色白",载［宋］李昉等:《太平御览》卷九〇六《兽部十八·鹿》,文渊阁《四库全书》本。另宋元四川盐区除"白鹿引泉"外,还有"白羊""白斑鸠"等,皆可视为"白鹿"的变体。

视作平民神祇发现盐泉的引导者,表达了民间对其灵异性的肯定和盐权享有的心理寄托。官方对民间发现盐泉的使者——"白鹿"进行的改造,主要是将其转化为官方符号——"龙",即所谓的"白鹿化龙"。首先龙是官方认可的帝国权威符号的象征,而龙形象中就有鹿角;另外龙本身也是"与鹿有关的吉祥神兽或原始图腾神灵的变体"①,这使两者的转换提供了可能,而不至于牵强附会。

宋代大宁监民间便宣称盐神因追逐白鹿而发现盐泉,官方遂将白鹿改造为龙,建"龙君庙"以崇祀,使其完成了由民间走向官方的过程。官方在宝山盐泉"白鹿引泉"之所"安石龙头,泉从龙口喷出,大可尺许,龙头下砌石井"②,强化龙的色彩;同时官方亦对其平民神祇做了妥协,认可民间设立"猎神庙",与"龙君庙"并列。宁宗嘉定中,大宁知监孔嗣宗建宝源寺,"以祀井神",共奉龙君和猎神。③ 这恰是官民盐神博弈的结果呈现,对官民盐权分配秩序的均衡具有积极意义。

二、民间对官方盐权分配的信仰认同

宋元四川盐神信仰的博弈中,呈现以官方主导和控制的特点,官方在塑造盐神和控制平民神祇的过程中始终占据主动,民间则处于类似"冲击—回应"的反馈模式。因囿于史料所限或官方修史的背景,目前记载能够得见的主要是民众对官方盐权分配的认同,以及在信仰中所表达的"感激之情",这明显缘于自身的弱势地位所决定。当然,如果官方处于维护封建统治的需要,又会对民间食盐诉求给予一定满足,则双方的信仰博弈会呈现更加和谐的格局。

(一)民间对造福盐区的官员以"准盐神"崇祀

宋元四川盐区民间对官方信仰认同的主要表现是对采取各种措施缓和官民盐权冲突的地方官予以"准盐神"的待遇加以祭祀,甚而从祀盐神庙直

---

① 王其格:《红山诸文化的"鹿"与北方民族鹿崇拜习俗》,《赤峰学院学报》2008 年第 1 期。
② 《三省边防备览》卷一〇《山货》。
③ 光绪《大宁县志》卷一《古迹》,第 178 页。

接享受与盐神同等礼遇。这种人格神型的官员崇祀现象也受到官方鼓励，之所以能够被祭祀"完全因为这些官员生前所建树的功绩"，在官方看来"它为公众树立了足资效仿的好榜样，并通过纪念建立功勋者来鼓励民众践行美德"。①

如宋代四川盐区，高宗建炎间，四川总领赵开变革盐法，"岁纳钱绢银两，后罢课引，逐年额盐六千四百四万四千七百一十八斤，甚为蜀人之害"；直至孝宗时，四川制置使、知成都府胡元质奏请，"岁减四十一万缗"，民间怀其德，"兢设佛事以报"②，加以崇祀。宁宗开禧时，吴猎出知四川安抚制置使兼知成都府，在任之时，"奏请将四川盐课等税由原来四百万缗减为二百万缗"③；嘉定六年（1213）吴氏召还，死后家无余资，"蜀人思其政，画像祠之"④。

四川其他盐场分区如陵州，太祖建隆中，贾琰通判陵州，因盐井阻塞严重，"不复开浚，民食大艰"。贾氏"专干浚井，琰至井，斋戒虔祝，引锸徒数百人祝其井曰：'圣主临御，深念远民，井果有灵，随浚而通'"。拜毕，亲自执锸率盐工下井淘采，"数旬始见泉眼，初炼数百斤，日稍增至数千斤"，郡人感其德"绘琰像，祀于井旁"。⑤

邛州，孝宗淳熙初，李繁任四川总领，时蒲江县盐井"岁欠课百三十余万"，当地郡守"增发盐课以供少府私用，致灶民负担沉重"。李氏"遣官查核，又请宣抚司更法平价，减邛州蒲江盐额十万八千余斤"。因李氏较好处理民间盐权纠纷，离去之日"蜀人绘像以祀"。⑥ 简州，淳熙中，胡元质制置四川，因蜀中盐井所纳虚额严重，尤以简州"虚额尤多"；胡氏代为上奏，"每岁计豁除折估钱五万四千九百五十余道"，简州民众为其立生祠加以祭祀。⑦ 资

① 《中国社会中的宗教：宗教的现代社会功能与其历史因素之研究》，第155页。
② 嘉靖《四川总志》卷一六《经略志·盐法》，第305页。
③ 《中国盐业史辞典》，第255页。
④ 《宋史》卷三九七《吴猎传》，第12089页。
⑤ 《玉壶清话》卷三《陵州盐井》，第27页。
⑥ 《中国盐业史辞典》，第232页。
⑦ 《舆地纪胜》卷一四五《简州》，第4297页。

州，淳熙中侯炎知资州，"捐三百万置卤井，岁收羡为修堤费"；又"置'内江井'，增隶于学以养士"，当地以侯炎开井利民，"筑'世德堂'，为生祠"。①

遂宁府，宁宗嘉泰时，许奕知遂宁府，在任"捐缗钱数十万以代民输，复盐策之利以养士，为浮梁作堤数百丈，民德之，画像祠于学"②；其神道碑亦载"（嘉泰）六年二月，视事于遂宁城之东……又尝捐数千万缗以代民输，复盐策之利以养士……乃肖公象而祠于学"③。可知许奕因减轻当地盐税负担，并以盐井之利兴学而被祀奉。大宁监，嘉定中，大宁盐权冲突严重，"人户汲泉，强弱相凌，多抵于讼"，朝廷"乃遣荣州资官令孔嗣宗措置，有不便于民者，悉除去"；孔氏"止存坊户租盐三色，除去四色，民以为便至"，又规定"今凡盐出津四分，官取其一，谓之'抽分'，尚孔长官三七分之除意也"；民众"多为立祠，号'孔长官祠'"。④因孔氏合理解决官民盐权冲突、重建分配秩序，因此得到民间"准盐神"的最高待遇——"从祀宝源庙"。⑤

富顺监，理宗宝庆中，赵希益担任富顺监学教授，见当地盐权秩序紊乱，弊端众多，上奏使"井灶盐弊一切罢除"，去任之日，"士民绘像以祀"。⑥泸州，境有南井等盐井，距州治70里，"井灶在万山之境，深入五十八丈有奇，五代以前科丁夫充役，后以刑徒推车汲水，熏煎甚苦。理宗宝祐元年（1253），知州事桑愈改以牛具推车取水，立石镌碑"。⑦桑愈因发明牛具推车汲卤，使用畜力代替人力，减轻盐工负担，以此被祭祀。夔州，祀奉南宋官员徐瑄。理宗端平间，徐瑄担任夔路安抚使，时"夔漕司故以盐利之羡献于朝"，徐氏"念施、黔、珍民贫地瘠，移其羡以代民输，为缗十有二万"；又"岁捐盐若干以充其赋"。夔地百姓因其以盐利代为输赋，"民为立碑，绘象而祠焉"。⑧

---

① 《鹤山集》卷八四《知富顺监致仕家侯炎墓志铭》。
② 《宋史》卷四〇六《许奕传》，第12271页。
③ 《鹤山集》卷六九《显谟阁直学士提举西京嵩山崇福宫许公神道碑》。
④ 《舆地纪胜》卷一八一《大宁监》，第5268页。
⑤ 嘉靖《四川总志》卷一〇《夔州府》，第204页。
⑥ 光绪《富顺县志》卷三《宦迹》。
⑦ 《元一统志》卷五《四川等处行中书省》，第527页。
⑧ 《鹤山集》卷八六《大理少卿赠集英殿修撰徐公墓志铭》。

元代四川民间对盐区官员功德的崇祀与宋代无异,如云阳州,元代官员苏整出任知州,"修盐灶,疏通积滞",因处理盐弊,"民怀之立祠祀焉"①;大宁州,即宋代大宁监,元代仍然崇祀孔嗣宗,其内容与宋代基本相同②。

（二）民间对官方所祀盐神的承认

民间信仰认同的另一方式是承认官方所祀盐神,将其与自造神祇共同祭祀。如前述官方所祀盐神后普遍得到民间认同,其影响甚而直至晚近。如云安盐场、大宁盐场、达州明通盐场均建有"井祖庙"或"龙君庙",祭祀龙君的日子和仪式称为龙君会③;云安盐场建有"高祖庙",祭祀刘邦、樊哙、扶嘉④;彭水郁山盐场,祭祀官方所建"广龙神祠","井灶商民旧祠为井神"⑤;富顺监（自贡）盐场供奉的盐业祖师是道家创始人张道陵⑥,等等。

尤其宋代陵州盐区的张道陵崇拜,民众在认同官方祭祀的天师信仰时,也将天师塑造为自己的保护神,如将天师开井营造为"天师初以兹地荒梗,无人安居,山川亦贫,不可耕植,化盐井以救穷民";此外,民间也认同官方对盐区的统治,"民聚居井傍,户口日众,遂置州统之,以天师名,故曰'陵州'";但在认同天师为盐神的同时,又借天师之口对官方盐权的分配提出警醒:"天师誓曰:'我所化井,以养贫民,若官夺其利,千年外井当陷矣。'"以此保障民间盐权利益。⑦

（三）民间信仰中"盐权官有"意识的确立

民间信仰认同的最积极表现是民众发现盐泉后主动告官,对将盐权利

---

① ［清］武丕文、甘桂森等:光绪《云阳县乡土志》卷上《政绩》,巴蜀书社据清光绪三十二年（1906）手抄本影印本,2009 年,第 333 页。

② 《大元混一方舆胜览》卷中《四川等处行中书省》,第 288 页。

③ 《渝东盐场的民俗节》,第 25 页。

④ 同上。

⑤ 民国《犍为县志》卷一三《盐务志》,第 1655 页。

⑥ 《漫说盐的历史与祖师崇拜》,《上海调味品》2003 年第 1 期。

⑦ 《云笈七签》卷一一九《陵州天师井填欠数盐课验》。

益主动让与官府的发现者,不仅不予贬斥,反而祀为盐神。如宋代长宁军原为泸州羁縻属地,因其"深介夷腹,初人未知有井",不久有二人因放牧"而辨其咸,告之有司,乃置监鬻盐";在监城北井之上又有盐井,相传黄、罗二姓牧人发现后通过打赌决定盐泉归属,"汉人(黄氏)得牌闻于官,井遂为汉有,今监中立庙祀之"。① 长宁军两处盐井皆是百姓先发现或得到盐泉,然后再报于官府,以此而得到民间祭祀。从百姓得泉先告官府的举动看,他们内心已经具有"盐权官有"的认同意识,而民间对他们予以祭祀,则是信仰中对官府具有盐权主导权的承认。

上述民间对官方信仰认同的表达,前提都需要建立在官民盐权分配得到较好处理的基础下。如果官民盐权冲突较为剧烈,官方对地区盐权的分配处理失当,则各自的盐神博弈会走向对立的两极。在民间看来,官民盐权分配的秩序应是和谐而又有序的,符合官民双方的共同利益。如同宋代大宁监定期举办的"绞篊节"以及"南渊春游"风俗便因代表了这种民众期许,而被赋予了更多的社会意蕴。

绞篊本为当地运盐设备,"篊在盐井,引泉踏溪,每一笕用一篊,其笕与篊经一年,十月旦日以新易陈",绞篊因用竹篾制成,不能耐久,必经一年一换;因当地盐权分配得到较好处理,每年十月一日为绞篊更换之日,成为官民共同供奉的节日,"郡守作乐以临之,井民歌舞相庆",形成官民同庆的场面。② 实际这正表达了民众对官方盐权分配合理的一贯夙愿,以及要求与官方共享地区盐权的表达。此外,大宁监的"南渊春游"风俗也体现了官民盐权分配秩序和谐的愿望。南渊"距城二里,两江合处,中有石岩,峙如门,高二三丈,溪流喷如瀑布,谓之'南渊'";"南渊春游"的习俗源于"盐官孔嗣宗春日与客泛舟饮于绿荫下,商民鼓吹随之,其乐不减于蚕市矣",其官民同庆所表达的寓意同"绞篊节"是相同的。③

---

① 《舆地纪胜》卷一六六《长宁军》,第5021页。
② 《舆地纪胜》卷一八一《大宁监》,第5265页。
③ 《舆地纪胜》附《舆地纪胜辑补》卷一五《大宁监》,第5927页。

小　结

　　宋元食盐在蜀地作为一种重要的民生资源,与民众生活息息相关,自古就食盐的崇拜形成各种信仰,在全川形成一个广大的信仰文化圈。本章对该期盐神信仰地理分布的考证,一方面是为了直观表述信仰圈的范围构成;另一方面也是对随之将要探讨的官民两种不同内容的盐神信仰提供博弈的地理空间。四川盐神信仰圈的形成,对民间而言,是对地区盐权分配秩序的一种渴望与"感激"之情;而对官方而言,通过盐神的崇祀,不仅可以维护官方在地区盐权的利益,还可以通过信仰更好的实现对地方社会的控制,因此也支持、推动信仰圈的形成。

　　本章除探讨盐神信仰圈的地理分布外,为与前章的社会群体博弈相呼应,另需表达社会各群体间在意识形态中的博弈;而这尤以官民双方为主体,因此文中所表述的便主要是这两大群体的信仰博弈。本章对宋元四川官民盐神信仰博弈的分析,主要目的是解析该期社会各群体在食盐文化中的博弈表现,并可弥补官民盐权博弈在意识形态方面的欠缺。

　　宋元官民盐神信仰博弈中的矛盾与冲突,一方面主要体现为官方盐权控制下的信仰垄断,包括官方以帝王将相为原型的盐神塑造,以及官方"符号"为象征的盐神塑造,以此体现官方盐权垄断的舆论合理性;另一方面则体现为四川民间盐权诉求下的信仰自救,通过盐工、猎人、牧人等平民盐神的塑造,以此表达民间同样拥有盐权的合理性,进而与官方展开意识形态的博弈。

　　平民盐神作为官方盐神的对立面出现后,两者因信仰内容的不同以及信仰背后所表达的食盐利益各异,呈现出两极分化的趋势,这对官方维护地区盐权的垄断产生了冲击与挑战。官方为了实现地区盐权分配秩序的均衡与稳定,也对民间利益化身的盐神进行妥协,主要体现为通过赐额或赐号的方式,把民间信仰纳入官方承认的系统,使其为官方服务;或对民间盐神信仰中的象征符号进行转换,使其变为官方符号。民间方面,在官方的妥协性让步下,部分盐权利益得到满足,随之在盐神信仰中也显示出对官方盐权分配的信仰认同。主要体现为对政府官员缓和官民盐权冲突的举措进行肯定,予以"准盐神"的待遇进行祭祀;承认官方所祀盐神,将其与自造神祇共同祭祀;最主动的表现则是民间发现盐泉后主动告官,即"盐权官有"意识的确立,以此表达对官方盐权分配的信仰认同。

综上所述,宋元四川盐区作为一种典型的资源导向型社会,其盐神信仰作为官民争夺食盐资源在意识形态的博弈,实际表达的是官民之间追求当地盐权分配秩序的利益诉求,而非单纯体现为民间信仰在地方社会的功能呈现。四川盐神信仰作为官民盐权博弈的表达,为双方共同利益所服务,亦非仅仅表现为地方之整合、国家——社会之关系的处理工具。它更多所表达的是一种资源在地方社会所触发的各群体间的互动过程,以及围绕这种资源各方在博弈中所进行的纷争与妥协。它既体现了官方的盐权垄断思想,也反映了民间盐权的自救,在信仰中通过官方的盐神改造和民间的信仰认同得以表达。最终在官民双方围绕食盐资源的博弈中,寻求到一种合理的盐权分配秩序,实现盐区社会的有序与稳定。

结　　语

宋元四川作为全国最主要的井盐产地,食盐在当地扮演了难以替代的重要角色,并引发社会群体间针对盐权的博弈,成为洞悉宋元四川社会群体间关系的重要观察视角。宋元四川卓筒井技术的发明,极大提高了井盐的产量,川盐在全国所占比重上升,因食盐利润的丰厚,成为社会群体间竞相争夺的对象。针对盐权的博弈,这一时期社会群体间的互动呈现出丰富性、复杂性、激烈性的特征。这种盐权博弈涉及四川社会群体的各个层面,具体而言主要是官方之间、官民之间、民众之间、"夷汉"族群之间四个层面。

宋元四川官方之间针对盐权的博弈,主要是源于利税的争夺。因"川峡四路盐课,县官之所仰给"[1],控制盐权便可获得丰厚的盐利,由此官方各层级机构为争夺盐权开展不同程度的博弈。宋代四川官方层级盐权的博弈主要表现为上级盐官机构对下级机构盐利的侵夺、同级别盐官机构之间的争夺、各级别盐官机构对同一盐区的联合介入三方面;元代因史料较为匮乏,主要体现为上级盐官对下级机构盐利的侵夺。因盐官之间的激烈博弈严重破坏了当地原有的食盐生产秩序,造成地方盐民的负担加重,中央政府为维护在盐区的统治秩序,也会采取一系列措施对其进行调整。这些措施主要包括依靠监察机构监督各级盐官的盐政举措、重视地方盐官的出任、鼓励地方盐官革除盐弊、协调盐官之间食盐冲突等。通过这些缓和官方层级盐权

---

[1] 《续资治通鉴长编》卷一八五"仁宗庆历六年五月戊子"条,第3827页。

冲突的措施,有助于四川盐区管辖的安定有序,并保证政府财税征收的顺利实施。

宋元四川官民之间针对盐权的博弈,主要源于官方的盐权垄断与民众的食盐需求之间的矛盾。宋元四川食盐作为官方财税之源,一直为官方垄断和控制,为保障盐权的占有,官方采取食盐官营、划界行盐、加强缉私等措施,对食盐的开采、贸易实施严格的管理。然而食盐作为民生必需品,也成为民间利益诉求的重要内容。因官方的严格控制,造成民间乏盐或民食贵盐,因此不断遭致民间的反抗,双方之间的盐权博弈由此展开。首先是四川官方对盐权的垄断及盐政弊端造成了官民之间的冲突;其次是民间针对官方盐权垄断的反抗,主要表现为偷开私井、贩卖私盐及社会舆论的营造上;再者,官方为保障四川盐区秩序的稳定,也会通过一些政策来缓解民间的对抗,主要为制定相关盐法、进行盐政整顿、优恤盐户等。通过官民之间的盐权博弈,对双方的盐权利益都有所照顾,有利于实现地区盐权分配秩序的稳定,也有利于官民冲突的缓和。

宋元随着商品经济的发展和社会财富观念的增强,地方豪民介入四川盐业经营,成为民间社会的重要群体。豪民是介于官与民之间的角色扮演,绝大部分不属官方,但却与其保持密切联系,豪民的作用发挥及其影响主要在民间,却又非普通的平民。豪民对四川盐业的经营,主要是缘于食盐利润的丰厚,他们通过经营盐井、贩运食盐、从事放贷等方式,完成对官方控制之外的盐权享有。豪民在四川民间的主要表现为"豪横",既为趋利而来,便不可避免的与普通民众的正当食盐需求发生矛盾与冲突。宋元豪民在四川盐区社会的表现极为活跃,产生的破坏影响也极为恶劣,主要有破坏盐区生产、加重盐民负担、进行资本盘剥、哄抬盐价、收容爪牙肆行盐区等。因豪民的"豪横"行为严重扰乱了盐区的生产秩序,既造成盐民的困弊,也不利于政府盐课的征收,因此官方也需要采取措施对豪、民盐权博弈进行调节。主要表现为官方颁布禁约及限制豪民放债及经营场务、严惩破坏食盐生产秩序的豪民黠吏、削减盐额及盐价、对转嫁盐课的豪民予以严惩、对豪民纠集爪牙危害盐区加强治安等。通过这些措施的实施,对四川民间社会的盐权冲突是一个有力调整,有助于保障民间食盐生产秩序的稳定,以及贸易流通的顺利进行。

宋元四川盐区周边少数民族环居,食盐的开采地多处山区,形成汉族与少数民族交错杂居的居住格局。汉族(或蒙汉联合体,下同)及其官方因拥有先进的盐业开采技术,并借助政治优势完成对当地盐权的垄断。在汉族及其官方严格的食盐控制下,造成少数民族单纯通过贸易并不能有效解决食盐问题,但又有相当大的食盐需求,双方针对盐权的冲突由此而发生。此外,少数民族在汉族开发当地盐业的过程中,也不断被边缘化,使其在聚居地由主体族群转而变为边缘族群。少数民族为了争夺盐权和应对被边缘化,主要通过军事对抗的方式抢掠汉人所开盐井及食盐。宋元四川"夷汉"族群盐权的博弈,主要集中在川东南、川南及川西三大区域,其内容既有汉族及其官方与少数民族的激烈对抗,也有缓和及妥协,最终通过贸易往来实现"双赢"。因为"夷汉"族群盐权的冲突既破坏了民族关系,造成西南边疆地区的动荡;也破坏了四川盐区正常的食盐生产秩序,官方为应对军事对抗造成沉重的财政负担,故对其加以调整。主要措施包括中央政府进行食盐羁縻、鼓励民族贸易等,有效缓解了各民族之间因盐权而导致的冲突,有利于西南边疆地区的民族团结和经济开发,其积极做法也为后世所效仿。

宋元四川社会群体针对盐权的博弈,对四川区域社会产生了重要影响,主要表现在政治、经济、军事、民族关系、文化等方面。政治上,首先中央王朝更加注重四川吏制的管理,为维护盐区秩序的稳定,朝廷精择四川盐官的出任,并授予一定便宜之权,对整顿地方有功的官吏予以嘉奖。这既有助于官员在远离王朝统治中心的四川能够机宜行事,也有助于官员才能的发挥,提高其行政效能。其次,为更好管理四川盐政,预防社会群体的激烈冲突,王朝在此通过盐法的变革维护地区盐权分配秩序的稳定。如高宗绍兴间选派赵开变革盐法,孝宗间选派杨辅、程价实行"推排法",对盐法中的漏洞进行弥补。这些盐政举措的实施,有助于实现四川盐政制度的完善,缓和官民之间针对盐权的博弈,并为四川盐政的政策施行确立一定之规,为后世所借鉴。再者,四川社会群体的博弈,也有助于官方对边疆行政治理能力的加强及政治地位的提升。如宋代长宁军原为泸州淯井监，因当地族群盐权冲突较为剧烈，官方在此置军进行管理。泸州原为梓州（潼川府）路属州，因境内盐产丰富，导致族群盐权冲突严重，为管理川南地区，神宗时泸州守臣一直兼任泸南沿边安抚使；孝宗时再升为潼川府路安抚使，掌管川南 15 州（羁縻州）之地，实现了行政地位的迅速提升。

经济上，官民之间盐权的博弈，首先催生了四川卓筒井技术的发明。宋初四川食盐市场仍是官掌大井完全垄断的天下，然而官盐的价高质次，导致民间乏盐或民食贵盐。民间为寻求食盐利益，只得进行技术的革新，由此在仁宗时发明了卓筒井。卓筒井因具有官井所无的优点，一经发明便迅速在全川推广开来，不仅增加了川盐的产量，也提升了其在全国的地位。如宋初四川尚需依赖荆湖地区接济，然因川盐产量的提高，不仅满足自需，而且不断输往陕西、贵州以及长江中下游等地。可以说正是四川盐区社会群体的博弈造成了技术的变革，促进川盐经济的发展，进而实现贸易的繁荣与兴盛。其次，在四川族群之间针对盐权的博弈中，官方允许实施互市贸易，用汉地食盐交换少数民族的粮食、布帛、马匹等商品。通过"盐粟贸易""盐马贸易"等方式，有助于少数民族地区经济的发展以及边疆的开发。

军事上，宋元在官民、民众、族群盐权博弈的过程中，四川的地方武力也得到加强，朝廷在西南边疆的国防建设也得以强化。在官民、民众盐权博弈中，官方为防止食盐走私，动用军事力量进行食盐缉私。在南宋川北的川盐或解盐走私中，皆是经由边外政权（金、蒙古）而实现，官方对川北缉私的强化，也有助于边防力量的加强。而在"夷汉"族群盐权冲突中，官方在军事对抗频繁及活跃的盐区加强防御，派驻军队戍守。如宋代在泸州、长宁军地区，皆派驻禁军驻守，有助于对西南边疆地区军事力量的加强。泸州守臣在神宗后一直兼任潼川府、夔州路兵马都钤辖，也是为应对族群冲突而加强军事防务的结果。宋代中央政府为实现与西南少数民族关系的缓解，进行食盐羁縻，首要举措便是设置义军。义军多由少数民族构成，以食盐为重要军俸开支。义军剽悍善斗，熟悉当地山川地形，是四川除正规军外的重要武力补充，为安定西南边疆动乱、加强边疆防务做出了重要贡献。

　　民族关系上,宋元"夷汉"族群盐权博弈为处理各民族之间的交流与融合也提供了契机。"夷汉"族群博弈的过程也是各民族之间互通有无、加强贸易往来的过程。中央政府为缓和族群盐权冲突,稳定在民族聚居盐区的统治,也会采取措施对少数民族的食盐需求给予一定满足。如鼓励民族间的互市贸易、对少数民族的朝贡赐予食盐等措施,实现与少数民族互动的"双赢"。中央政府缓和盐权冲突的举动,对民族关系的处理产生了积极影响,如少数民族对王朝的认同加强,减少对汉地的侵扰,积极为王朝守边,实现边疆地区的稳定和王朝内部凝聚力的增强。

　　在文化上,宋元四川盐区社会各阶层针对食盐的崇祀形成一个广大的信仰文化圈。信仰圈的形成有利于四川各阶层内部意识形态的整合,对食盐生产者而言,则有利于形成精神支柱和加强行业自律,进而确立行业群体的自豪感。从官民双方的信仰博弈看,既有利于官方通过信仰的力量整合地方社会,实现对民间盐区统治的稳定,也有利于民间对官方盐权分配的信仰认同,通过官民之间的共同妥协,实现地区盐权分配秩序的确立。同时在信仰圈的形成及信仰博弈过程中,也产生了大量的传说、故事、诗歌、寓言等,丰富了川盐文化的内容。这些川盐文化的存在,不仅代表了当时的社会风貌,也影响了后世盐业文明的发展,并得以世代传承和发扬。

　　本书的写作目标,首先从研究内容上需要处理好与纯盐业史研究的关系。根据对国内外盐业研究现状的分析,可以看出多是一种纯盐业史的研究,重在探讨食盐的产地、产量、用途、雇佣关系、开采技术、食盐考古等方面。一方面从研究内容看,多偏重制度史、经济史的研究,引入的研究方法不多,对多学科之间的综合利用也远远不够;而从时间、空间看,重复性的研究成果较多。时间上多偏重于明清以后,空间上以探讨川东、川南地区为主,皆有较大的研究空间。由于研究对象比较集中,导致重复性研究屡见不鲜,而有新意、有突破性的成果相对较少。尤其多停留在盐业浅层现象的分析上,而对其背后所隐含的社会关系则缺少深入探讨。另一方面,盐业史的研究发展到今天,已经积累了大量丰富的研究成果,涉及盐业的方方面面,为今人的研究又提供了众多可资借鉴的素材。因此,本书对宋元川盐的研究需要既注意对以往盐业史成果的利用，更应当尝试创新。如在涉及食盐产地、产量、市场交通、民族关系等方面，前人的研究多少都有所提及，在本书的撰写中可以用作借鉴。在创新方面，从视角的选取上应当尝试新问题、新观点、新材料、新方法的突破；在问题意识方面，本书选取了前人较少关注的社会互动，通过对社会各群体盐权博弈的过程分析，解析盐业对地方社会的影响；在观点方面，对前人关注较多的地方，既要分析其合理性，又要关注其不足，对其不足之处则加以弥补；在材料方面，前人较多关注官方史料的搜集与记载，本书对地方民间材料也一并予以关注，如各种地方志、碑刻等，力求在材料方面达到详尽；在方法的运用上，更多关注历史地理学、社会史、民族学、历史人类学等专业方法的综合使用，而不是单纯的停留在考证层面。综合来看，本书在内容撰写上，既考虑了与盐业史的相关继承性，又尝试对其进行研究视角的突破；在其创新性上为盐业史研究提供了一些新的内容参考，在研究视角、方法等的转变上提供了一些新的借鉴。

其次在学术意义上，本书作为资源历史地理与区域社会史的综合研究，又要尝试寻求对历史地理学与区域社会史的研究发展思考。通过对前人涉及盐业历史地理的研究现状看，更多考虑的是食盐产地、交通道路的分布考证，显得视角过于狭窄，内容也过于单薄。本书提出以资源历史地理作为选题，是通过以宋元四川的盐业资源为切入点，分析资源背后所触发的社会关系，以此作为探讨资源与人类社会互动的一种视角尝试，并对历史地理的研究提供一些有益的借鉴。另外在相关盐业历史地理的研究中，前人的研究方法也显得过于单调，过多关注自身学科方法的利用，集中在地理分布的考证上，而对其他学科的借鉴则明显不够。本书主题定位于历史地理，但研究范式则是与社会史、民族学、历史人类学等专业方法的综合利用。即不仅要明确历史地理单纯呈现出的问题，更主要分析这些问题所要表达的涵义以及未来的发展趋势，进而思索资源与国家、社会，甚而资源与人类社会互动关系这一更加宏大的命题。这些理论内容的思考以及相关方法的探索利用，无疑是基于对历史地理学与区域社会史研究的创新而发，也对其以后的发展提供一些有益的尝试。

后　记

　　中国古代盐产种类繁多,从开采方式看大致分为海盐、池(湖)盐、矿(岩)盐、井盐4类,其中四川作为井盐主产区在中国盐业史上写下浓墨重彩的一笔。田秋野先生在《中华盐业史》一书中曾赞叹:"井盐之发现,为我国盐业史上写下另一辉煌之新页,而为一神奇之伟大成就。井盐与海盐、池盐、岩盐均不相同,盖海盐可由沙滩所凝聚之盐质,触发先民淋卤煎制之灵感;而池盐与岩盐皆为自然之产品,或捞或采亦非难事。独井盐则系蕴藏于地下,设无超人智慧,何能由深邃之地层中知有此珍贵之资源;并须发明采取之办法,以获致此资源,于此不能不叹服古代之科学家创造奇迹,实臻于不可思议之境也。"(田秋野:《中华盐业史》,台湾商务印书馆,1979年,第67页)同时四川又处于盆地这一相对封闭独立的地理单元中,其区域社会自具独特性,便成为本书选题的初衷。

　　本书是在我的博士学位论文基础上修改而成,自2014年6月博士毕业至今已有5年时间,期间由于工作、家庭原因直至今天方才呈现在读者面前。书稿的完成首先要感谢我的导师西南大学历史文化学院张文先生,先生致力于宋代社会保障研究,成果丰硕。2011年有幸投在先生门下,博士论文的选题便是与先生多次商榷的结果。当时考虑到做宋元四川区域史研究既有查阅资料的便利,又可与自己的硕士研究相衔接,我便选取了四川盐业这一题目。鉴于川盐研究已有丰富的先期成果,即便以宋代为断限也有戴裔煊、漆侠、郭正忠、梁庚尧、吉成名等诸位前辈的深入研究,如果单纯从制度史或经济史进行研究已很难再有拓展的空间。先生便建议我从资源博弈角度进行区域社会史的研究。这一提法使我豁然开朗,借鉴社会史学界目前已开展的对华北水利、华南私盐、贵州清水江木材等以区域资源为视角解析当地社会的做法,将食盐资源的博弈用于宋元四川区域社会的研究,目的并不是继续以往对食盐本体的解读,而是以食盐为观察视角探究其背后所体现的社会互动关系。选题确定后,我由此可以开始有的放矢的资料搜集与撰写工作,感谢先生的点拨与写作中给予的帮助。此外,先生时常在生活中教我读书和做人的道理,至今令我获益匪浅。在学习上,先生教我甘愿做冷板凳的道理,使自己认识到虽然具有学习的兴趣,但并不代表能够掌握做学问的方法和诀窍,提醒我应注意的态度和方法,并时时予以鼓励,希望我在学业上能够取得更大的进步;在生活上,先生常给我讲解为人处世的道理,要求我向周围老师虚心请教、对待朋友要真诚相待等,这些做人的道理是我在书本上难以学到的,感谢先生的真诚关怀。

其次要感谢北京大学历史学系的邓小南先生。2013 年我有幸被西南大学推荐到北京大学进行为期 1 年的交流学习,在此期间先生作为我的指导老师,负责我的学习和论文写作。能够在邓师门下学习是我的荣幸,也是难得的机遇。先生的品德与学问在学界受人敬重,跟随先生学习能够及时了解学界最新动态及研究方法,使我受益匪浅。先生平日待人十分和蔼,没有威严的架子,乐于跟后辈交流,解疑答惑,深得学生尊重。先生时常在中古史中心开办学术讲座、组织读书会,使我能够有幸聆听北大诸先生们的深邃学问与研究心得,并能与邓门的硕士、博士们时常进行交流,使自己能够发现不足之处。在此感谢先生对我的关心和帮助,使我能够开阔眼界、提高自己的学识水平。在北大学习的时光虽然短暂,但对知识的收获却非语言所能形容,北大图书馆藏书之丰富使我这个远道而来的学生大开眼界,写作需要的史料在这里几乎均能找到,印象最深的莫过于见到向慕已久却难以借阅的民国版《四川盐政史》;此外还借阅了诸多社会史与历史人类学的相关著作,为论文的撰写提供了新思路,博士学位论文的初稿也是在这里完成。在此也要感谢北大图书馆的诸位老师为查找文献提供的帮助,在图书馆的日子是我最难忘却的记忆。

2014年春回到重庆参加毕业答辩,厦门大学陈明光先生、陕西师范大学王社教先生及西南大学黎小龙先生、蓝勇先生、卢华语先生作为评委,对学位论文的不足之处均提出不少好的建议,现在的书稿便是在吸收诸位先生意见的基础上修改而成,在此要向他们表达诚挚的谢意。西南大学图书馆古籍部的李弘毅先生为我查找古籍提供了很多方便,本书所用的大部分史料便来自这里,遇有不明白问题时先生都给以耐心的解答;在重庆求学期间,重庆师范大学的唐春生先生、刘耀辉先生对我学习生活也提供了诸多帮助,在此表示感谢。

参加工作后,2016年我有幸得到浙江省哲学社会科学重点研究基地"南宋史研究中心"的立项资助,为书稿的出版提供了经费支持,感谢中心为青年教师提供的学术支持,中心魏峰先生为经费划拨与书稿联系出版提供了辛苦的劳动,一并表达谢意。另外要感谢在出版之前匿名评审专家提供的意见,诸位先生就书稿中出现的错误与不足提出了很好的建议,为书稿的完善提供了重要帮助。

最后感谢聊城大学运河学研究院领导及同事们的关心帮助以及家人的辛苦付出。参加工作后,自己经历了结婚、添子等人生大事,学生时代闲云野鹤般的日子早已一去不返,个人在承担家庭责任的同时还要做好教学科研工作。妻子张丽女士在工作之余承担了大部分家务,使我有充足的时间完成书稿的修改;父母年事已高,幸而身体依旧健康,主动承担了看孩子的重任,使我得以安心工作,感谢家人们任劳任怨、不求回报的付出。

本书在撰写过程中,因个人学识所限,仍存有不少问题或不足之处,恳请读者予以批评指正。

裴一璞

2019年5月于山东聊城

图书在版编目（CIP）数据

宋元四川盐业地理与区域社会研究 /裴一璞著 . —上海：
上海古籍出版社，2019.11
（南宋及南宋都城临安研究系列丛书）
ISBN 978－7－5325－9396－5

Ⅰ.①宋… Ⅱ.①裴… Ⅲ.①盐业史—研究—四川—
宋元时期 Ⅳ.①F426.82

中国版本图书馆 CIP 数据核字（2019）第 244783 号

南宋及南宋都城临安研究系列丛书·博士文库
宋元四川盐业地理与区域社会研究 　　　裴一璞 著

责任编辑 张靖伟
出版发行 上海古籍出版社
　　　　地址：上海瑞金二路 272 号　邮编：200020
　　　　（1）网址：www.guji.com.cn
　　　　（2）E-mail：gujil@guji.com.cn
　　　　（3）易文网网址：www.ewen.co
印　　刷 上海颛辉印刷厂
开　　本 787×1092 毫米　1/16
印　　张 15.5
字　　数 223 千
版 印 次 2019 年 11 月第 1 版　2019 年 11 月第 1 次印刷
书　　号 ISBN　978－7－5325－9396－5/K·2725
定　　价 62.00 元

版权所有　翻印必究　印装差错　负责调换